U0517324

"十三五"国家重点出版物出版规划项目

中国经济治略丛书

中国经济转型中服务外包产业
破解"低端锁定"的理论与实践

Theory and Practice of
Solving the "Low-end Locking" by Service Outsourcing Industry
in the Process of Chinese Economic Transformation

李 燕 著

中国财经出版传媒集团

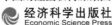

经济科学出版社
Economic Science Press

图书在版编目（CIP）数据

中国经济转型中服务外包产业破解"低端锁定"的理论
与实践/李燕著. —北京：经济科学出版社，2019.4
（中国经济治略丛书）
ISBN 978 - 7 - 5218 - 0399 - 0

Ⅰ.①中…　Ⅱ.①李…　Ⅲ.①服务业 - 对外承包 - 产业
发展 - 研究 - 中国　Ⅳ.①F726.9

中国版本图书馆 CIP 数据核字（2019）第 051260 号

责任编辑：范庭赫
责任校对：杨　海
责任印制：李　鹏

中国经济转型中服务外包产业破解"低端锁定"的理论与实践
李　燕　著
经济科学出版社出版、发行　新华书店经销
社址：北京市海淀区阜成路甲 28 号　邮编：100142
总编部电话：010 - 88191217　发行部电话：010 - 88191522
网址：www.esp.com.cn
电子邮件：esp@esp.com.cn
天猫网店：经济科学出版社旗舰店
网址：http://jjkxcbs.tmall.com
北京季蜂印刷有限公司印装
710×1000　16 开　19.25 印张　320000 字
2019 年 6 月第 1 版　2019 年 6 月第 1 次印刷
ISBN 978 - 7 - 5218 - 0399 - 0　定价：66.00 元
（图书出现印装问题，本社负责调换。电话：010 - 88191510）
（版权所有　侵权必究　打击盗版　举报热线：010 - 88191661
QQ：2242791300　营销中心电话：010 - 88191537
电子邮箱：dbts@esp.com.cn）

CONTENTS **目录**

第一章

服务外包与城市经济
转型的相关理论

第一节　服务外包相关基本概念

外包（outsourcing）一词来源于美式词汇，它的出现最早可以追溯到 1981 年的《牛津词典》。正式将该词使用在企业的经济活动中则是 Gary Hamel 和 C. K. Prahalad 1990 年在《哈佛商业评论》发表的《企业的核心竞争力》一文中。外包的词面意思是指企业从外部寻找专业化资源，作为降低成本、提高效率、充分发挥自身核心竞争力和增强自身对环境的应变能力的一种企业经营管理方式。

服务外包业是现代高端服务业的重要组成部分，具有信息技术承载程度高、附加值高、能源消耗低以及国际化水平高等特点。它首先体现的是互联网和 IT 技术对原有生产关系的新变革，是一轮新的国际大分工和产业转移的新方式。随着新一代信息技术、生物技术、地理信息技术等新生高技术与 IT 技术的融合，产生了众多的服务外包产业的新业态和新模式，尤其是近些年以大数据、物联网、云计算为代表的新一代信息技术正在加速与传统产业融合发展，推动服务外包模式创新，提高服务效率。数字化、智能化和融合化等成为服务外包产业的新特点。在技术创新推动下，服务外包开始向高端化和多元化发展，成为全球资源优化配置的重要力量，也是各国参与全球分工的新途径。

一、服务外包定义

《商务大辞典》把服务外包定义为：依据议定的合约中标准、成本和条件，把原先由内部提供的服务转移给外部组织承担的经济活动。毕博管理咨询公司认为服务外包就是以信息技术为依托，将有限资源专注于其核心竞争力，利用外部专业服务商完成企业内部的工作。巴塞尔委员会（2004）认为服务外包就是企业在持续经营的基础上，将部分应由自己从事的业务，利用第三方来完成。陈非（2005）认为"服务外包是指企业将原来在内部从事的服务活动转移给外部企业去执行的过程。"江小涓（2008）认为服务外包在本质上是人力资本合约和劳务合约的统一，是人力资本配置的方式。本书界定的概念是广义的服务外包，它就是指企业从全球价值链治理的角度，结合信息、通信和高技术等将原来由内部完成的服务活动交予外部企业执行的过程。服务外包按照合作双方关系可分为发包方和接包方（承接方），在本书中主要是从服务外包承接方角度，研究资源型企业变革经营方式和资源型城市转变发展方式承接国内外服务项目的，因此除非特别说明"企业发包"相关业务，"服务外包"在本书中均从承接方的含义出发进行研究。服务外包是生产的一种方式，能够实现资源的跨区域配置，跨行业重组；服务外包使服务产品跨境交易，服务价值在全球化中提升；服务外包能力决定于一国人力资本规模和生产力层次；服务外包是一种组织创新、管理创新、模式创新，能够使企业降低成本、提高效率、强化核心竞争力，这重点体现出了人力资源的竞争力。

二、可外包服务产品新属性

传统的服务产品具有无形性、不可分性、不可库存、不稳定性的特点。传统服务产品的无形属性，排除了运输的可能性；服务产品消费和生产的不可分性排除了跨境交易的可能性；服务的不可库存、不可存储性排除了大规模定制的可能性；服务的不稳定性又使得产品交付的委托—代理链条极其脆弱。

服务外包的出现是在 2000 年以后，随着现代科技、现代管理与全球化的组织治理关系中产生的，新的生产方式打破了原有的服务产品的基本属性，各国、各地区建立在人力资本禀赋和技术引领下的经济联系更加紧密、更加复杂。面向信息化的制造业进行了数字化建设，派生出更多的信息产品，IT 技术和知识资源对经济的贡献率增强。特别是应用 IT 技术的外包业中，服务产品的属性呈现出一些新的特点，计算机存储技术在全社会各领域的普遍应用加上云技术、自动化以及智能化设备的迅速发展，使数字化的信息产品拥有了可存储性、可分离性的特征，信息产品存储、传播、交付的成本较传统实物交易的物流成本大大下降，因此异地交易的流通方式就产生了。与此同时，服务产品的可标准化程度大大提高，例如对于信息和软件产品的国际标准化认证有 CMMI、CMM、PCMM、ISO27001/BS7799、ISO2000、SAS70 等，服务产品交付的规范性增强，大规模定制的生产方式就形成了，尤其在云技术下，分工的专业化、细分化使得更加精益的生产模式实现应用，标准和模块化的流程对接使定制实现个性化和规模化成为可能。

三、国际收支账户中的服务外包概念内涵

国际收支账户中服务贸易可以通过以下几种途径实现：一是跨境服务交易，例如我国的银行为美国企业和居民提供金融服务，即我国为美国提供出口服务；二是跨境消费。例如日本人到我国旅游，在国内所发生的住宿、餐饮等消费属于我国向日本提供出口服务；三是自然人流动。例如我国工程师到国外提供工程技术服务，可以看做我国向国外出口服务。

对比世界贸易组织对服务贸易的定义和目前服务外包的发展实践可见，服务产品的提供方式基本有以下两种形式：一是服务产品跨境交易，例如印度 IT 企业为欧美企业提供软件开发与数据服务；菲律宾医药测试企业为美国提供药品研发的技术服务等。二是自然人流动实现的服务交易。例如印度工程师被聘到美国进行软件开发和系统集成。这里的界定与国际劳务合作中范畴有所重叠，在本书中界定的服务外包包括自然人流动实现的服务交易。但与传统意义上的国际劳务合作区别于以下几个基本特征：第一，服务产品的知识密集、技术体系集成度高；第二，服务往往应用 IT 技术实现，如信息化管理、自动化控制；第三，服务产品的规范性和标准化程度较高，企业应具备相应的经营资质或经过相应的国际认证。

第二节 服务外包的分类

服务外包产业规模近年来发展速度很快，业务种类日益细化，与各行

各业的联系更加紧密。学术界和业界对服务外包分类的方法有多种，在参考了 NASSCOM（印度软件和服务业企业行业协会）产业分类方法，并借鉴麦肯锡、GARTNER、IDC、A. T. Kearney 等国际专业咨询机构以及理论界对于服务外包产业的分类，基本观点有以下几种：

一、按照服务产品是否跨境交付进行分类

判断服务产品的发包方和承接方是否在同一国家范围内，服务的提供是否跨越国界，可分为在岸外包、离岸外包和近岸外包。在岸外包（onshore outsourcing，也称为境内外包），是指发包方企业将本应由自己完成的业务交由国内的服务供应商来完成的经济活动。离岸外包（offshore outsourcing）是指发包商与其接包商来自不同国家，服务的提供和使用跨国界完成。其本质原因是国家和地区间劳动力成本的差异，企业为了寻找成本上的竞争优势，在全球范围内进行资源配置的方式。发包商通常是劳动力价格较高的国家，例如欧美、日本等发达国家；接包商往往是劳动力成本较低的国家，如印度、中国、菲律宾等发展中国家，出于发包国家和接包近岸外包是指发包方和接包方的企业分别属于地理上邻近的国家，这些国家在语言、文化背景、商业惯例、地缘联系上有很大的相似性和融合性，在服务提供的过程中争议性的交易成本较低。例如爱尔兰为西欧国家提供外包性服务；墨西哥为美国提供外包性服务。这些跨境的服务外包都是充分利用发展中国家的人力资源进一步降低成本。

二、按照服务外包业务的种类进行划分

按照服务外包业务的具体内容可以分为信息技术外包（information technology outsourcing，ITO）、业务流程外包（business process outsourcing，BPO）、知识流程外包（knowledge process outsourcing，KPO）。ITO 是指企业将全部或部分的信息技术服务业务交由专业化的外部供应商完成，以1990 年 Kodak 公司将其大部分的信息技术职能（IT）外包给 IBM 公司为标志，具体包括基础技术服务、系统开发服务、系统操作与应用服务等。其中基于 IT 技术的服务内容主要有信息系统建设、托管应用管理和基础设施服务、IT 应用管理、信息系统建设、网络安全等相关服务。基于 IT 项目类别主要有 IT 咨询、网络系统集成、信息系统集成、定制应用程序

等。基于支持和培训的服务主要有硬件或软件部署与支持、IT教育与培训。在云技术下，将形成SaaS（软件即服务）、IaaS（架构即服务）、PaaS（平台即服务）模式下的云服务，这把传统的软件外包服务进行了升级，并且在该模式下，IT基础设施服务也可以实现，离岸BPO是指企业将经营流程中的部分业务外包给外部供应商提供的经济活动。主要有以下两个方向的业务流程内容，一是企业职能性业务，如人力资源管理、财务会计、物流供应链管理、客户交互、市场营销与渠道建设等。二是面向特定行业的共性专项服务，如金融、电信、医疗、流通、媒体、石油开采及化工、公共事业等行业生产流程中的服务环节业务。业务流程外包的特点是在线同步服务，可以得到面广量大并且突破专业的限制。和需要专业IT人才的ITO不同，BPO的这些特点这大大拓宽了服务外包的范围，可以实现对各领域人才的就业吸收。此外，在云技术的发展下，将形成SaaS（软件即服务）模式下的云服务，通过标准化、模块化和流程化的云平台，为客户提供统一的服务。KPO是围绕行业的专业知识发展起来的，涉及相关领域专业技能的知识密集型业务，因此它是以技术知识见长而非流程为主的一种服务外包，是服务外包当中的高端部分。这一领域包括的业务种类比较复杂，例如与制造业生产性服务相关的业务有：专利研发、产品设计、工厂与工艺设计、样本测试、样机研究等。与软件设计研发相关的业务有：新产品开发、系统测试、本地化、产品维护与支持等。与创意产业相关的业务有：影视节目制作、手机游戏、动漫制作、电影特效等。与知识型服务相关的业务有：商务调研、市场研究、金融分析、法律和知识产权服务等。

三、按照发包方与接包方的关系进行分类

由于接包方与发包方对外包业务的控制程度不同，发包方与接包方的业务关系可以分为以下五种形式：第一，发包方把业务交给第三方服务供应商完成，如日本企业把市场调查问卷数据录入的工作交由我国大连某企业完成。第二，发包方企业在接包方国家建立企业或全资子公司完成业务流程或IT服务，如美国某企业在印度建立子公司负责处理在美客户的消费投诉与客户数字档案建设工作。第三，接包方与发包方企业共建合资公司，承接外包服务业务，如美方与中方共同投资在中国建立企业完成来自美国的金融数据处理工作。第四，发包企业根据项目运行的要求，所采取

的 BOT 和逆向 BOT 的方式。如美方发包商在中国建设离岸附属中心，先由中方第三方供应商建立服务机构，正式运行后再交由发包商管理；或者供应商被允许一段时间后可以从发包商那里购进运营。第五，发包方与接包方企业在发包方国家合资建立企业，由接包方组织人员到发包方国家完成服务项目。如中国与印度尼西亚合资在印度尼西亚设立企业，由中方组织相关技术人员赴印度尼西亚完成服务项目。

四、服务外包产业演进趋势

为了抓住全球经济结构调整的机遇，越来越多的国家都致力于加深国际经济合作，服务外包接包企业也日益追求高附加值，催生服务外包产业价值链的不断升级，产业演进、经营模式创新的不断涌现。

（一）基于生产性服务业视角的产业演进

企业为了更加有效地配置资源，在全球寻找生产要素组织生产，因此在产品制造的各环节逐步细化，首先从产品的零部件开始出现生产外包，当服务也具有标准交付的特点和生产消费的分离性时，服务外包也就应运而生了。从社会大生产中，可以把每一个行业都划分为核心生产部分和生产性服务环节，生产性服务是把企业产业链进行细化和分解，在产品开发、采购管理等上游环节发展融资服务、市场咨询服务、研发设计服务、采购运输服务，增强企业控制市场的能力；在制造业生产的中游环节，发展工程技术服务、测试、质量控制服务、设备租赁、财务管理、战略咨询、法律及知识产权服务等，提升企业的经营效率；产品生产出来后的下游环节，发展物流服务、市场营销服务、品牌宣传服务、出口服务、维修服务等，提高企业产品的知名度和市场占有率。这些生产性服务往往具有属性相同的共性特征，因此都可以成为服务外包的对象和具体的内容。那么从每一个行业中剥离服务环节，采用服务外包的组织方式就能够产生新的经济增长点。这样服务外包从目前公认的狭义的信息技术外包（ITO）业务领域，扩展成为以产业内各行业的生产性服务业为对象的业务流程（BPO）和知识流程外包（KPO）行业（如表 1 - 1、表 1 - 2 所示）。

表 1 - 1　　　　　　　　业务流程外包业（BPO）细分行业

分类标准　　行业名称	横向职能性业务流程	特定行业的纵向服务
业务流程外包业细分行业	数据采集加工、呼叫中心、人力资源、财务会计、物流采购、冗灾备份、客户交互和支持、销售和市场营销、行政服务等	金融、电信、高科技、零售业、媒体、医疗健康、航空交通运输、石油天然气和化工、公用事业

资料来源：中国服务外包研究中心。

表 1 - 2　　　　　　　　知识流程外包业（KPO）细分行业

分类标准　　行业名称	制造设计研发	软件设计研发	创意产业	知识型服务
知识流程外包业细分行业	专利研发、产品设计、样本测试、样机研究、内置系统、工程解决方案、工艺设计等	新产品开发、系统测试、本地化、产品维护、产品支持等	影视节目制作、动漫制作、游戏设计开发、手机游戏、游戏机游戏	商务调研、市场研究、证券分析、法律服务、知识产权服务、临床试验、物联网服务等

资料来源：中国服务外包研究中心。

（二）外包的概念及特点

信息技术开始第三次革命浪潮之后，互联网现在进入了"云时代"，云计算成为不可忽视的重要推动力量，它的出现及应用更大的提高了社会生产力，推动了产业的优化升级，实现了社会的信息化，并颠覆了已有的商业模式。

云技术是一种实现数据的计算、储存、处理和共享的托管技术，在云技术下，云平台和云模式的外包服务应运而生，云平台下，大量的服务外包资源云整合成池，通过云系统提供外包服务，这种服务更加灵活简便，降低了成本并且大大提高了效率。基于云计算的 SaaS 模式，ITO 和 BPO 均可利用统一的云平台，为客户提供标准化、定制化的服务。云外包的核心就是建立起标准化的统一外包服务的处理平台，将服务集成到统一的云平台，并在数据库中实现统一的处理，再根据客户的需求，定制个性化的部分，通过这种方式，服务在云外包系统上实现流水线的处理。按照云的服务对象将云外包分为三类：服务云、运营云和行业云。服务云通过 SaaS

进行，即为用户提供应用外包的服务，它是公共的云；运营云是私有云，即服务外包企业在自己内部进行操作的云平台，实现对客户外包服务的处理；行业云则是服务云和运营云相结合的，对内整合服务资源，对外提供服务的载体。基于云计算的云外包，拥有超大规模和超强的计算、储存和分析能力。云计算是在虚拟而非真实的计算元件当中进行，这种虚拟化的技术可以实现软件应用和硬件的隔离，在虚拟化的特点之上，用户通过网络就可以获得更强大的服务。云服务的标准化和模块化使得服务更加流程化，基于这样的特点，其服务的通用性和个性实用性得到满足，可以为客户提供更便捷有效的个性化服务。

（三）基于"云技术"的结构优化升级与产业演进

根据 NASSCOM、麦肯锡、IDC、GARTNER 等国际专业咨询机构对于服务外包产业的研究，按照服务外包的发展历程分为信息技术外包（ITO）是最早的服务外包活动，具有产业规模大、发展速度快、竞争性强、附加值偏低、以数据录入和初级加工为主的特点。业务流程外包（BPO）依托于 IT 技术，把标准化重复性的业务信息化，作为服务产品。这类业务具有行业遍布性高、通用性强，集中于财务、人事、供应链、物流管理等方向。知识流程外包（KPO）业务具有技术密集型、知识产权要求度高、国际化运营的特点，其业务内容的行业区分度高，服务非标准化、处于服务链的高端，包括制造工程设计、软件研发、创意产业和知识性服务等等。

行业呈现出了"智能化服务"的特点，根据 ISG 的全球服务外包指数指出，全球的服务外包行业正在经历以云技术为核心的产业升级，根据 ISG 2015 年全球外包合同分析报告指出，2015 年全球大额外包合同的金额呈现下降趋势，这是由于云技术、数字化和自动化的推广应用使得企业更倾向于总价低、期限短、更灵活的合同。根据 ISG2016 年二季度全球外包指数分析，2016 年 1～6 月，全球外包市场合同总额为 166 亿美元，同比增长 10%。传统外包市场总额为 111 亿美元，同比基本持平；与之相对比的是云服务市场总额为 55 亿美元，同比上升 44% 的巨大增幅，其中"基础设施即服务"（IaaS）市场增幅达到 69%。在 2016 年，云服务占全球外包市场份额就已经超过 1/3，是 2014 年的两倍。因此，国际咨询机构和相关领域专家一致认为云技术是服务外包行业发展的新动力。随着越来越多的企业对云端的使用以及云计算的服务模式的深化，传统服务外包也将会大量采用云端交付模式，这种创新有助于服务效率的大幅提升。未来几年云服务将继续大幅增长，实现对传统外包服务的替代，越来越多的服务将被自动化并转移到云端。可以说云技术及云服务成为服务外包行业发展的核心动力。

根据中国外包网的资料，我国 2016 年信息技术外包（ITO）、业务流程外包（BPO）和知识流程外包（KPO）合同执行金额分别为 563.5 亿美元、173 亿美元和 335.6 亿美元，所占比例分别为 53%、16% 和 31%，而这个比例在 2015 年为 49%、14.2% 和 36.8%。由此可以看出我国服务外包产业的升级优化。在增速方面，KPO 同比增速达 31.65%，超过同期 ITO 24.76% 与 BPO 28.98% 的增速，在云技术的背景下，产业向价值链高端升级的特征越发显著。我国数据录入、呼叫中心、数据初级加工等低端 ITO 的快速发展是高等教育外语普及的红利，虽然低成本劳动密集型的生产方式、低附加值的处境仍然存在以及菲律宾、马来西亚等发展中国家的纷纷加入，使这一领域的竞争更加激烈，因此，把握云技术推动服务外包行业的升级，将其发展为我国领先其他接包的发展中国家的核心竞争力尤为关键。

第三节　城市转型相关基本概念

作为当今世界上人口数量最多以及经济发展最快的国家，中国面临着世界上人口数量最大的城市化，同时也是资源、能源和环境危机压力最大的城市化问题。由于长期以来在实现经济发展的过程当中，一味追求高速度和高经济总量，忽视了能源和环境危机的重要负面影响，目前中国城市建设存在诸多问题。土地资源浪费、环境污染严重、忽略环境承载力的城市规模盲目扩张等现状都给我们敲响了警钟。党的十八大提出了"五位一体"的总体布局，强调了生态文明建设的基础性；党的十九大强调我国进入经济新常态。我国城市通过房地产、投资等高投入拉动经济增长的模式已经不适应新时代的发展，如何推动目前粗放式、高能耗、盲目扩张的城市发展模式，向可持续发展转型，是未来要实现城市转型以及智能城市化亟待解决的问题。

对城市转型发展模式的研究，需要通过分析构成城市的各类要素，把握城市的类型、发展的现状和形势从而提出契合的转型方向。

一、城市分类

以城市的职能为划分依据,我国的城市可大致分为综合性城市和专业化城市。综合性城市以综合职能为主,这类城市按城市行政等级形成城市管理等级网络,共同构成满足包括经济、政治、文化等各种社会需求在内的综合职能体系。然而在综合性城市当中,职能类型组合也存在较大差异。专业化城市则是由资源开发、交通区位或某种专门化产业发展而形成的专业化城市,包括工业型城市、旅游型城市和区位型城市等。基于不同的经济发展水平、社会环境和政治属性,每个城市的转型方式和转型方向有所不同。

(一)综合服务型城市

根据《现代经济词典》的解释,综合城市指的是规模较大、功能齐全、对全国或地区发挥较大作用的城市。综合性城市一般既是工业生产、商品流通、交通运输、金融、信息中心,又是区域内政治、文化、教育、科技中心。综合性城市的作用和影响范围往往波及全国或周边区域,它们通常是首都、省会城市或区域中心城市。

我国的综合性城市一般包括两大类,一类是以行政中心为核心的综合性城市。中国的行政中心城市体系当中,按行政区划分为 4 个等级层次:首都、省会城市、地区级中心城市、县城和县级市。处于行政中心城市体系当中的较高级别的城市几乎均为综合性城市。除了政治中心城市,另一类就是以综合经济功能为主的综合性城市,这些城市一般是坐拥特殊地理区位或专享特殊政策的城市,它们在现代经济发展过程中进化成为综合性大城市,如重庆、天津、上海等直辖市以及深圳、厦门等经济发展程度较高的城市,它们虽然不是行政中心,但凭借强大的经济实力和辐射能力发展成为综合性城市。按功能作用的区域范围,还可将综合性城市划分为全国综合性城市和地区性综合城市。

(二)专业化城市

专业化城市又可以根据核心职能划分为工业型城市、区位型城市和旅游型城市这三大类。

其中工业城市可分为资源型的专业性工业城市和综合工业城市,传统工业城市是在现代工业的发展过程中出现的，以工业生产作为核心产业以及主要职能的城市。根据城市工业部门在业人数占国民经济各部门在业总人数百分比，工业部门的产值占国民经济各部门总产值的比例以及工业用地占城市各类用地比例达到某一定程度，将其划分为工业城市。按照工业的数量，工业城市可分为综合性工业城市和专业性工业城市两类，包括能源（煤炭、水电）工业城市、石油和化学工业城市、冶金工业城市、机械和电子工业城市、轻加工工业城市等。专业性工业城市以单一的工业为主，且多是重工业。包括汽车工业城市、钢铁工业城市和煤矿工业城市等，这些专业性工业城市很大一部分也是资源型城市，即依靠资源禀赋发展专业性的工业。实现城市转型是现在我国许多城市实现可持续发展的必经之路，而资源型城市则更加应当把城市转型作为重中之重的任务。目前，学术界就资源型城市的界定角度不一致，分类和名称有一定的差异。田霍卿（1993）认为资源型城市是指以开采和利用当地自然资源为主要产业，获取大部分经济收益的城市。金凤君和陆大道（2004）认为资源型城市是以本地的某一种或者某几种可耗竭的自然资源的开发、生产、加工为主要经营活动的城市。万会等从矿业产值比重、矿业从业人员比重、矿业总产值对 GDP 的贡献率、人均矿业产值等角度制定相应标准，判断城市属性。王青云认为资源型城市是指其主要功能是向社会提供矿产品及其初加工品等资源型产品的城市。魏后凯和时慧娜（2011）认为资源型城市是依托本地区的自然资源而发展起来的一类城市，资源型产业是其主导产业。本书认为资源型城市是依托自然资源的开采或初加工而产生和发展起来，并且经济结构中资源型产业属于地区支柱和主导型产业的城市。这些资源型城市亟待城市转型。而随着城市规模的扩大以及工业生产的分工协作，城市的工业部门结构从简单到复杂，即在生产链条的深化和延长的过程当中实现了优化升级。在合理的规划之下，一些原本的专业性工业城市逐步发展成为综合性工业城市。比如辽宁省素有"煤都"之称的抚顺市，就经历了从单一型的专业性煤矿城市逐步发展为兼有石油、钢铁、机械、炼铝、电力等工业的综合性工业城市的过程。在新兴信息技术的发展背景下，这些综合性的工业城市也期待着进一步的城市转型，以谋求更高效率、低污染的新型发展模式。

区位型城市包括交通中心城市以及特殊地理区位城市，这类城市按汇集的主要运输方式可分为铁路、公路、河海等，形成了包括铁路枢纽、港口城市、航空中心、公路网中心等交通枢纽，许多交通枢纽城市都是具有全国、大区、省区和地区意义的综合性中心城市，同时兼有若干种交通职能，是综合性运输枢纽。口岸城市也是基于特殊区位发展起来的一类具有跨境贸易的特殊职能的城市，包括沿海口岸、沿江口岸以及边境口岸等。1986 年以来，中国恢复和扩大开放了边境口岸，一些边陲小镇一跃成为新兴城市。我国许多交通中心城市也是综合性大城市或者比较发达的工业城市，它们在区位的优势上发展了经济、文化、科教等各个职能。但是随着交通网络的密集尤其是高铁网络的构建，一些区位性城市失去了原本汇集周边资源的优势，在新时代的发展中缺乏区位上的竞争力，本书主要以基于地理区位和交通环境兴衰的城市，如郑州，以及专业性的交通中心城市为研究对象，如边境口岸城市等。

旅游城市指的是以提供风景游览为主要职能的城市，是在旅游业的发展下形成的。随着中国各大旅游区的开发和旅游配套设施的大规模建设，迅速形成了一批以旅游业为支柱产业的专业旅游城市。我国具有较强旅游中心职能的城市多为特大型和大型综合性城市，如北京、上海、西安、杭州、广州等城市都是中国一级旅游中心城市。专业性旅游城市大多数为依据具有地域和文化特色进行开发而新发展起来的小城市，如桂林、丽江、拉萨等旅游城市。这些专业化的旅游城市对旅游服务业的依赖程度较高，居民从事旅游服务相关行业的比例较高。

二、综合服务型城市的特征

我国的综合服务型城市包括两大分类，即以行政中心为核心的综合性城市和以综合经济功能为主的综合性城市，它们之间的区别只在于区域范围内政治功能的强弱，而总体特征一致。

这些综合服务型城市均汇集了大量人口，城市规模大，一般是大城市或特大城市甚至超大城市。根据国务院 2014 年发布的《关于调整城市规模划分标准的通知》，我国将城区常住人口数量作为划分依据，其中城区常住人口数量为 1000 万人以上的划分为超大城市，500 万 ~ 1000 万人划分为特大城市，100 万 ~ 500 万人的为大城市。以第六次人口普查中各城市市辖区常住人口为基本数据进行计算，2020 年我国将有十个超大城市和20 个特大城市；十个超大城市包括上海、北京、天津、广州、重庆、深圳、南京、武汉、西安、成都，这些城市基本都是行政中心或直辖市。而二十个特大城市当中有近一半都为以综合经济功能为主的城市而非政治中心城市，这些城市都拥有着较强的综合经济实力，并在区域内起着重要的综合经济功能作用。

除了人口集中，综合城市作为重要的资源转换中心，在一定区域范围内具有集散资源、提供产品和服务的能力，通过城市完善的生产体系进行实物及知识信息的生产加工，转换成各种产品，创造出新价值，从而成为利润中心以及实物分配的枢纽。此外，这些综合性城市还是一定区域内的金融中心，进行着资金流转和分配的活动。信息交换处理以及人才的集聚也是综合性城市的一大特点，由于重要经济活动在城市内的进行，各种信息在城市产生、交换，然后进行扩散；由于经济水平在区域内位于前列，因此一般也布局了较多的科教机构，提供了优质的教育服务和较高的研究水平，充足和优质的师资力量和学生数量使文化知识交流激荡，人才储备为城市提供了创新源泉。基于职能的多重性，综合城市是区域范围内主要的经济活动中心，与此同时还承担着满足包括文教和医疗卫生等在内的各种社会需求。

三、专业化城市的特征

根据城市产业结构和城市特色将其分为工业型城市、区位型城市和旅游型城市，不同类型的城市根据城市的自然属性、产业结构、经济发展方式等有各自特征。

（一）工业型城市的特征

工业城市包括单一工业城市和综合工业城市，以加工业为主要职能。其中单一工业城市指专业工业城市，即该城市专门在某一工业领域进行深入开发，并以此工业为基础建立城市以及进行城市经济发展。随着生产体系的完善以及产业链的延长，部分专业工业城市在发展过程中逐渐转发升级为综合工业城市，这些城市依托一定的交通区位优势进行产业链条的优化。此外，还有一部分的综合工业城市是基于多种资源禀赋，从事多种工业生产或者融合多种工业实现综合性工业发展。

大部分的工业城市尤其是重工业城市多为资源型城市，他们是围绕自然资源的开采和加工形成和发展起来的，因此城市的兴衰和自然资源的储量有着密切的联系。这些城市整体面临着城市布局分散化、产业结构单一化、经济结构应变性适应性差、就业结构不均衡等诸多问题。这样的城市因资源而起、因资源而兴,社会和经济资源的配置和利用大多围绕自然资源开发的产业链展开,其突出表现为区域的产业体系、投资体系、贸易体系、财政体系,甚至是城镇体系的建设都围绕着这一绝对优势的资源型产业展开。"资源诅咒"学说用实证分析论证了自然资源的富集,限制了经济的增长。资源型城市布局的原材料指向性强,那么资源的地理分布特征使得城市在空间上极其分散。城市的产生应该首先具备人口聚集、经济活动频繁、社会政治中心的特点。但是很多资源型城市的形成是建立在资源开采的基础上,大多会出现先有资源型企业,再建立城市的特点。资源型城市的建设和基础设施的布局考虑更多的是矿业企业的生产需要,往往排除对周边区域的经济辐射和集聚功能的节点功能设计,城市整体规划缺乏对所在经济大区域中的功能定位,割裂经济联系,空间的要素集聚性差。如伊春市共 15 个区,市区总面积为 19600 多平方千米,人口密度仅 43 人/平方千米;大庆市共 5 个城区,市区总面积 5100 平方千米,人口密度只有 217 人/平方千米;鹤岗市 6 个城区,市区面积 4550 平方千米,人口密度只有 153 人/平方千米。资源型城市因矿而生,因矿而兴,城市经济增长过分依赖资源型产业,产品结构中初级产品占绝对比重,产业层次低,地方财政收入结构单一,收支矛盾突出。例如个旧市资源型产业的税收占了财政收入的 70%,东川市占了 62%。产业结构对应着劳动力结构,大量从事矿业的人员普遍具有文化层次低、再就业能力差、经济抗风险能力低的特点,因此一旦资源型企业面临生产危机时,矿工的就业保障问题,对整个社会劳动保障体系的压力较大,城市转型难度高。罗浩(2007)认为自然资源禀赋的固定性,其他要素对自然资源的不完全替代性,产业结构单一,是导致经济增长陷入"瓶颈"的根源。邵帅和齐中英(2008)认为能源开发在内的资源型初级产品作为主导产业的发展,可以通过挤出效应束缚资源型城市科技创新和人力资本积累,从而限制了经济增长。资源型城市的产生通常有两种方式,一是"先矿后城式",由于矿产资源开发,人口和用地规模达到一定的水平便设立为城市。如大庆、克拉玛依、金昌、攀枝花等。二是"先城后矿式",城市设立在先,资源发现开采在后,这类城市在转型过程的综合实力较强,如河北省邯郸市、山西省大同市。由于资源型产业必然要经历开发、发展、成熟和衰退的过程,城市建设也呈现出相应的阶段性特征。资源开发时期,矿业工人激增,投资需求、消费需求派生,经济体系紧紧围绕资源型企业建立,城市初具规模。资源开发进入高产阶段时,城市的发展速度极其迅速。例如大庆市，20世纪50年代总人口不足2万人，到了90年代人口已近百万人。超常规的发展使得城市整体布局呈块状结构，缺乏统筹安排。当资源进入枯竭期时，城市经济往往面临停滞甚至衰退阶段，经济转型的进程就开始了。资源型城市经济转型虽然不能单纯地视为资源型企业转变经济发展方式，但是城市在形成和发展过程中与企业存在紧密的联系，甚至有些资源型城市的政府行政与企业管理是一套系统，如伊春市的区政府与林业局。城市的基础设施建设、产业体系、投资体系、贸易体系、财政体系等都围绕着资源型产业展开，对于矿业企业而言，大多承担着企业生产和公共服务的双重职能。因此资源型产业转型和可持续发展对于资源型城市经济转型至关重要。以资源型企业为核心，延伸产业链，充分发挥支柱产业在生产、管理和技术等方面的优势，培育发展接续替代产业是这类资源型城市转型的有效途径。随着经济的发展过程中生产体系的完善，原料价格的差异、新能源的发展以及交通网络的布局，一些比较发达的综合工业城市在一定程度上已经可以不依赖本地自然资源，通过大量进口廉价的原材料以及开发新能源进行加工生产。以唐山为例，根据统计年鉴数据，近十年来，唐山市工业占地区生产总值一直保持着超过50%的比重，唐山市拥有着丰富的煤炭、石油天然气的资源，是重工业重镇，而随着自有资源的使用以及国外原材料价格的下降，唐山市的钢铁厂等重工业企业使用进口原材料的比例不断上升，已然超过自采原材料的数量。像唐山这样的综合工业城市拥有一定规模的城市人口和城区面积并且形成了比较发达的交通网络，也有专门化的工业区和商业区。

（二）区位型城市的特征

交通是一个城市建立及发展的重要区位因素，很多大型城市的诞生与发展都与交通密切相关，交通枢纽的形成受区位、政治、经济、人口、社会等多重因素的影响，反之，它对地区之间的联系与发展又起到无可取代的促进作用。作为交通中心城市，其最大的特征就是其交通枢纽的地位奠定了城市的成长发展。

地理位置优越，交织了四通八达的交通网络，包括铁路网、公路网、航空线以及河海运在内的不止一个环节在同一地区汇集，是交通中心城市的最大特征。比如郑州市，作为中原地区的重镇，它位于全国的中心位置，有着无可比拟的交通优势，除了没有水运外，郑州市的其他交通都十分发达：京广线和陇海线（欧亚大陆桥）两大铁路在此交会，京港高铁

（世界最长的高铁线路）和徐兰高铁（新欧亚大陆桥）两大高铁交通大动脉也在此邂逅。这座被称为 "火车拉来的城市" 是我国沟通南北、连贯东西的铁路要冲。郑州市是河南省乃至全国的公路网络中心，107 国道和310 国道、连霍高速、京港澳高速交会于此；郑州市新郑国际机场是国内干线运输机场和国家一类航空口岸，是中国第一个也是目前唯一一个国家级的航空港经济综合实验区，邮货增长量位居全国乃至世界第一；郑州还是西气东输和南水北调中段线路的交汇处。郑州优越的地理位置和交通环境也是其实现经济发展的关键因素，随着 "一带一路" 倡议的深入，这座位于亚欧大陆桥上的交通要塞将迎来发展的关键时期。在交通网络中处于中心地位的城市，从直接影响层面，即交通运输业和邮电业务的发达，而基于交通的便捷带来的影响，交通中心城市的工业和商业的发展也有着很大优势：密集的铁路网络使原料和大宗商品的运送成为可能，发达的公路和航空网络使交通中心城市成为商品集散地，基于这些优势，工业和商业并重是交通中心城市的另一显著特征，即这类城市的综合性较强。郑州的纺织工业和冶金建材工业发达，商业发展迅速，是国家服务业综合改革试点城市，郑州商品交易所是中国的第一家期货市场。交通中心城市的发展还与邻近城市息息相关，因为其核心职能在于运输，沟通周边地区的人口、商品是关键，流动人口和商品物流的数量为该地区的经济带来一定活力。郑州作为我国陆地的中心地区，是西部地区和东部沿海及北方地区沟通的必经之路，也是贯通南北方的交通要塞。河南省毗邻河北、山东、山西、陕西、湖北和安徽，与北京、上海两大城市离得也很近。这些邻近地区的经济发达或者资源丰富的优势，也是郑州市这座交通中心城市发展的优势。

除了位于交通网络中心点的城市有着成为交通中心城市的可能外，一些处于对外要塞的边陲小镇凭借口岸的开放获得发展机会。边境城市通常远离本国的政治、经济中心，这是其成为经济中心城市的一大弊端，但是在便利的对外交通下，实现跨境的经济、技术合作是口岸城市的一大特点，边境城市有着发展边境贸易和跨国的经济、技术合作的优势条件，且具有多种贸易的功能，交换广泛、联系密切、参与人数多，这些是其他口岸城市没有的特点。边境口岸城市的发展得益于进出口的跨境贸易，进出口贸易额大，是本地区的经济核心。如云南省瑞丽市，位于中缅交界，2016 年生产总值为 86 亿元人民币，而瑞丽口岸边贸进出口额高达 105.8 亿元。口岸城市的发展受两国关系以及国家政策的影响也比较大，例如黑龙江省的绥芬河市，地处中俄交界，于 1992 年进入国务院首批沿边开放城市的名单后，口岸发展迅速，本地区经济重现活力，在国家优惠政策的扶持下，绥芬河口岸吸引国内外投资，发展面向国际市场的出口商品加工业，成为沟通中俄旅游服务的窗口。绥芬河市是连接中、俄、日、韩四国陆海通道的重要节点，是中国参与东北亚多边经济合作的重要桥梁。其与俄远东最大的港口城市符拉迪沃斯托克相距 230 千米，有一条铁路、两条公路与之相通。作为滨绥线终点，绥芬河站与符拉迪沃斯托克接轨，绥芬河公路口岸也位于 301 国道的边境线上，与俄罗斯陆路接壤，是我国对俄贸易的重要陆路口岸，在绥芬河，水陆空三大交通实现立体交叉。引入外资也是地区的独特优势。2016 年绥芬河市引入的外资项目当中，只有一项是商贸流通类，资金却占了境外投资总额的82%。口岸城市的发展还有着双边互补互惠性的特征，因为边境城市的发展对邻国的依赖性较强。绥芬河市对外贸易占全国1/10，占黑龙江省的1/3，其经济特色之一就是凭借低运输和原料成本、产生高效能的优势进口国外廉价原材料和能源，并引进资金，于本地发展相应工业生产以及商业贸易。绥芬河市的进口总额远远高于出口总额，其进口金额较大的商品基本是俄罗斯地区的能源与资源，原油、原木是进口金额比重最大的商品。而出口的则多是俄罗斯远东地区缺乏的农副产品和轻工业制品。绥芬河市进口俄罗斯地区的廉价木材，发展成了全国最大进口木材集散地，形成了具有一定规模的集采伐、仓储、运输、加工和销售于一体的跨境木材产业体系。在"一带一路"倡议的背景下，从邻国进口该国存在价格优势的能源和自然资源等，就近生产或者作为原材料集散地，是绥芬河这类边境口岸城市招商引资带动经济发展的关键所在。边境口岸城市还有与邻国边境对应的关系，必须是两国边境口岸同时设置，例如满洲里—后贝加尔斯克、瑞丽—木姐、黑河—布拉戈维申斯克，缺一不可，口岸的发展状况和邻国的经济发展水平以及对应口岸的开放程度息息相关。如中朝边境的图们口岸，由于对应的朝鲜的经济发展水平以及开放程度较低，所以跨境贸易并不发达。

（三）旅游型城市的特征

旅游城市是依赖于自身或者邻近地区旅游资源特色鲜明、旅游产品个性突出、旅游文化特征明显形成的城市。根据旅游资源的类型可大致分为历史文化旅游城市和自然风景旅游城市。旅游城市一般都拥有着服务与旅游行业相关的非常完善的配套设施，便于其更好发挥旅游职能，因此，这类城市的服务业非常发达,第三产业占地区生产总值比例高。包括旅客服务的交通、住宿、饮食以及生产土特产、纪念品等行业都是旅游服务的重要组成部分。旅游城市的主要服务对象为外来游客,市政公用设施、服务性设施、园林绿地的数量和标准都考虑到流动人口众多的因素。在交通方面,旅游型城市对外交通和市内道路交通系统适应大量旅游者的需求,除了基本的公共交通外,旅游城市内还有为游客准备的专门的旅游路线巴士,便于游客组织旅游路线;在住宿和餐饮方面,旅游城市内建筑比较密集,有足够的酒店和饭店满足游客的住宿和餐饮需求。根据酒店产权网关于中国酒店总数统计及分析可知,我国酒店总量最大的城市前两名为重庆市和西安市,排在北上广之前。这两座城市是我国的旅游流入大市,此外,可以看出旅游型城市在酒店的需求上完胜其他类型城市。服务业的发达使得旅游城市的服务人口比例较高,旅游的专业化使得服务行业劳动人口需求大,以丽江市为例,截至 2016 年年初,丽江市直接从事旅游业的人员约为 6 万人,间接从事旅游服务业的人口则接近 20 万人,根据第六次人口普查数据,丽江市共有约 125 万人口,即在丽江平均每 5 个人就有1 个从事着旅游服务业的工作。虽然旅游服务业为许多城市创造了大量经济收入和劳动需求,但是旅客容量对城市规模具有的约束性是旅游城市不可避免的一大问题,即旅游服务业给当地带来了经济发展的同时,客流量的加大会对城市的交通、设施、环境等造成一定的压力,影响当地居民的生活质量。旅游城市注重保护自然风景环境和文物古迹,尤其是历史文化旅游城,更加注意沿袭历史形成的有特色的城市格局和景观,而非为了城市的经济发展重进行城市布局规划的大规模调整。如六朝古都西安市,城区至今保持方正的形态,且为了保持城市历史风貌以及协调性,城墙内部不允许修建高于城墙高度的建筑物,城墙四周 500 米范围内也不允许有超过 36 米(城墙高度)的建筑。旅游城市在进行城市规划时,非常注重工业区位的规划,尤其是避开风景名胜及有历史文物的地区,以免工业污染影响旅游景点的景观,降低旅游质量,甚至对环境造成不可逆的损害。

四、城市存在的问题

我国自改革开放以来,城市发展迅速,经济和人口的增长都极为迅猛。不管是综合服务型城市还是专业化城市的经济发展均是以效率优先为导向。在城市发展的初始阶段,基本都是通过工业化等粗放式的发展方式进行，随着城市社会和经济发展水平的提高，原有的发展模式已不能适应城市和居民更高层次的需要，通过资源和投资带动的经济发展效率低下，在此过程中还以牺牲社会公平和环境质量为代价，这种初级的发展方式是不可持续并且不完善的，当中存在许多问题。除了表面的环境问题和产业结构问题之外，城市文化的缺位也十分严重，城市文化反映了城市发展的脉络与内涵，并决定了城市的可持续发展质量与水平。我国进入了经济发展新常态，城市发展的模式亟须转变。

（一）综合服务型城市存在的问题

在我国，包括北京、上海在内的综合服务型大城市的发展模式依然过于依赖房地产、投资、重化工业和劳动密集型产业，新兴产业的发展又略显动力不足。在土地和资本驱动经济发展的动力日渐式微的同时，现代服务业和战略性新兴产业也未能成为拉动经济增长的引擎，经济发展动力不足是综合服务型城市存在的一大问题。同时，综合服务型城市在过去的发展当中，过于追求经济总量和增长速度，忽视了发展过程中质跟不上量。基于这个存在偏颇的发展方式，综合城市在规划过程中存在许多漏洞。在空间布局方面，直接体现在了用地不合理、盲目扩大城市规模以及交通布局上。如上海市规模以上工业企业占全市工业用地比重不到40%，工业产值却接近95%，其他工业企业占地超过60%，而贡献的工业产值却仅有5%，这体现了土地利用效率低下的问题。我国综合城市发展速度过快，城市化的过程中，城市聚集的人口数量逐年递增，使得城市人口密度过大，基础设施建设速度跟不上城市规模的扩张速度，交通和环境问题纷至沓来。交通问题主要体现在道路规划不合理、私家车数量大、公共交通系统不够完善等导致交通拥堵；环境问题则包括空气质量日益下降、土地承载能力下降、生态恶化等这些影响可持续发展进程的因素。综合服务型城市除了追求经济发展，还要同时兼顾包括政治、交通、医疗、卫生等各个方面的功能，而经济过快发展的历程中，难以充分兼顾多项功能，引发了一些社会矛盾，再者，原有经济发展的模式，城市文化内涵却逐渐缺失，这导致城市缺少内生型的发展因素，文化驱动力不足，对城市的可持续发展提出挑战。

（二）工业城市存在的问题

工业型城市大多面临着城市布局分散化、产业结构单一化、经济结构应变性适应性差、就业结构非均衡等诸多问题。这些问题归根结底来自其经济发展模式的不合理。对于资源型工业城市而言,资源的日益减少为工业的发展带来巨大挑战,而产业结构的不合理是所有工业城市都面临的严重问题。此外,工业城市均存在工业用地过大,工业用水用电过多以及污染问题严重从而影响居民的生活质量。就产出比来看,工业生产的产品的附加值远远低于第三产业的产品,工业比重过大带来利润效益过低的问题,城市缺乏经济活力。另外,科学技术不断发展,尤其是在信息时代,智能化代替人工劳动力已然成为趋势,工业对劳动人口的需求必然大幅下降,这为工业城市的就业问题埋下了巨大隐患。因此不管是单一工业城市还是综合工业城市,资源性衰退和结构性衰退等问题导致区域的经济衰退。面临衰退的同时,工业的深化智慧发展、产业结构的优化升级必定是其未来转型发展的必经之路,但是如何以城市的工业基础作为自身优势并从中找到突破口以实现城市的转型升级,是值得研究探讨的问题。

(三) 区位条件对城市的影响

区位是影响城市发展的重要因素,城市的发展规模和发展方式受区位因素的重要影响,因此,区位条件的改变甚至也会导致城市的衰败。尤其是随着科学技术水平的不断发展,创新能力和人力资源对经济发展的作用不断提升,而曾经最为重要的区位条件对城市发展的影响却日益衰退。在现代城市的发展当中,主要把交通和地理位置作为核心的区位条件进行讨论。随着交通方式的改变,城市之间的经济交流日益密切,区位的核心作用在交通整体环境的提高以及航空运输重要性提高的过程中有所衰退,如果不能在区位基础上实现产业结构的升级优化,过于依赖交通的作用,区位优势的丧失很容易使其迅速衰败。扬州作为千年古都,在京杭大运河修建完毕后,成为江南名城,商业尤为发达,而随着铁路的发展,水运逐渐衰退,扬州这座依靠水运而生的城市急速衰退,同理,长江沿岸的九江市也是如此;在铁路发展初期,石家庄市由于铁路的布局,甚至从一个小村庄一跃成为省会城市,而今随着铁路网络的密集分布,还未实现转型发展的石家庄市的区位优势逐渐丧失,甚至被称为中国十大衰退城市。如今,在高铁迅速发展的中国,其布局会对城市形态、产业结构和社会流动等方面带来巨大改变,高铁将促使资源进行重新布局,依托高铁布局,枢纽和沿线城市会迅速吸收产业转移,聚集大量资本、劳动力和技术等各类生产要素以及消费群体、消费资料等消费要素,成为新的增长极并实现梯度转移。

对边境口岸城市而言，国际环境的动荡、国家政策的不确定性以及远离内陆、沿海的发达城市是其实现经济发展的最大问题。此外，边境口岸城市缺乏高校及科研机构，文化氛围不浓郁，当地居民存在文化水平不高的问题，高素质劳动力和科技文化水平的低下阻碍了城市的发展转型。

（四）旅游中心城市存在的问题

把旅游作为核心职能的城市，和单一工业城市一样存在产业单一的问题，过度依赖传统旅游服务业，随着现代新兴旅游城市的崛起和一些以主题乐园等作为吸睛点的旅游项目的开发，国内旅游格局和旅游发展模式出现转变，一些依托天然和历史遗留旅游资源形成的传统旅游城市的旅游优势逐渐削减，在国内的旅游体系中的领先局面被反转。此外，在城市现代化的进程中，产业结构与布局的改变，尤其是新兴产业的崛起对传统旅游城市的空间结构也提出挑战。传统旅游中心城市面临的问题主要包括以下几点：第一是旅游资源优势减弱，现代城市逐渐开始重视旅游服务业的发展，比如一些工业城市开始以工业基地作为噱头开展工业旅游，综合性大城市在完善的城市功能基础上提供功能更为齐全的综合旅游、度假服务。20 世纪 80 年代，我国旅游城市仅有 6 项世界遗产，随后掀起了申报世界遗产的狂潮，以此推动地区旅游服务业的发展，截至 2017 年 7 月，我国世界遗产数量已高达 52 项。这些都造成了传统旅游城市旅游资源优势的下降，旅游竞争力的减弱。第二是传统旅游城市旅游产业结构的老化，吃、住、行、游、购、娱这六项旅游要素的发展不协调以及未能实现提升，尤其是购和娱这两项比例过低，其一部分原因在于旅游产品不更新，提供的旅游服务产品单一，旅游仍以观光为主，度假和专项型的旅游地开发程度不够，旅游商品的开发设计也过于老土，主题性和系列性欠佳，全国各个旅游城市的周边商品及其销售均千篇一律。第三是传统旅游城市形象僵化，在多年的旅游开发当中，没有注入新鲜血液，如"桂林山水甲天下"和"黄山归来不看岳"等口号虽然深入人心，但固化的形象已经过时，没有与时俱进加入新鲜元素对现代旅游消费群体的吸引力下降，没有形成具有创新/创造力的文化内向动力推动旅游形象的升级。第四是旅游城市的接待设施和旅游业的发展不能适应，包括交通和酒店数量等旅游设施跟不上旅游的发展速度。此外，旅游景点的特色化区域固定，难以满足现在不断扩大的旅游消费需求。在现代化城市的发展过程中，旅游景区还要对过快发展的房地产等行业做出妥协，其空间受到挤压，难以维持原有景观，更别说特色区域的升级扩大。有限的空间范围要容纳不断增加的游客数量，旅游环境的承载能力受到挑战，旅游环境也遭到冲击。第五是我国的旅游城市存在分散和弱小的现象，旅游产品和周边商品生产及销售规模不够，使得缺乏产业规模效益。

五、城市转型

城市的转型是指城市发展模式的转变，包括经济发展和社会的转型。其中经济发展的转型指城市的资源配置与经济发展方式的转变。社会转型指的是体制转型、社会结构和社会形态的变迁。要在新常态下实现城市的转型，必须继续推进城市的市场化体制改革，不断地调整区域的经济组织结构、产品结构、技术结构、就业结构和投资结构的同时，打造新常态下的智慧、绿色城市，实现科技与文化驱动下城市的经济转型。根据面临问题的差别，不同城市在转型模式、结构调整和职能定位等方面均有所差异。

(一) 综合服务型城市转型

综合服务型城市作为发展级别比较高的城市类型，三次产业结构比较合理，因此其转型的模式应该着力于产业内部的结构升级，以实现向绿色、智慧的城市形态进行转型。尤其是在新常态下，更需要综合服务型的城市发挥自身优势，实现发展动力的转换。目前中国的综合城市，人口密集带来了许多社会问题，土地利用率的低下更加剧了这些问题。要实现综合城市的转型，必须改变城市的发展动力，基于此现状，中央城市会议首次明确提出了，"城市发展需要依靠改革、科技、文化三轮驱动，增强城市持续发展能力"。技术创新和知识文化可以实现城市的高效能发展，特别是在信息时代里，互联网、数字技术的使用可以在各个方面提高城市的经济发展水平，即生产性服务业向专业化和价值链高端延伸，高技术服务业向创新方向发展。因此对于综合服务型城市而言，具体转型方面有：第一是发展动力的转换，经济增长应由原来由土地、资本的驱动升级到科技与文化的驱动。第二是在产业内部结构上，首先是第三产业的内部结构升级，尤其是高端服务业、高新技术产业以及金融服务业的全面推进，综合服务型城市的工商业都比较发达，也是人才聚集地，有创新的需求和源泉，在此优势上打造智慧型城市；第二产业内部应积极运用智能化和自动化的技术，提高第二产业的生产效率，减少污染；提高第一产业当中土地的利用效率，适应城市居民需求，并通过农业生产方式、组织形式和运营模式的创新，实现农业的规模化、标准化、链条化。第三是在新常态下进行城市的发展，不以经济发展作为首要目标，而是以协调为主、经济发展为辅实现城市的转型，重视居民的生活水平的提升，居住环境质量的提高。第四是在区域结构调整上，注重综合性城市与其辐射区域的经济联系，在城市负担过重的情况下，适度将部分产业转移到邻近的辐射区域，疏散城市过于集中的功能，缓解城市运行效率低下的问题，并实现区域协同发展。

综合服务型城市的转型应以平衡为主，经济发展为辅，即在新常态下打造智慧、创新型城市，通过科技、文化驱动城市发展，并加深高附加值的服务业的发展，淘汰衰退产业，改变要素的投入方向，向周边地区进行产业的梯度转移，实现地区产业结构的优化升级。

（二）专业型城市转型

对于工业化城市而言，目前存在资源匮乏、环境污染严重、产业结构不合理等问题。就资源枯竭的资源型城市而言，目前其转型实践中的主要模式有产业延伸、产业更新、复合发展、循环经济等。张米尔（2003）提出资源型城市产业转型的主要模式有产业延伸、产业更新、复合模式。产业延伸模式就是延伸采掘业的产业链条，发展资源深加工产业，形成资源开采、加工产业群。产业更新模式就是城市利用积累的要素，发展与资源型产业无关的全新产业，并成为城市的主导和支柱产业。复合发展模式就是上述两种模型的结合，城市在建设过程中既重点发展资源型产业的下游加工业，也重视发展一些新兴产业，形成综合性功能的城市。臧淑英、李丹和韩冬冰等（2006）以伊春市为例，讨论了资源型城市发展循环经济的路径和模式。循环经济以资源的闭路循环为基本的能量流动模式，运用现代的工业技术、管理运营和产业链的互动关系，实现资源的"减量化、再利用、资源化"。这些对资源城市提出的转型模式，同样也适用于大部分工业城市。就产业延伸模式而言，工业城市可以购买国外廉价的资源、能源，对原材料和初级产品进行深加工，发展与其工业相关的其他产业，延长产业链。产业更新模式无疑是一种最彻底、最根本的变革方式，从发达地区引入新的生产技术改善区域的产业结构，但新兴产业的形成受到原有传统工业产业的挤出效应影响，城市惯性的资源配置方式、固有的经济体制、僵化的经济联系、恶化的自然环境等都使得新兴产业的产生和发展步履维艰。当然，复合型的发展模式兼具以上两种模式的优点，是工业城市经济转型的主要方向。循环经济模式从本质上讲，属于产业延伸模式的一种，是以现代可持续发展为基本理念的经济运行模式。这一模式应用到城市转型中，需要调动大量的经济社会资源，往往以国际级园区和示范区的方式实现，如唐山的曹妃甸国家级循环经济示范区。工业城市经济结构调整是一个系统工程，从国民经济各部门和社会再生产角度，包括三次产业结构、工业内部结构、分配结构、劳动力结构、技术结构调整等多个层面。这种转型模式还对环境恶化影响经济发展的城市具有借鉴性意义，从发达地区引入先进的生产技术，通过打造系统的循环经济实现经济的发展并达到改善生态环境的目的，为污染严重的工业城市注入新的发展活力。产业结构的调整是经济结构调整的重点，也是理论研究和社会实践的中心。周敏、闫士浩（2008）提出资源型城市应从深化产权制度、科学规划、多渠道融资、改善投资环境、制定优惠政策等多个方面促进资源型城市经济转型。工业城市的经济结构调整以及实现环境治理，是实现区域自主协调发展的关键所在。

区位条件会影响城市的发展环境，历史上有很多因为区位条件的变化而没落的城市，而因为铁路、公路等区位条件的改善实现跨越式发展的城市也不胜枚举。区位型城市则应最大化区位，即发挥交通或口岸的优势，以此撬动经济大转型。对于交通中心城市，应着力于深入运用大数据技术，打造城市的智能交通，包括城市内部交通体系、城市对外交通体系以及城际交通体系，提升城市交通的空间范围以及城市影响力、辐射力的质量。将大数据技术运用于交通中心城市对交通的管理当中，并结合数据的挖掘，提高对数据信息的利用效率，提高人流、物流等的交通效率。在打造交通网络体系的同时，注重以人流和物流带动资金流、信息流，以此推动空间结构、产业结构的转型升级，提升城市的交通质量、城市承载能力。通过交通大跨越撬动经济大转型，发展水平比较高的作为综合服务型并以交通为主要职能的城市，如郑州，完善向外、辐射东中西的物流通道枢纽，通过郑州航空港、国际陆港、中欧班列（郑州）、跨境电商等开放新平台，发展优势中转物流业，抓住电商发展的机遇，以提高服务业供给体系质量和效率为目标，推动现代金融、商贸物流、文化创意旅游、信息与科技服务等产业的发展，培育新兴产业、优化传统产业。此外，还应发挥区位优势，将部分产业向周围地区进行转移，疏解城区过于密集的人口和产业压力，实现城区产业结构优化升级并带动邻近地区的发展。而一些发展程度较低的三四线城市，应在区位优势的基础上将承接产业转移作为经济转型的突破口，积极与邻近经济区进行合作，承接人口和产业，实现产业的梯度转移，并通过其带来的乘数效应，推动地区的经济发展。口岸中心城市实现发展的最关键的问题在于跨境电商的发展，通过培育跨境电商带动区域经济活力，推动第三产业的发展。跨境电商的投入产出比高，不需要政府投入过多，而是通过市场实现贸易的发展，能减少因政策和国际关系等因素的不确定性带来的对进口资源和原材料的不利影响，也能与广阔的内陆市场相连接，使边境口岸城市的经济发展点更为多元化，推动经济结构的转型。

尤其是在"一带一路"倡议下，交通中心城市、边境口岸城市以及沿线的欠发达城市，可利用这一倡议下的优惠政策和优势区位条件，通过加强与沿线国家的对口合作，通过引进大量外资和外资企业带动区域经济活力，并通过科技、文化等领域的交流合作，实现城市多元化的发展，推动城市的优质转型。

旅游中心城市的服务业系统完整，配套设施完善，产业结构已比较合理，要实现经济的转型应着力于提高服务业的质量，增加旅游产品的个性。传统的旅游产业是旅游资源和普通旅游产品的结合，要提升旅游价值可通过城市的精细建设，从"旅游城市"向"城市旅游"实现升级，首先要从传统的历史文化和风景名胜的旅游点向生态旅游、休闲度假等复合型旅游产业形态实现更好的升级，发挥旅游城市的旅游产品多元性的特点，不仅仅是提供主题单一的度假、观光等服务，还可满足包括商务、购物、会议、节庆、生态等多功能于一体的复合型旅游的需求。其次要用文化创造力驱动城市发展，将普通的旅游城市向旅游文化城市进行升级，建设具有个性特色的创意旅游城市。文化创意旅游既能更好诠释城市文化的特色，让游客体会到城市的文化脉搏。通过创造多元化的旅游产品载体，形成产业联动效应，促进城市经济文化转型。传统的旅游以景点为核心，以"吃、住、行、娱、购"等作为基础配套服务，而文化创意旅游可以整合城市的各类特色文化资源，形成跨产业、市场的旅游产业链，实现产业之间的联动。一些旅游文化节等活动的开展，不仅可以带动旅游业的发展，加深城市的文化印象，形成城市的特色产业。如东京有以动漫为主题的产业体系，巴黎和米兰通过时装周的活动形成了以时尚为主题的产业体系，这些都能够有效突破市场有效需求不足的"瓶颈"，去旅游同质化，培育目标消费群体，为城市的发展注入可持续的动力。

第四节　服务外包的基础理论

关于服务外包产业的研究有众多视角，从经济学角度有国际分工理论、交易成本理论、委托代理理论；从管理学角度有资源基础理论、价值链理论、核心竞争力理论；从社会学角度有社会交换理论、权利与政治理论等。结合本书内容，重点阐述如下理论。

一、国际分工理论

国际分工理论是指有关国际贸易产生动因、形成基础、国际合作与分工规律的理论。国际分工的理论分为马克思主义的国际分工理论和西方的国际分工理论。马克思（1857）认为国际分工的发展，反映了商品经济发展和生产社会化的客观要求。马克思认为各个国家生产条件各异、劳动生产率有别、劳动强度不同，在交易过程中是依据商品的国际价值进行交换，如果国别价值低于国际价值，按国际价值交换，可获得超额利润。西方国家的国际分工理论从亚当·斯密（1776）在《国民财富性质与原因的研究》中提出的绝对优势理论开始。亚当·斯密认为国际分工是社会分工的高级阶段，贸易能够增加国家财富，国际分工的基础是各地域的自然条件和绝对的成本差异。大卫·李嘉图（1817）在《政治经济学及赋税原理》提出了比较成本贸易理论，认为国际贸易的基础是生产技术水平的差异所导致的相对成本的差别。其结论是每个国家应该生产相对成本较低、相对利益较大的产品，通过国际贸易在资本和劳动力供给不变的情况下，形成更大的生产总量。赫克歇尔（1919）和俄林分别在《对外贸易对收入分配影响》和《域际和国际贸易》提出要素禀赋理论，认为各国都利用本国禀赋较多、价格相对低廉的生产要素进行专业化生产，然后通过贸易，就会得到互利的结果。杨格（1928）认为现代生产过程中迂回式生产方式和中间产品在产业链中的不断延伸，形成了国际分工。

20世纪80年代以来，国际分工理论有许多新的观点，许多学者从技术进步的角度研究国际分工的新特征。弗洛布尔（1980）发现发达国家将劳动密集型的产业向发展中国家转移，认为世界经济体系的联系从"贸易"发展到"生产"领域，而且技术进步使得地理位置的相对重要性降低了。赫里克（1982）的观点与弗洛布尔比较接近，他认为国际分工领域的新特点是资本和生产关系在国际分工中发生了改变。弗朗西斯（1978）认为新国际分工并不是中心国家集聚高技术，外围国家集聚低技术进行生产，发展中国家技术类人力资源的增长将产生新的国际分工。罗尔（2000）研究也证明了相同的观点。更多的学者从产业组织角度来研究国际分工的动因和形式。迪克西特和格罗斯曼（Dixit & Grossman，1982）建立一个理论模型，研究多区段生产系统如何在不同国家进行工序区段的配置，由于工序区段环节所产生的中间产品需求，影响了地区的产业结构。进入 20 世纪 90 年代，产品内分工理论的研究逐渐完善。克鲁格曼（1994）将产品内分工描述为价值链的分解，指出全球贸易的增长取决于中间产品贸易的迅速扩张。阿尔恩特（1997）对全球外包和转包进行了研究，指出外包存在产品内分工现象时，将改善两国的就业和工资率。格里（1998）认为新国际分工是基于全球商品链而形成和建立的组织网络，新的企业不断参与到全球商品链的国际分工中。杨小凯和黄有光（1999）认为交易效率越高，分工水平也越高，产业和企业中更多的内部活动将被分工独立出去，产业组织活动因此复杂而多样，这是分工和交易费用之间均衡抉择的过程。罗斯杰（2002）认为网络时代国际分工的新模式就是订单制造，大型企业把生产的部分环节外包给其他企业完成，产品贴发包方品牌。国际分工的相关理论研究非常的庞杂，结合外包的具体形式来讲，它是在新的技术条件下，依据地区的比较优势和要素禀赋，发展起来的超国家的分工组织形式。这种分工不仅体现在商品之间，而且在同一商品的产业链间进行生产组织，而这种组织的形式取决于分工和交易成本之间的抉择。

二、交易成本理论

科斯最早提出"交易成本"的概念。科斯（1937）认为"企业为了规避寻找伙伴、谈判等费用，可以签署长期合同，从而降低交易费用。"在此基础上科斯进一步分析了企业和市场交易并存的原因。威廉姆森（1975）进一步发展了交易成本的理论，开创了中间治理结构的经济理论研究基础，他在《交易费用经济学：契约关系的规则》一文中认为交易过程的特性可以分解为资产专用性、交易的不确定性、交易频率三个维度。

他认为"经济组织本质是为了达到某种特定目标而如何签订合同的问题"。他将资产的专用性分为三类:一是地点的专用性,二是物质资产的专用性,三是人力资本的专用性。资产的专用性越高,生产的"锁定效应"就越高,企业长期合作的意愿就越强。后续大量研究沿着威廉姆森的思路展开,格罗斯曼和哈特(Grossman & Hart)研究单一生产商和潜在供应商的互动关系。贝诺伊特·A. 艾伯特,苏珊娜·里瓦德和迈克尔·帕特里(Benoit A. Aibert, Suzanne Rivard & Michael Patry)从交易决定的三要素角度讨论了企业不同干预结构的选择问题。麦克维尔(Mcivor)从资产的专用性角度论述了企业不同干预结构的组织选择问题。科斯、哈特、斯蒂格利茨等(1999)认为交易成本"包括了所有在鲁滨逊(一个人)经济中不能被想象存在的所有成本。"它是经济体系中人们活动的协调成本。

根据交易费用理论解释外包行为,当外包活动的市场成本大于企业内部成本时,该活动应在企业内部完成,反之在企业外部进行。企业间建立长期的外包合作关系,能够降低交易费用和履约风险。从交易的特性来看,企业可以充分利用资产的专用性,即地点的专用性、物质资产的专用性和人力资本的专用性进行专业化的分工生产活动。外包突破了仅在企业内部配置资源的经济组织形式,把经济活动放在企业间合作的中间组织形式和运行机制中讨论,因此可以被认为是一种企业间合作型的准市场组织。那么企业是否会选择外包这种组织形式取决于外包所带来的生产成本的下降是否大于外包所引起的交易成本的上升。交易成本理论中市场的不确定性、资产的专用性、交易主体的有限理性和机会主义倾向等理论,对于本文研究服务外包业务运营与管理奠定了理论基础。

三、委托—代理理论

委托—代理理论兴起于 20 世纪 60 年代末 70 年代初,是四十多年来契约理论最重要的发展之一,是一些经济学家研究企业内部信息不对称和激励问题而发展起来的,其解决的核心问题是设计最优契约,在利益相冲突和信息不对称条件下如何对代理人进行激励。委托代理关系在本质上是一种经济利益关系,表现为合同关系,其涉及激励与约束机制的构建问题。阿尔辛和德米塞特(Alchain & Demesets, 1972)认为现代经济组织中,企业要取得更大的经济效益,就要把某些任务交给专业化部门来完成。为了规避信息不对称和利益冲突所带来的风险,设计委托—代理程序和协调与激励机制就十分必要。罗丝（Ross，1973）将委托—代理视为一种经济利益上的契约关系。艾森哈特（Eisenhardt，1988）认为，在委托—代理关系中，是选择行为契约还是结构契约取决于代理成本。詹森和麦克林（1976）提出代理成本的概念，认为代理成本是企业所有权结构的决定因素，它是由委托人的监督成本、担保成本、剩余损失构成的。托马斯等（Thomas et al.，2002）认为外包就是在产品或服务的供需双方之间建立起有效的委托—代理关系。杨英（2001）指出由于委托方和代理方之间存在着信息不对称，导致企业在外包经营活动中面临风险，必须对风险进行防范才能正确实施外包活动。

在服务外包的经济活动中，发包方与接包方就是委托代理关系，由于合同双方存在信息的不对称，由此会产生代理成本。发包方为了减少损失就要对接包方进行激励、约束和监督，这个过程实际上就是博弈的过程。各主体都是根据对方的行为进行决策符合"动态博弈"的条件，可见服务外包是一个多阶段、长期的博弈过程，服务外包业务运作中激励机制的设计将对外包商的行为起到关键的导向作用，而激励机制如何设计取决于发包方对接包方经济活动监督的难易程度。为了避免接包方对单一目标的追求，发包方的评价指标和激励机制应具有一定的综合性。在服务外包中，发包方往往处于信息劣势的地位，有效的沟通、详尽的合同规定、合理的监督、适当的激励、及时争议解决都为服务外包活动的展开提供了原则和方法。

四、资源基础理论

彭罗斯（Penrose，1959）所著的《企业成长理论》一书中指出企业是"被一个行政管理框架协调并限定边界的资源集合"。它认为企业成长的过程就是依托企业自身的内部资源，积累知识、拓展其生产领域的过程。沃纳菲尔特（Wernerfelt，1984）《企业的资源观》一文的发表，标志着资源基础理论的诞生。格兰特（Grant，1991）认为组织通过知识转移、知识整合、专用性知识、知识获得专门化和生产所需的知识等方式透过知识产生价值。艾森哈特（Eisenhardt，2000）认为企业竞争优势的形成过程是将资源基础进行转变的特殊过程。巴尼（Barney，2001）资源基础观既可应用于稳定的市场中，也可应用于快速变化市场，形成动态的能力。彭（Peng，2001）基于资源基础理论在公司治理领域进行深入的研究，提出了关于子公司管理监督的问题。

资源基础理论是企业战略理论领域的一个重要研究方向，成为目前分析企业核心竞争力的重要依据。其核心思想是认为企业竞争力来源于在战略管理基础上资源的差异性，构造了"资源—战略—绩效"的基本分析框架。而这些资源应该具有稀缺性、有价值、不易模仿、无法替代、获取成本相对较低等特点。企业保持持续竞争优势的前提是拥有的特殊资源具有不可模仿性，这种模仿的壁垒来源于三个方面：一是企业生产体系复杂，模仿困难；二是企业形成资源优势的外部环境变化，不可能再拥有那种资源；三是模仿周期长、成本高以及模仿创新的不确定性，也会使其他企业放弃模仿行为。因此企业要获得持久的竞争优势必须培育、获取能给企业带来竞争优势的特殊资源。企业应该发展成为一个学习型组织，每个员工的知识和能力向组织的知识和能力转化，通过建立企业战略联盟、知识联盟能够更有效地创造知识。企业在经营中既吸取外部的知识，也要不断整理内部员工创造的知识，对知识处理的效率和速度直接影响企业是否能够累积这种特殊的异质资源。在服务外包产业分类中高附加值的知识流程外包业，就是基于企业专用性知识积累形成的高附加值业务，因此在垂直行业发展服务外包业务的增值性高，处于垄断竞争的市场结构中的增长性强。资源基础理论对于我们分析知识流程外包业的形成和发展具有重要的理论和实践价值。

五、全球价值链理论

价值链理论是迈克尔·波特于 1985 年提出的，他认为企业所有的经济活动可以用一个价值链来表示，企业创造价值的过程可以分解为一系列相互联系的增值活动。科古特（Kogut，1985）提出整个价值链条在空间上的配置取决于不同国家和地区的比较优势。德瓦特里庞等（Dewatripont et al.，1995）认为企业突破地域限制在不同空间配置资源是实现价值增值的重要方式。21 世纪以来，企业为了把力量集中在核心业务上，将非核心的业务环节交予其他国家供应商进行生产，以提高核心竞争力。加里·杰里菲等（Gary Gereffi et al.，2001）从价值链的角度分析了全球化过程，把产品内贸易看做价值治理体系，全球价值链观点的提出具有重要的决策价值。杰里菲认为全球价值链的治理是指价值链中的权利拥有者或某些协调机制，组织全球遍布性的生产环节进行价值创造的过程。并将全球价值链的治理模式分为：市场型、模块型、关系型、领导型和等级制。汉弗莱和施密茨（Humphrey and Schmitz，2000）把升级分为工艺升级、产品升级、功能升级和价值链升级四个方面。联合国工业发展组织（UNI-DO）的工业发展报告将全球价值链创新分为四种类型：过程创新、产品创新、功能创新、跨价值链创新。各企业、地区和国家在全球价值链治理中选择核心价值环节进行创新，能够不断提高竞争力，也可以通过功能创新参与其他生产环节，还可以将资源整体转移到更高增值性的业务中。那么获得这些经济组的来源是技术能力、组织能力、知识和营销能力等核心能力。

在经济全球化发展的今天，每一个企业、每一个地区、每一个产业集群都应该在全球价值链中寻找转型升级的机会。全球价值链治理对企业家和政策制定者提出了战略选择的更高标准。企业必须参与到更深刻的社会大分工中，服务外包业务的开发运营是其中重要的一环。企业利用外包形式提升竞争能力，必须首先对所在行业的价值链进行分解，找到核心创造价值的环节，参与全球的价值链治理，这种治理的过程既是企业知识、技术、管理能力的发挥过程，也是接包与发包企业组织方式的创新过程，更是价值链整体升级优化的过程。这一理论对于我们认识服务外包产业的意义、服务外包业务开发的方式以及产业组织与治理等方面都具有重要的理论指导意义。

本 章 小 结

服务外包就是指企业从全球价值链治理角度，结合信息、通信和高技术应用，将原来由内部完成的服务活动交予外部企业执行的过程。在本书中主要是从服务外包承接方角度，研究现代城市转型。现代城市发展服务外包业是建立在高技术体系应用和人力资本运营的基础上，优化升级传统产业，提升城市现代服务业的发展规模，转变我国城市的发展方式和发展动力。从服务外包的实现形式上，既可以通过服务产品的跨境交易，也可以通过自然人流动实现服务交易。可外包的服务产品往往具有应用 IT 技术、知识密集、标准化程度高的特点。从服务外包业务的具体内容可以分为信息技术外包、业务流程外包和知识流程外包。目前服务外包产业在生产性服务业发展和传统产业结构、高端服务产业发展和新兴产业结构的优化升级进程中不断演进与深入发展。城市经济转型是指城市的资源配置与经济发展方式的转变。从要素投入结构上，实现人力资本积累的内生型增长；从产业组织方式上，加深专业化分工、产业集群化发展；从区域空间结构上，以现代服务业的发展加深城市的基础功能，增强集聚辐射能力。本书应用的服务外包理论主要有国际分工理论、交易成本理论、委托—代理理论、资源基础理论和全球价值链理论等。

第二章

服务外包产业发展促进转型
破解"低端锁定"的机理分析

当前，中国经济面临资源环境约束强化、产业结构不合理、自主创新能力不强等问题，迫切需要转变经济发展方式，即由工业经济迈向服务经济。在 2007 年底的中央经济工作会议上，胡锦涛明确提出了"必须坚持创新驱动，为转变发展方式、推动产业结构优化升级提供有力和持久的技术支撑"。吴敬琏（2010）认为"转变经济发展方式的核心和基础，是摈弃靠自然资源和资本投入支撑的传统经济发展模式，采用靠效率提高驱动的发展模式"。为了实现可持续发展，习近平在 2014 年的中央经济工作会议的上提出"新常态"。中国经济新常态指的是着眼于调结构稳增长，而非空求经济总量的大小。找准经济的增长点，实现经济结构对称态的基础上实现经济的可持续发展是我国未来经济发展的方式。我国城市的发展应在国家转变经济发展方式的大背景下，从要素驱动、投资驱动转向创新驱动。新时期应在通过投资要素进行经济发展的同时，着力于通过创新、创业、提高技术水平等提高生产效率，优化生产结构，实现有效创新驱动的发展模式。在"一带一路"的背景下，服务外包产业得到了更为广阔的发展空间，它能更好地深化"一带一路"合作的新渠道，通过释放包括发展中国家在内的大量沿线国家市场新需求，并适应世界经济发展的趋势。截至 2017 年底，我国服务外包的业务范围已遍及五大洲的 200 多个的国家和地区，其中有 130 个国家和地区的服务外包执行额破亿元。利用信息、物联网、云计算等高技术全面变革生产方式的契机，在经济全球化的浪潮中，利用服务外包资源配置的方式，发展高技术生产性服务业，建设现代产业体系，支撑接续替代产业发展，寻找符合区域自身资源禀赋和发展条件的差异化转型路径。大力发展服务外包能加快转变经济发展方式，也是推进供给侧结构性改革和提升全球价值链地位的重要途径。

《中国外包品牌发展报告2017》中提出，在数字经济的时代里，服务外包是我国实现新旧动能转换的加速器。报告中估算2016年服务外包产业的总规模占数字经济的13%，数字经济对中国GDP的贡献超30%。在数字技术和数字经济的推动下，服务外包发展动力十足，作为专业化程度高和知识密集型的产业，在信息社会中服务外包推动着制造业服务化以及服务产业化。由此看出，服务外包产业的发展对新经济发展的作用越发显著，对城市转型也能起到举足轻重的作用。书中主要讨论服务外包对综合性城市、资源型城市和区位型城市的转型分析。

第一节　服务外包促进综合服务型城市转型的机理

综合服务型城市已实现了第二产业为主导向第三产业为主导的城市产业结构升级，在经济"新常态"下，综合服务型城市在进一步向服务型、智慧型城市进行转型并实现国际化大都市的过程中，需要通过高附加值和高弹性的产业来寻找新的经济增长点以免陷入中等收入陷阱，服务外包产业的专业性、创新性和知识密集性是综合服务型城市进行转型过程中的重要环节。

一、服务外包促进综合服务型城市转型的机理

综合服务型城市要实现转型，就是要在新常态下通过发展高端服务业，包括高端的生产性服务业等来推动城市的可持续发展，而知识密集型的高端ITO和KPP业务适应城市转型需求。经济发展过程中，重视协调，即社会、环境等各方面的和谐发展。综合服务型城市的三次产业结构和产业链比较完善，需要提高的是产业链高端行业。通过培育发展高端产业部门，利用科学技术、文化等内向动力推动绿色、智慧型大都市的构建。这类城市通常聚集了大量周边地区的劳动人口，区域空间拥挤，交通环境等压力大，如何通过空间转移来缓解城市压力并实现可持续发展是其转型必须考虑的关键问题。

当这些综合服务型城市发展到了一定阶段，需要实现更高效益更低投入的服务经济发展模式，高端的服务行业将取代传统服务业，在服务外包

产业内部,高端的 ITO 和 KPO 也逐渐取代传统 ITO 和 BPO。综合服务型城市转型过程中首先应该摆脱由土地和投资拉动经济增长的方式,在中国经济的新常态下,城市从粗放式、高耗能、高污染的经济增长方式向节能型、集约型、低碳化的经济发展方式转变,提高城市的环境承载力。此外,综合服务型城市还应通过对周边地区进行产业梯度转移,从而优化内部产业结构并带动周边地区的发展,通过乘数效应再实现人口、资源等的梯度转移。服务外包产业是现代服务业的高端产业,尤其是在大数据、云计算和物联网为代表的数字技术基础上的高端服务外包产业,其附数字化、融合化和高附加值等特点能够聚集综合服务型城市的文化、科技、高端人力资源和海量信息等要素。高端的服务外包产业是综合服务型城市实现绿色、智慧转型的重要途径,通过高端服务外包的发展推动综合服务型城市的转型是本节研究的核心问题。

(一) 服务外包推动综合服务型城市产业升级

综合服务型城市在成长发展过程中已经形成了完善的产业链,极化效应下,它作为中心城市聚集了周边地区的人才、资源和资本等,进入后工业时代后,服务业已然成为这些城市经济发展的主导产业和核心动力。北京、上海、杭州、苏州等综合服务型城市均通过发展服务外包推动了产业结构调整,实现了工业城市向服务型城市的转型。全球范围内,服务行业通过 45% 的从业者实现了 70% 经济产出,就服务外包而言,尤其是数字时代的高端服务外包产业,它能将现代数字技术和商业模式结合起来,并创造和提供专业化增值服务,这是其核心价值所在。服务外包作为其重要构成部分,其产业结构内部的升级转换为各个城市的发展带来新动力,信息时代下 ITO 业务的升级和 KPO 业务的发展带来的经济增长实现城市发展的方式是可持续的,其低能耗高附加值的特点是新常态下综合服务型城市发展并实现转型的必经之路。可以说,服务外包产业内部的结构优化为综合服务型城市的产业升级提供了更多可能。

出现于数字时代的高端服务外包产业,被烙上了数字化、信息化的时代特征,它的特征符合综合服务型大城市的升级需要。服务外包产业内部的优化升级,高端 ITO 业务以及 KPO 业务的发展为城市的产业升级带来了更大空间。在物联网、云计算的发展下,高端服务外包推动以信息技术为核心的高技术产业的发展,技术、知识密集型产业规模扩大。信息技术与其他行业实现深度融合,催生出信息需求度高和知识科技含量高的其他新的产业形态以及商业模式，推动产业链的深化和升级，促进传统产业转型和升级。服务外包产业的迅速发展以及升级，能够为城市转型培育新动力，给经济发展拓展新空间。服务外包下各要素能实现自由流动，资源得到优化配置，服务效率显著提高。例如西安市，作为我国发展程度较落后的省会城市，2009 年建立了西安市服务外包产业园区，承接软件外包服务，为西安的产业调整和升级带来了新动力。如今，现代服务业发展成为西安市五大主导产业之一，西安市也从一个工业城市发展成为第三产业对GDP 贡献率超过一半的服务型城市。尤其是在"一带一路"的背景下，西安市作为重要节点城市，有着承接沿线国家服务外包的巨大优势。各大高端咨询公司近年来纷纷入驻各大综合服务型城市，作为服务外包行业中的重要组成部分，麦肯锡等咨询公司通过出售"智慧"，为各行业的各大公司提供准确有效的顾问服务，包括市场调查、价格预测、企业诊断、盈亏分析、销售策略、商业报告、产品信息、销售市场分析报告、产品质量分析报告、股权分析、人事管理及投资分析等在内的咨询服务，这可以提高发包公司的管理效率，实现最大化利益。这一行业的发展，是各大综合城市服务业向高端化转型的重要一环，对城市的第三产业的升级起着至关重要的作用。

（二）服务外包云计算推动综合服务型城市智慧升级

在综合服务型城市的发展进程中，随着城市规模的不断膨胀，人与资源环境的矛盾日益显现，综合服务型城市人口密集、交通拥堵、环境污染和空间结构不合理等弊端日益突出，城市发展越发受到土地、能源、水等资源短缺的约束，因此，城市发展效率放缓，城市管理更加复杂，居民生活水平下降。在这样的背景下，城市向绿色、智慧的转型是城市实现可持续发展以及提高城市整体质量的必然要求。而智能化是综合服务型城市的服务外包业务发展的必然趋势，大数据引领下的第三次人工智能热潮使得人工智能技术在语音识别、数据挖掘等场景与自动驾驶、智慧生活等模式相结合，智慧城市成为城市未来的发展目标。在高端服务外包产业的发展下，综合运用互联网、大数据、云计算和空间地理信息集成等技术的水平提高，相关企业可以实时获取、整合城市的相关信息，分析过后的信息通过智能化处理，衍生以城市信息为核心的智慧型行业，培育新的产业域和发展战略性新兴产业，从而创造出新的经济增长点，此外还可以除了方便相关企业的决策制定，还能为城市规划、管理和服务提供决策依据。比如在此基础上构建智慧交通系统,可以很大程度上改善城市交通拥堵问题;劳动力的智慧管理系统可以实现人才和职位的无缝对接,降低搜寻成本并提高城市就业质量。在消费方式方面,在信息技术迅速发展之下,虚拟世界与现实世界实现有机结合,网络购物、移动支付等消费方式的广泛应用减少了中间环节,实现了资源的循环利用。在高端服务外包产业的带动下,信息资源实现开放利用,资源实现有效配置,资源利用效率提高,城市运行效率得到保障。

智慧城市的细分领域智慧城市建设与城市转型发展研究众多,上下游产业链的市场规模巨大,市场空间广阔。以智慧城市建设为载体,在感知、网络层面可以推动传感技术、物联网、云计算、网络信息传输等相关设备制造业,以及软件、管理系统、信息平台等信息服务行业的发展,促进以新一代信息技术为核心的高技术产业的发展,提高技术和知识密集型产业的规模。

(三) 服务外包促进综合服务型城市劳动力结构优化

服务外包产业,尤其是高端的 KPO 业务是建立在数字信息、数字经济基础上的知识密集型产业,对知识和科技的敏感程度高,对从业人员的文化和专业程度的要求也比较高。而综合服务型城市有着数量较多的高校和科研机构,能满足高端服务外包产业发展的高素质人才需求。不仅是 IT 行业的精英,高端服务外包能吸纳各行各业的优质劳动力,提供可观的就业岗位。此外,高端服务外包产业的发展还需要专门的服务外包人才培养计划,通过集聚国各类优质资源,进行服务外包人才培训,并通过引进和培养复合型人才和国际型人才,构建可持续服务外包人才供应链。

综合服务型城市由于各个产业都获得了一定发展,就业人口素质参差不齐,传统服务行业吸纳了过大的外来打工群体,而综合服务型城市生活成本过高已经不适应这些劳动力的就业与生存,就业收入和生存成本的不对等以及劳动结构的不协调容易引发部分环境和社会问题,而在服务外包行业发展下,综合服务型城市可以通过将其他效益部分工业和传统服务行业及其劳动力向周边地区进行梯度转移,实现中心地区的扩散效应。城市产业结构的升级调整的同时,工业和传统服务行业劳动力人口实现外移,高素质专业人才进行引入,数量大的引出和质量高的引入改善了综合服务型城市劳动力结构,也为周边城市带来了发展的动力。

(四) 离岸服务外包业务推动综合服务型城市全球化进程

综合服务型城市的转型过程中，必须进行市场的转移和扩大，部分产业在国内市场的饱和状态不利于城市实现可持续发展，必须放眼国际市场，通过与国际城市进行对接参与国际分工、融入全球价值链从而实现产业跨越发展。互联网信息技术的发展使得服务外包公司的生产和消费摆脱了空间约束，发包和接包可以实现地理空间的分离打破传统服务业资源流动和要素配置的空间限制，尤其是在大数据和云计算迅速发展的背景下，服务外包的信息承载能力惊人，收包方和接包方的交流更加便捷，不同区域、产业和市场之间实现相互渗透。此外，研发、设计、物流、金融和人力资源等服务的生产消费规模也由于空间阻碍的消除得到扩大。通过与国外长期的接包、发包服务，在要素自由流动和资源优化配置的基础上经济社会实现信息化、服务化和国际化，深化参与国际分工，实现双向资源、人才和资本的交流，打下引入外资企业或向外投资的基础，加速综合服务型城市向国际化大都市的发展进程。尤其是在发展离岸服务外包的过程中，吸引国际发包商设立地区总部和研发中心，发展总部经济，提高城市国际化的质量和水平。

在"一带一路"倡议的背景下，我国城市也迎来了巨大的服务外包发展契机。安永公司研究报告指出，2018 年中东北非地区服务外包市场规模预计将达 70 亿美元。2014~2016 年，我国承接"一带一路"沿线国家服务外包的规模由 98.4 亿美元增加到 121.3 亿美元，这初步显示了"一带一路"带来的经济发展前景。此外，在该背景下，我国还有机会在规模较大的高端国际项目中发挥主导作用，获得和通过与跨国公司的多方面、多层次合作的机会，在此过程中加快技术外溢，吸收核心技术，提升创新能力，加快服务外包企业从中低端环节向高端环节的转移，实现跨越式发展和转型创新，提高国际竞争力，在国际价值链中抢得先机。通过服务外包企业的跨境合作，加强与国际城市的交流，深化参与全球化分工，拓宽市场和产业空间，从而加速城市的全球化进程，实现综合服务型城市从国内一二线城市向国际化大都市的跨越。

(五) 服务外包创新性推动综合服务型城市汇聚新动能

高端服务外包尤其是 KPO 的发展，要求综合服务型城市大力提高数字技术及数字经济、研发设计、科技服务、生物技术等领域的专业程度，通过发展这些专业性强、知识密集且创新程度高的服务外包产业内容，占据市场先机。并在发挥高端服务外包产业的创新创业、技术外溢、关联产业带动等作用下，扩大服务外包产业的规模和优化服务外包产业的结构。打造智慧城市的过程中，信息技术拥有了更广阔的市场空间，有助于增强企业技术创新激励和动力，促进信息技术产业化和传统产业信息化，加快产业转型和结构优化。在应用层面，智慧应用将开拓更加广大的市场空间，推动信息技术与各行各业的深度融合，催生出智能制造、智慧教育、智慧交通、智慧环保、智慧医疗、智慧物流、智慧电网、智慧旅游、智慧建筑、智慧农业等新的产业业态和商业模式，促进产业链扩展和升级，刺激传统产业的转型升级。智慧城市的建设，为各类产业的发展拓展了新的空间，将推动城市产业结构调整和升级。各大城市通过设立高新服务外包产业园区，实现具有一定规模的技术创新、模式创新、制度创新，推动高端服务外包的发展，实现外溢效应，带动其他产业创新能力的提升。高端服务外包培训出的高端型人才作为优质的人力资源，迸发出更多的创新源泉，为其他产业带来发展动力，加强文化科技的内向发展动力。此外，通过接包国际发达地区的服务外包产业，实现要素对流，在合作过程中，跨国公司将研发设计外包给发展中国家，提高了接包城市的创新速度，通过整合全球研发资源、优化创新链体系，服务外包企业创新的实现程度更高。创新型产业、创新性人才的发展以及与大型跨国企业的交流合作，推动城市创新能力的提升，创造发展新动能。

（六）服务外包的总部经济加速城市国际化进程

离岸服务外包的发展，比如跨国企业在华总部以及研发中心的设立，推动综合型城市与跨国企业建立密切联系，推动城市逐渐成为跨国公司的亚太总部和服务全球的后台部门。

基于综合型服务城市发达的经济水平和完备的科研环境，大力发展总部经济以吸引国际发包商设立地区总部和研发中心。通过总部经济的快速发展加速城市服务外包产业跨入全球价值链和产业链的步伐，提高信息、资金、技术和人才等的流动速度以加深城市的国际开放程度。总部经济的发展能提高综合型服务城市服务外包产业的发展等级和质量水平，对地区的服务外包产业结构的优化有着重要作用，并加速城市经济的国际化进程与质量。

二、服务外包促进服务产业优化的机理

随着经济水平的不断发展以及城市化的不断进行，服务产业已逐渐发展为我国现代城市的主导产业，我国综合型城市开始进入从工业城市到服务城市的角色转变的关键时期。服务型城市关键在于其城市的服务产业所处的价值链位置以及其生产效率。服务外包产业科技信息属性与更新换代速度的特点能加速自己进行快速发展的同时带动相关服务产业的升级。

（一）服务外包提高生产性服务业地位

在信息社会中，经济活动开始由以制造业为中心转向以服务为中心，其中交通、物流、金融和信息等生产性服务业的发展进一步拉近了服务业与生产制造业的联系，通过互动发展推动了制造业服务化。而科技创新和信息技术在服务外包产业的应用进一步推动了服务产业化。生产性服务业最初是作为辅助管理的角色在生产制造产业当中发挥着"润滑剂"的作用，随着生产力水平的提高以及信息的快速流通；随着服务外包的出现，20世纪70~90年代，生产性服务业开始向管理支持功能进行转变以发挥"生产力"的作用；在服务外包广泛进入到各个产业中之后，生产性服务业实现了其向战略导向功能为主的推进剂功能的进一步升级。服务外包的出现于信息技术革命、经济全球化和市场竞争加剧的背景下，发展的最主要动因来源企业对降低成本和强化其核心竞争力的需要，服务外包能够推动专业化深加工、产业链延长以及催生全新的产业模式。

（二）服务外包助推文化创意产业转型升级

基于移动互联网、物联网、云计算等新一代信息技术以及社交网络、综合集成法等工具的应用，服务外包在后工业社会催生了文化作为城市发展内向动力的出现。随着文化产业在我国的快速发展，基于其较大的需求弹性，文化产业逐渐发展成为新的经济增长点，传统文化与时代和科技的融合造就了文化创意产业的发展。在我国文化与科技结合的过程中，文化创造力不足制约了我国文化创意产业的发展高度。服务外包产业的专业性、创新性和创造力是文化产业必不可少的特性。电视、电影、动漫、旅游和娱乐等文化产业的部分环节进行服务外包可以促进文化创意产业与其他产业的融合和联动发展，推动文化创意产业的规模化、集约化和专业化

水平的提高，从而实现以创新为核心的文化创意产业的转型升级。

（三）服务外包推动服务业市场化改革

当前，发达国家在高端服务贸易业占据主导地位，其竞争优势十分显著。与此同时，新兴经济体和其他发展中国家进一步发展服务贸易的趋势给我国的服务贸易行业带来一定挑战。离岸服务外包的发展可以拉近我国和发达国家的联系，提高国际化水平和融入全球产业链体系的速度。在此过程中，我国服务外包公司与大型跨国公司的合作交流有利于我国服务业的开放程度进一步提高，在资源和要素的相对自由的流动中，促进了服务业投资主体多元化和服务业资源配置的优化，有利于积极稳妥和科学有序地深化对外开放并调整优化服务业的结构。

第二节　服务外包促进资源型城市转型的机理

资源型城市实现经济转型，就是要从追求数量的经济发展方式转变到依靠质量的经济发展方式；从资源型产业主导型的经济发展方式向现代产业体系协同增长的经济发展方式转型；从粗放式、高耗能、高污染的经济增长方式向节能型、集约型、低碳化的经济发展方式转变；从资源型企业"独大"到资源型产业集聚发展的经济发展方式转变；从资源型城市"经济孤岛"到区域"经济中心"的发展方式转型。资源型城市经济转型从资源利用方式上、要素投入结构上、产业结构与组织方式上、区域空间结构调整上，都有具体的内涵。服务外包产业是现代服务业的高端产业，具有信息技术承载度高、价值增值大、资源消耗少、产业融合度高、行业应用性广、人力资本集成度高、国际化运营等特点。服务外包产业的发展促进资源型城市转型的机理是本节研究的核心问题。

一、服务外包的融合性促进产业空间集聚

资源型城市的产业主要是采掘业和资源产品的初加工业，产业链条短，价值增值率低，在不可再生资源储量有限的情况下，开采企业的数量逐渐减少、规模逐渐缩小，城市经济因为支柱企业生产的萎缩而慢慢衰退，服务外包产业具有很强的产业融合性，特别是信息技术等高技术服务

产品在资源型产业中的应用,改变了企业生产的方式,例如煤炭采掘业利用信息和物联网技术实现了可视化管理、智能化决策、自动化控制等新的生产方式,提高了生产的效率,增加了企业的效益。这种融合所产生的服务需求,呈现出极高的成长性,成为催生专业服务供应商集聚的最重要动因。更重要的是,服务外包产业所提供的高技术服务与资源型企业专业的工程技术相互融合,资源型企业也会立足于自主创新的能力开发出符合专业技术要求和业务流程特征的服务产品,如生产数据分析软件、生产全流程技术服务、专用设备研发设计等服务。仅限于资源型企业的本土市场,服务产品的增值空间小,必须对外承接生产性服务项目才能形成新的增长点。由于结合信息技术的专业服务产品在同行业中应用的通用性较强,市场空间大,打破了传统部门的生产界限,资源型企业逐渐成为具有服务功能的生产商。

同时,部分资源型企业逐渐剥离出提供生产性服务的部门,成为独立的服务组织。这些服务型企业又会整合区域内其他服务供应商的资源,联合对外提供集成度高的服务产品,从而衍生出大量的服务供给和生产组织。更重要的是,这种服务向产业链两端延伸和融合的速度很快,使得资源产品深加工企业和资源装备制造企业获得了新的生产方式和技术支持,呈现出新的发展活力。服务外包企业的高融合性大大增强了城市产业发展的空间,实现了资源及其深加工、配套装备制造、生产性服务的企业集聚和产业集群。

(一)服务外包规模效应实现城市比较优势价值

服务外包的资源配置方式通过承包商同一服务环节在不同发包商生产中的应用,突破了单一需求方业务量的限制,实现了规模效应,从而降低了生产成本,提高了经济效益。尤其是企业承接研发、设计、咨询、营销等价值链的高端服务,在服务外包生产方式的运用下,提高了价值增值的幅度。企业在高端价值链条上实现了专业化生产的优势,形成了核心的竞争能力。

由于自然资源经营权所带来的垄断利润,使得大量稀缺的生产要素流入矿业领域。在其巨大的产业极化作用下,各种经济要素被固化在资源型产业领域,与资源开发配套的勘探、技术投入、生产服务、人力资源开发和培训、辅助产业体系、资源运输、资源贸易得到了较快发展,形成了资源型产业内部刚性的经济循环,进而对资源优势进一步产生了"放大效应"。在资源枯竭、经济封闭的背景下，这种经济结构对城市经济的可持续发展当然是非常不利的桎梏。但是打破资源型城市发展的前提条件，在开放经济中，资源型企业的一些部门在区外开发矿产资源，对外承接工程作业和工程技术服务外包项目，那么资源型城市具有的高度一体化的产业体系的比较优势在市场中就具有极大的竞争力。在我国能源和矿产企业大量 "走出去" 的过程中，可以发现企业总部所在地对资源型产业的配套体系越完善、生产性服务越齐全的地区，资源型企业在外部市场的竞争力就越强，市场开拓空间就越大。反过来，服务外包所产生的规模效应，会引导本土生产性服务的创新和应用，进一步改造传统企业的生产方式、延伸产业链条、派生出新的产品和服务。新企业出现，传统企业经济效益提高，服务外包的规模效应实现了资源型城市产业一体化的比较优势。

（二）服务外包高衍生性推动产业结构调整

在经济全球化进程中，国际分工的方式由产业间分工向产业内分工和产业内产品分工的方向发展，国际分工的内涵也进一步深化，由贸易分工向要素和价值链分工转型。国际化竞争日趋激烈，企业无法确保在全部生产环节的高效性，只能将资源集中于最优势的环节。服务外包就是社会大分工细化的产物，而且这种分工的委托代理链条较长，形成一级承包商、二级承包商、多级承包商的多层次延伸的外包关系。这种原来由企业内置化的生产方式，通过服务外包的黏合作用，形成组织分化的网状结构，在空间上就表现为服务企业的集聚和产业的集群。资源型城市发展服务外包产业，形成信息技术服务、业务流程服务、知识流程服务业的集聚发展，成为现代服务业集中发展的区域。服务外包产业本身是在不断专业化发展的过程中演进的，企业优化自身服务业务结构的基础上，将承揽的多样化业务中低价值链的项目再次转包出去，寻求在比较优势下的更高收益。

因此，现代服务业尤其是服务外包产业在地域空间上体现出更强的集中化发展的趋势。这种服务链整体集成发展所带来的整个服务外包产业规模的扩张、成本的下降、效益的提高，使得服务企业在空间上越集中，收益越大。这种发展的结果，能够改变三次产业结构之间的比例关系，成为城市经济新的增长点。因此，资源型城市发展服务外包产业，是改变产业结构单一、产业结构转型缓慢的有效途径。

（三）服务外包知识溢出效应优化技术结构

服务外包是以人力资本为基础的资源配置方式，由于劳动力较强的流动性,使得这一产业具有更强的知识溢出效应。另一方面,服务外包企业往往联合其他企业合作完成一些创新性较强、技术集成度较高、跨行业的综合性服务项目,不同部门在创新网络中交流异质性知识,实现了知识的溢出与技术的扩散。资源型产业特别是石油石化、冶金行业的技术体系复杂度较高,这类产业的工程技术与信息技术、物联网技术、云计算技术相结合,就会产生多种技术融合发展的新技术体系。新形成的技术体系,大大提高了资源型城市的技术层次,优化了区域的技术结构。

服务外包企业为了开展相应业务,必须对员工在行业领域的国际技术认证标准、质量管理体系、国际商务惯例、发包国文化习俗、商务英语等方面的知识进行培训,提高了企业的技术和管理水平。同时服务外包企业利用企业集群的优势,在创新网络中"干中学",在承接服务外包项目的同时,培养自主创新的能力,新知识的利用速度和创新效率大大提高。资源型企业开展的服务外包项目通常是生产性服务外包项目,通过承接项目所获得的知识能够推动本土相关产业的技术水平。更重要的是服务外包企业家在产业聚集区创业能够获得大量的隐性知识,而这种知识的扩散能够激发更多企业家的创新行为。这样的创新网络和创新机制的形成,能够不断更新技术水平,改变资源型城市技术水平低下、创新不足的现状。

(四)服务外包吸纳就业效应改变劳动力结构

服务外包的实现形式主要有两种:一是服务产品的跨境交易,二是自然人流动。首先,资源型城市发展信息技术外包业,例如信息数据处理、信息系统建设、IT应用管理、网络安全等相关服务。也可以结合地理信息技术发展遥感数据的加工处理、三维景观制作、地理信息系统工程等业务。上述的服务外包业都属于产品的跨境交易。这类业务能够吸纳高素质的劳动力增量,优化资源型城市的劳动结构。其次,资源型企业到区外开发资源提供工程作业或工程技术服务,这类业务属于自然人流动实现的交易。在资源型城市中发展这类业务一方面可以充分利用矿业企业多年积累的专用性强的人力资本,避免由于自然资源枯竭所带来的劳动力剩余问题,更重要的是资源型企业在外部开发资源的业务领域不断扩展,能够带动资源型产业上下游产业链,以及配套产业的产品和服务的输出,为这些产业中劳动力的就业提供了重要的保障。特别是,服务外包业务类型的差异,技术应用程度的高低,都会相应地产生工资收入在市场调解下的差距,这种工资差距的动力引导资源型城市的劳动力不断通过学习和培训,进一步提高劳动力价值，从宏观上产生的经济效应就是劳动力结构的持续优化过程。

（五）服务外包产业的外部性重塑城市形象

服务外包产业是现代服务业，在城市中属于高端产业。这类产业是无污染、低消耗的低碳产业，具有良好的经济和社会效益。服务外包产业的发展有利于城市改变高碳经济的运行方式。同时，产业的区位指向往往是城市环境质量高、通信发达交通便利、宏观经济软环境适宜的地区。在我国大力发展服务外包产业的战略推动下，一旦服务外包产业形成规模后，地方政府都有足够的积极性建设专业服务外包园区、配套基础设施、加强城市管理、优化城市环境、配套优惠政策，在这样的机制架构下，逐渐改变着资源型城市生态、经济和社会环境。更重要的是政府专门成立相应的组织结构，对外招商引资，不断宣传城市品牌，输出城市文化，重塑城市形象。例如大庆市在宣传服务外包城市品牌中，充分利用"铁人文化"的魅力，增强了发包商的信任程度，促成了服务外包委托代理关系的建立，进一步推动了服务外包产业在城市的集聚发展。

（六）服务外包的现代生产方式提升城市能级

城市服务外包产业规模不断扩大，吸引周边地区各种生产要素集中，在经济全球化中配置各种资源，参与国际分工与协作，发挥城市的集聚和辐射功能。资源型城市通过生产性服务外包业的多元化发展，成为周边地区工业生产的技术支持和创新来源地；通过金融业和物流业的繁荣，加速资源型城市与周边地区资金与物资的交流，形成区域性中心城市或临近大型城市的功能区。服务外包产业是依托信息技术和知识经济而发展起来的，服务外包产业现代化的生产方式、国际化的运营模式以及不断出现的新型业态，不断改造着资源型城市及其周边地区的传统产业，这是城市能级不断提升的重要动力机制。服务外包产业的高渗透性所形成的对外经济联系的连通性和协同性，推动着城市现代产业体系的建设，形成服务外包产业或部门的技术创新，在其他产业和地区中传播与扩散的局面，从而带动区域整体竞争力和城市能级的提升。

二、服务外包促进资源型产业转型的机理

资源型城市的产业和其他类型城市不同，其资源型特点十分显著，因

此可以通过资源型产业的转型为支点推动资源型城市的转型。

资源型城市的支柱产业是资源型产业，而资源型产业随自然资源储量的下降呈现出规律性的开发、成长、成熟、衰退的发展阶段。在产业结构单一的资源型城市中，资源型产业的特殊生命周期内在地决定了城市的发展规律，也就出现了资源枯竭型城市经济衰退的现象。可见，资源型产业转型的成败直接影响到资源型城市转型是否能够顺利进行，那么服务外包产业对资源型产业的影响就值得深入研究。在讨论的开始，我们先把握目前资源型城市经济转型的时代背景。首先，国家提出了转变经济发展方式的总体战略，各个城市都在进行着机制体制的创新，调整着经济结构。其次，国家加大了对资源枯竭型城市的扶持力度，将加快《资源型城市可持续发展条例》的立法工作和加大财政转移支付的力度。最后，资源型城市转型所面临的是国家经济体制转轨深入、经济全球化程度加深、新产业革命风起云涌的时代背景。因此，资源型产业在这样的宏观经济中转型，就必须依托开放的市场经济条件、崭新的资源配置方式来选择资源型产业转型的路径，而服务外包产业的兴起正是适应这个时代要求的全新发展方式。

（一）服务外包突破资源的硬约束

矿产资源逐渐枯竭的不可逆转性是导致大量资源型城市经济停滞的根本性原因。我国工业化进程逐步推进，加速了矿产资源的消耗速度，缩短了资源型产业的周期。目前我国的主要资源型城市已经陆续进入产业的稳产期和衰退期，资源枯竭型城市已成为中国经济发展的重大问题。有两种方式可以突破自然资源的硬约束：一是加大勘探与开采技术的研发与投入；二是企业到外部市场开发资源。服务外包这一资源配置方式的运用，就能够很好地实现上述路径。资源型产业限于自身研发能力的约束，可以将工业化、信息化、资源产品深加工、配套设备设计研发等生产性服务需求，外包给外部服务供应商来实现。或者在更高层次上建立稳定合作关系的产学研创新网络，持续地产生创新的应用性技术，延长企业的生命周期。另一方面，资源型企业利用长期积累的专用性资产，通过服务外包的形式，到外部市场开发资源，输出过剩的生产能力，实现了资源型企业的可持续发展。

（二）服务外包减弱资源型产业的脆弱性与波动性

资源型产业是上游产业，受经济周期影响，资源价格的波动性较大，生产往往出现不规律性的起伏。伴随周期性波动，区域内与主导资源型产业密切相关的产业体系，也出现剧烈的震动。同时资源型产业是个典型的外部不经济性产业，资源型城市的开发建设与环境污染、生态破坏如影相随，成为资源型城市区域承载力脆弱的重要原因。服务外包在科技革命和经济全球化的共同作用下，通过投资和业务发包实现全球经济布点，避免了单一市场波动对经济的震荡。服务外包发展过程中，社会分工的细化使得经济系统的生产方式越来越迂回，产业组织进一步完善。企业集团出现，生产部门增多，技术结构变化，产业结构升级，这一过程就是区域自组织能力强化的过程（杨小凯等，1999）。随着产业链的延伸，下游企业和配套服务的企业数量不断增加，大量与生产经营相关联的服务外包企业在一定空间内的聚集所带来的专业化生产、低运输成本、低交易费用、便捷的沟通和配套服务将形成产业聚集，聚集经济效应使资源型产业价值链更具竞争优势，发展更稳定。另外，服务外包产业发展的过程伴随产业信息化的过程，尤其是能源矿产品产量、交易量、市场趋势、价格波动等信息获取越来越便捷，在此基础上建立大宗商品交易市场，打造全方位的信息咨询和电子商务服务平台，能够有效稳定资源型产业的预期收益。

（三）服务外包实现生产方式的多元化

资源型产业形成以资源开采加工为主的单一产业结构，产业链短、波及作用小、产业间关联度低。资源型企业大多是国有企业，企业过多地偏重于资源开采，缺乏长远的规划。企业创新缓慢，市场意识缺乏，经营方式单一、僵化不灵活。而服务外包产业是在全球化的经济条件下，以市场作为基础的资源配置方式，开发以人力资本为基础资源的企业经营形式。因此，服务外包的业态和形式非常多种多样，可以建立在信息技术基础上发展信息数据处理、软件开发、系统管理的业务；也可以建立在业务流程上开发人力资源管理、财务会计、物流采购、销售和市场营销等业务；同时根据行业的特定知识发展研发设计、技术支持、咨询服务等。资源加工企业可以依托自身产业的技术特征，在资源加工的上游环节发展融资服务、工艺设计、供应链管理、工程设计、采选技术研发、战略咨询等服务；在生产的中游环节发展信息系统管理、安全监管、质量监控、流程管理、检验测试等服务；在下游环节发展客户管理、运输物流、出口服务、营销推广等服务。采掘企业可提供勘探设计、生产数据分析、安全监控、采购管理、流程管理、工程技术咨询、事故处理等服务。资源型企业在比较优势的核心环节发展服务外包产业能够有效扩张经营的范围,增加经济效益,实现生产方式的多元化。

(四) 服务外包灵活配置经济社会资源

资源型产业发展的主要推动力来自资本投入,全要素生产率对经济增长的贡献率低于全国平均水平。整个产业的发展以自然资源开发为基本驱动力,资源型产业对人力资本积累和技术创新都有挤出效应。资源型产业中专用性的人力资本,很难向其他产业转移,在很大程度上影响了资源型城市产业结构转换的速度和城市的可持续发展。服务外包产业在本质上是人力资本配置和积累为基础资源的产业组织形式,大型的服务外包接包企业由于其专业化水平高,利用国内外两个市场拓展业务领域,人力资本积累的速度很快。依据人力资本的不同层次,服务外包业务的收益也有很大的区别,因此服务外包企业对人才的培养与培训的需求要远高于制造企业。资源型产业发展服务外包项目必须对员工在国际商务、现代化管理、国际认证标准、信息化等方面进行全面的培训,并应用于生产实践。这是一种基于人力资本积累的发展方式,舒尔茨认为:"人的知识、能力、健康等人力资本的提高对经济增长的贡献远比物质、劳动力数量的增加重要得多。"从而可以推断出这种发展方式有利于资源型产业的可持续发展。另外,企业到外部市场开发资源,能够有效地转移低层次的劳动力队伍,减少资源型城市的就业压力。但是要实现矿业"走出去",企业常常采取兼并重组的方式进行,这需要资本市场的大力支持。因此资源型城市服务外包产业的发展是建立在经济社会资源基础上的发展方式,具有很大的增长空间。

(五) 服务外包实现产业链延伸与价值增值

资源型产业大多以自然资源的开采和初加工为主,呈现粗放式的增长模式,产业链条短、层次低、经济效益低下。延长资源型产业链,发展接续替代产业是目前资源型产业转型的现实路径,但是如何建立接续替代产业,是摆在我们面前的一个难题。资源型企业不能过分地依赖政府的扶持和外部力量的推动,应该自主的寻找产业链衍生的内在动力,延伸价值增值高的产业链条。服务外包的产业组织形式能够最大化利用企业的专用性无形资产,利用国内外两个市场实现企业所拥有的知识、技术、管理、文化、人力资本等资源的价值增值。另外,资源型产业发展服务外包业主要是生产性服务外包产业，生产性服务链条外部化、市场化与产业化运作的过程就是企业专业化程度加深、产业链和价值链不断优化、竞争力逐步提高的过程。在这个产业链条整合优化的过程中，整个资源型产业的创新能力大大提高，生产的迂回程度不断加深，产业之间的前向或后向、单向或多向的生产关联不断建立，由此实现了产业链的延伸。

第三节　服务外包促进区位型城市转型的机理

在信息时代下，我国传统的区位型城市原有的枢纽优势逐渐被高端交通方式所取代，尤其是在区域化和便捷化的信息技术和物流系统的发展下，其竞争优势需要进行转变。现代的服务外包产业虽然很大程度降低了发包商和接包商的地理空间依存关系，但是优越的交通环境和地理位置为承接其他城市或者国际的外包服务提供的硬件基础，便于实现信息和资料的快速传输，对区域经济的发展带来极大优势。在此基础上现代物流业的高速发展，使区位型城市在服务外包产业占据着承接采购、物流和供应链管理等业务等优势，为承接 BPO 带来更多比较优势。区位型城市历史发展过程中与其他国内城市及国际城市及其企业形成的友好合作关系，使其享有资源和市场优势，在服务外包产业的竞争中占得先机。在交通、地理位置及历史合作关系的优势上通过服务外包产业的发展，推动城市的产业转型，发展新型主导产业，从而实现区位型城市的跨越式发展和转型是本节讨论的核心内容。

一、服务外包促进交通枢纽城市转型的机理

随着全国各地公路、铁路和航空运输等交通网络布局的完善以及高铁的迅速发展，互联网和信息技术的交通枢纽城市聚集资金、人才和产业的能力有所下降，如何利用原有优势进行新兴产业的布局和发展是这些城市重新崛起的重要环节，服务外包是以服务业为基础，与制造业相互依存，并涉及电子信息、现代物流、交通服务等相关产业，交通枢纽城市的产业分散，发展动力不足，竞争能力不强，外包服务产业能够促进其各产业之间相互融合，推动服务贸易的发展从而实现产业的优化升级。通过服务外包的发展，在电子商务的时代下推动物流中心城市的建立，交通枢纽城市

的区位优势重新显现，实现城市专业化水平的提高。

（一）交通枢纽城市承接BPO业务实现产业优化

铁路、公路和空运等交通运输方式以及信息通信技术的发达促进交通枢纽城市自然而然地成长为物流和信息交流中心，这种天然优势为城市承接其他地区的BPO业务带来可能。BPO业务对技术和信息的要求程度稍低于ITO和KPO，交通枢纽城市的优势尤其在于运输业务的外包，通过交通优势节省生产和销售部门的物流成本。开展BPO业务当中的运输流程外包可以放大中转城市的优势，扩大物流规模，通过规模效应完善物流产业结构。除了基础的运输业务外，交通枢纽城市产业门类健全，配套设施完善等的特点，为服务外包业的开展打下了技术含量较高、产业链长、辐射能力强的产业基础。BPO的流程性特点要求接包公司拥有专业化、标准化的服务能力，服务外包产业，尤其是BPO的引入，推动了基础性产业的升级与融合。基于交通和信息的便利，BPO的引入能推动交通枢纽城市金融行业的发展，金融作为现代服务业的核心产业，其发展对其他产业具有乘数效应，推动二次产业的升级转型，促进三次产业的优化发展。从企业来看，从承接简单的制造加工环节开始，逐渐承包设计研发等核心业务环节，实现接包企业的升级转型，从而带动整体产业结构的优化。郑州市作为我国具有代表性的交通中心城市，发展程度在省会城市中优势不甚明显，近年来大力发展服务外包产业，并建立服务外包产业园。2015年，郑州市已经拥有1153家服务外包企业，其中有离岸外包业务的有180家。跻身中国服务外包示范城市后，基于优越的交通环境、完善的产业结构、健全的产业门类等特点，郑州市的服务外包产业发展迅速，并为城市的产业优化带来空间和市场。比如服务外包企业富士康进入郑州后，拉动了郑州市离岸服务外包贸易规模的扩大，对带动郑州市其他传统产业升级和转型做出一定贡献。

（二）服务外包加速交通枢纽城市进入全球价值链

交通枢纽城市在离岸服务外包业务的发展中，增强了全球本土化的服务能力，加速融入深化全球分工。服务外包通过发包和接包企业的合作，建立了紧密的关系，实现了资源和创新要素在发包的发达地区与较落后的接包地区之间的双向流动，为发展程度不足综合服务型城市的交通枢纽城市参与全球高端价值链分工创造了条件，扩大了其高技术岗位就业和新兴产业发展的规模，培育了经济发展新动力，打破了传统转型升级方式。印度、爱尔兰等国际知名的服务外包国家就是通过承接国际软件外包、发展相关服务外包产业，提高了经济社会的信息化、服务化和国际化程度。富士康入驻郑州，实现了郑州与跨国大公司的合作交流，通过生产的流程外包参与国家分工合作。借此机会提高城市的生产能力和效率，获得一定的国际知名度，引入外资企业的入驻或者实现与更多跨国公司的合作，为地区的发展注入国际化动力，加速迈入全球价值链，带动城市的转型升级。

（三）服务外包提高交通枢纽城市产业效率

交通枢纽城市除了离岸接包外，立足在岸接包的发展也尤为重要，包括在本地区内进行接包、收包以及生产、销售。没有了行政管理的壁垒，政策支持下的区域服务外包产业可以节省发包企业的人力物力，提高核心业务的专业化水平，把非核心业务交给服务外包企业进行，通过标准化、流程化和高质量化的服务外包，实现资源的有效配置，提高城市内部的产业效率，有助于产业整体规模的扩大，推动创新的实现、城市经济的发展，为产业以及城市的转型升级打下基础。

（四）服务外包改善交通枢纽城市劳动力结构

交通枢纽城市和综合服务型城市一样会集了大量人口，其产业完善且企业数量大。在完备的产业系统下，交通枢纽城市通过发展生产性服务外包业务尤其是基础型的劳动密集型服务外包，它要求劳动力经过一段时间的培训后具备一定技能，这种服务外包产业的发展能在短时间内吸纳大量劳动力，提高劳动力收入并长期提升各层面从业者的素质；在交通城市的区位比较优势下发展的物流流程的外包，除了普通物流工人等基础型劳动力外，在大数据和云计算下，培养专业性的高端物流行业人才，实现物流中转效率的进一步提升；通过信息技术外包行业的发展，扩大市场主体从而推动地区 IT 行业的迅速发展，在发展过程中吸纳 IT 精英，培养、培训信息技术外包的优质人才实现就业人员素质的进一步提高。劳动力素质的提高以及知识、技术型劳动力的引入，推动城市劳动力结构的改善。

二、服务外包促进口岸城市实现转型的机理

边境口岸城市目前以工业、制造业为主，随着经济全球化的深入，与

邻国的贸易往来日益密切，商贸业的发展为边境口岸的经济发展以及三次产业的合理布局与发展提供市场和资金等发展契机。发挥边境口岸地区跨国贸易的比较优势发展电商以及相关服务外包，加强与内陆、沿海发达地区的经济联系，延长产业链，深化产业格局。服务外包产业的发展可以多样化边境口岸城市的产业类型扩大产业规模，通过建立城区的服务外包工业园等实现对城市空间形态的完善。通过服务外包的发展对边境口岸城市在产业链和城市形态等方面的升级推动边境口岸城市实现商贸服务型城市的转型。

（一）服务外包的专业性完善口岸城市产业链

边境口岸城市的产业类型与邻国资源和经济发展情况息息相关，如中俄边境的绥芬河市，依托俄罗斯丰富且廉价的森林资源发展木材加工业，通过业务流程外包的发展可以为专业性的仓储、加工、物流、信息、融资和销售交易平台等全产业链开发模式的实现降低难度。相关企业将投入产出比较低的部门进行发包，专业性的服务外包企业承接流程服务，标准化、模式化和流程化实现产业各有效分工，提高产业效率，补充其产业链的不完整部门，实现产业链条的完善与升级。由于远离发达的内陆及沿海地区，边境口岸城市的国内市场不发达，三次产业结构不健全，服务外包产业的发展能够通过低廉的劳动力和土地成本实现承包的比较优势，获得发达地区订单，参与国内经济分工，实现与内陆、沿海发达地区的经济联系，为发达地区提供基础型生产服务。在边境的区位优势下，发挥国别的资源和市场差异优势，就近承接离岸服务外包，利用服务外包的发展推动跨国商业贸易的交往，扩展市场与业务，通过双向交流，获得资金、技术等发展必要元素，在市场驱动下深化产业链。在"一带一路"倡议的背景下，边境口岸城市还可以引入外资与人才等因素，完善产业部门，并加大如物流和跨国交易的特殊产业部门等在内的服务外包产业投入力度，在为跨国交易的顺利实现提供便利的同时，拓展服务外包类型，增强城市的外贸服务属性，实现跨国贸易产业链条的完善。

通过服务外包的专业性，实现基础生产部门、跨境贸易及电子商务等产业融合，推动产业链条的深化，使其成为沟通邻国与内陆、沿海城市的桥梁，深化相关物流、电商和对外服务的产业内容，实现口岸城市向服务型外贸城市的转型。

(二) 服务外包的高品质推动边境商贸效率提升

边境口岸城市由于其特殊的地理位置,与邻国在历史的经济、社会往来当中,逐渐实现了的文化认同;"一带一路"倡议的提出,为沿线的边境口岸城市的跨境贸易提供了政策和国际环境的支持,创造了发展新契机。跨境贸易深受国际环境、国家政策与对外关系以及文化宗教的影响,跨境贸易存在许多不便之处。流程服务外包的发展通过其专业化、流程化、模式化实现跨境生产与销售的有效对接,外汇以及跨境金融的高效结算,高品质的专业性服务减少境内企业跨境交易在流程等方面遭受的阻碍,避免发包企业重复的低效率工作,利用现在信息技术外包数字化和智能化的特点,为发包企业提供市场的数字化信息以及跨境的网络业务服务,实现两地生产销售的高效对口,减少交易环节,提高商贸效率。

(三) 服务外包的发展实现口岸电商迅速发展

在电子商务的大背景下,跨境电商成为对外贸易新趋势。边境口岸城市的区位优势为其发展电子商务提供了极大发展空间。边境口岸城市教育水平不足以及劳动人口素质不高的科技文化水平限制了以移动互联网和信息技术为基础的电子商务的繁荣发展,而通过信息技术外包和流程技术外包可以解决这一难题。从事电子商务的企业将与网络技术有关的电子商务平台的营销、交易和支付、后台管理、售后以及信用评级等系统和平台的设计、开发、运营和维护服务这些重要服务业务发包,避免了雇佣高端的技术人才所需要的时间和劳务成本,减少了公司非核心部门的投入。这样一来,相关企业可以节省时间和精力,专门从事电子商务的生产销售以及商品中转销售业务,搭建跨境电子商务平台并推动电子商务的发展。在新的信息技术环境下,加快技术与传统产业的跨界融合,利用数据分析、电子商务平台和供应链管理等服务新业态的模式实现更快速发展。

第四节 服务外包产业影响因素的实证分析

对服务外包产业影响因素的实证分析,能够为我们提供理论依据,进一步研究哪些城市适宜发展服务外包产业,继而促进传统产业升级和城市转型。从全球角度来看,承接服务外包的国家数量不断增加,形成了美国、英国、澳大利亚、新西兰、爱尔兰、德国、加拿大、新加坡等服务外包产业成熟的发达国家，印度、中国、马来西亚、菲律宾、俄罗斯、巴西、智利、墨西哥、埃及、南非等服务外包产业蓬勃兴起的发展中国家。随着发展中国家的大量加入，服务外包产业格局呈现多极化发展的趋势。服务外包产业的兴起主要在20世纪90年代后期，因此本书选择了面板数据的分析方法对服务外包影响因素进行研究。

一、变量的选择与数据的选取

根据参考文献与经验总结，本书主要选取2005～2015年期间，18个国家、12个影响因素、11年的数据进行分析。这18个国家分别为：澳大利亚、中国、马来西亚、新西兰、菲律宾、新加坡、德国、爱尔兰、俄罗斯、英国、巴西、智利、墨西哥、埃及、加拿大、美国、印度和南非。本书从服务外包承接地角度，在借鉴国内外服务外包影响因素已有文献的基础上，结合服务外包发展动因及区位选择的相关理论，依据数据可得性原则，设定了12个可能影响服务外包的主要因素。其中，国内生产总值反映一国经济的总体生产能力；服务贸易占GDP比例是服务进出口额除以国内生产总值的结果，反映一国服务出口的总体规模；国外直接投资净流入占GDP的比例是指投资者为获得在另一经济体中运作企业的永久性管理权益所做投资的净流入除以国内生产总值的结果，反映一国经济对要素的吸引力；居民专利申请数反映一国知识产权的保护程度和社会技术创新的活跃程度；专利和许可证收入反映一国知识产权成果转化与市场化运作水平；每百人互联网用户数反映一国通信、信息等基础设施的发展规模和使用水平；私营部门国内贷款额占GDP的比例是指通过贷款、购买非股权证券、贸易信用以及其他应收账款等方式提供给私营部门并确立偿还要求的金融资源，除以国内生产总值的结果，反映金融业市场化发育水平和私营部门融资的便利程度；高技术产品出口额反映一国高技术发展水平和高技术产品贸易的竞争力；人均国内生产总值反映相对于人口的国民经济发展水平和一国居民的基本生活水平；服务增加值反映一国一定时期内服务业的总体生产规模；国内资本形成总额是由新增固定资产支出加上库存的净变动值构成，反映一国固定资产的投入水平和生产的形成能力；上市公司市值占GDP的比例反映一国资本市场的发育水平。

被解释变量服务外包额由于缺乏统计数据，所以使用世界银行数据库中通信、计算机、信息和其他服务出口额的数据（即商业服务出口额乘以通信、计算机等服务占服务出口的比例）进行计量。通信、计算机、信息和其他服务包括国际电信、邮政和速递服务；计算机数据；居民和非居民之间的新闻相关服务交易；建筑服务；版税和特许权费；各种商业、专业和技术服务；个人、文化和娱乐服务等。本书使用 18 个国家的年度服务外包额的对数形式来刻画服务外包产业的发展情况。同时，选取这 18 个国家的 12 个解释变量的年度数据来分析对服务外包产业影响，数据来源于世界银行数据库。12 个变量分别如下：

x_1——国内生产总值的对数；

x_2——服务贸易占 GDP 比例；

x_3——国外直接投资净流入占 GDP 的比例；

x_4——居民专利申请数的对数；

x_5——专利和许可证收入的对数；

x_6——每百人互联网用户数的对数；

x_7——私营部门国内贷款额占 GDP 的比例；

x_8——高技术产品出口额的对数；

x_9——人均国内生产总值的对数；

x_{10}——服务增加值的对数；

x_{11}——国内资本形成总额的对数；

x_{12}——上市公司市值占 GDP 的比例。

由于每个变量均涉及 18 个国家 11 年的面板数据，因此本书采用面板数据模型对服务外包产业影响因素进行实证分析。该模型的优点在于：能够增加样本容量，利用固定效应和随机效应处理个体差异与时间差异，对于时间序列模型和截面数据模型有很好的补充和修正的作用。

二、面板数据模型的设定

在对面板数据模型进行估计时，使用的样本数据包含了个体、指标、时间 3 个维度上的信息。如果模型形式设定不正确，估计结果将与所要模拟的经济现实偏离。因此，需要在模型估计之前对模型的设定进行检验。为了确定面板数据模型设定的形式，本书介绍三个检验方法：F 检验、χ^2 检验和 Hausman 检验。

F 检验和 χ^2 检验都是针对是固定效应模型，用来确定模型是否存在变截距。其基本思想如下：

H_0：$\alpha_1 = \alpha_2 = \cdots = \alpha_N$，$\beta_1 = \beta_2 = \cdots = \beta_N$，$H_1$：$\beta_1 = \beta_2 = \cdots = \beta_N$

如果接受假设 H_0，则可认为样本数据符合无个体影响的不变系数模型，形式为 $y_i = \alpha + x_i\beta + \mu_i$，$i = 1$，2，$\cdots$，N。如果拒绝假设 H_0，则认为样本数据符合变截距模型，形式为 $y_i = \alpha_i + x_i\beta + \mu_i$，$i = 1$，2，$\cdots$，N。下面介绍假设检验的 F 统计量和 χ^2 统计量的计算方法。记：

$$W_{xy,i} = \sum_{t=1}^{T} (x_{it} - \bar{x}_i)'(y_{it} - \bar{y}_i),$$

$$W_{xy,i} = \sum_{t=1}^{T} (x_{it} - \bar{x}_i)'(y_{it} - \bar{y}_i),$$

$$W_{yy,i} = \sum_{t=1}^{T} (y_{it} - \bar{y}_i)^2;$$

$$T_{xx} = \sum_{i=1}^{N} \sum_{t=1}^{T} (x_{it} - \bar{x})'(x_{it} - \bar{x}),$$

$$T_{xy} = \sum_{i=1}^{N} \sum_{t=1}^{T} (x_{it} - \bar{x})'(y_{it} - \bar{y}),$$

$$T_{yy} = \sum_{i=1}^{N} \sum_{t=1}^{T} (y_{it} - \bar{y})^2。$$

令：$W_{xx} = \sum_{i=1}^{N} W_{xx,i}$，$W_{xy} = \sum_{i=1}^{N} W_{xy,i}$，$W_{yy} = \sum_{i=1}^{N} W_{yy,i}$；

残差平方和 S_1 和 S_2 分别记为：

$$S_1 = W_{yy} - W'_{xy} W_{xx}^{-1} W_{xy};$$

$$S_2 = T_{yy} - T'_{xy} T_{xx}^{-1} T_{xy}。$$

由此可得到两个统计量：

$$\chi^2 = (S_2 - S_1)/\sigma_u^2 \sim \chi^2(N-1);$$

$$F = \frac{(S_2 - S_1)/(N-1)}{S_1/(NT-N-k)} \sim F[(N-1), NT-N-k]。$$

若统计量的值大于给定置信水平下的临界值，则拒绝原假设，认为样本数据符合变截距模型，即：$y_i = \alpha_i + x_i\beta + \mu_i$，$i = 1$，2，$\cdots$，N。

Hausman 检验是一种 Wald 检验方法，用来检验模型是否存在随机效应。其前提是如果模型包含随机效应，它与解释变量相关。因此在原假设 H_0：随机效应与解释变量不相关的假定下，内部估计量 $\hat{\beta}_w$ 和 GLS 得出的估计量 $\hat{\beta}_{GLS}$ 均是一致的，但是内部估计量 $\hat{\beta}_w$ 不是有效的；在备择假设 H_1：随机效应与解释变量相关的假定下，GLS 估计不再是一致的，而内部

估计量 $\hat{\beta}_w$ 仍是一致的。因此，在原假设下，$\hat{\beta}_w$ 和 $\hat{\beta}_{GLS}$ 之间的绝对值差距不大，并渐进趋于 0；而在备择假设下，这一点不成立。Hausman 检验即在该特点基础上建立：

$$W = (\hat{\beta}_w - \hat{\beta}_{GLS})' \sum_{\beta}^{-1} (\hat{\beta}_w - \hat{\beta}_{GLS})$$

其中，$\sum_{\beta}^{-1}$ 表示 β 的两种估计量协方差矩阵之差，即：

$$\sum_{\beta} = var(\hat{\beta}_w - \hat{\beta}_{GLS}) = var\hat{\beta}_w - var\hat{\beta}_{GLS}$$

Hausman 统计量即 Wald 统计量渐进服从自由度为 k 的 χ^2 分布：

$$W \xrightarrow{d} \chi^2(K)。$$

三、实证检验及结果分析

下面，通过面板数据模型的实证分析来研究影响服务外包产业的影响因素。在上述内容中，已经初步挑选了 12 个变量作为待分析的影响因素。在将这 12 个变量引入面板数据模型之前，首先需要剔除变量之间的高度相关性对回归结果产生的多重共线性的影响。以变量的相关系数矩阵作为处理这一问题的依据。

根据相关系数矩阵，将与其他变量存在高度相关性的变量从待分析的影响因素中去除，以消除回归过程中的多重共线性问题。表 2-1 是引起多重共线性问题的变量（即 x_4、x_5、x_6、x_9 和 x_{10}）与所有 12 个变量的相关系数列表。其中黑体下划线数字表示所涉及的两个变量存在很高程度的相关性。从第一列看出，x_4 与 x_1、x_5、x_{10} 和 x_{11} 存在极高的相关性，对应的相关系数分别为：0.87、0.74、0.86 和 0.86；第二列表示 x_5 与 x_1、x_4、x_6、x_7、x_9、x_{10} 和 x_{11} 存在极高的相关性，对应的相关系数分别为：0.76、0.74、0.57、0.61、0.72、0.81、0.73。综上，本书将 x_4、x_5、x_6、x_9 和 x_{10} 从选取的 12 个待分析的变量中剔除，在后面的内容中，将利用余下的 7 个变量来分析它们对服务外包产业的影响。

表 2-1　　　　　　　　变量间的相关系数

	x_4	x_5	x_6	x_9	x_{10}
x_1	0.87	0.76	0.22	0.30	0.99
x_2	0.36	-0.02	0.25	0.31	-0.42

续表

	x_4	x_5	x_6	x_9	x_{10}
x_3	0.20	0.003	0.15	0.21	-0.24
x_4	1	0.74	0.19	0.27	0.86
x_5	0.74	1	0.56	0.72	0.81
x_6	0.19	0.57	1	0.84	0.29
x_7	0.34	0.61	0.60	0.65	0.33
x_8	0.44	0.45	0.36	0.39	0.56
x_9	0.27	0.72	0.84	1	0.38
x_{10}	0.86	0.81	0.28	0.38	1
x_{11}	0.86	0.73	0.19	0.27	0.97
x_{12}	0.07	0.35	0.40	0.42	0.12

本书使用服务外包额的对数形式作为面板数据模型的被解释变量 Y。在确定了待分析的 7 个解释变量以后，有下述面板数据模型：

$$Y_{it} = \alpha_i + \beta_1 x_{1,it} + \beta_2 x_{2,it} + \beta_3 x_{3,it} + \beta_7 x_{7,it} + \beta_8 x_{8,it} + \beta_{11} x_{11,it} + \beta_{12} x_{12,it} + \varepsilon_{it}$$

其中，Y 为服务外包额的对数形式，x_1，x_2，x_3，x_7，x_8，x_{11}，x_{12} 的经济意义如前所述。为了更好地了解所选变量的统计性质，需要对选择的解释变量和被解释变量进行面板单位根检验。检验结果见表 2 - 2。

表 2 - 2　　　　　　　　　　面板数据单位根检验结果

变量	LLP	IPS	Fisher - ADF	Fisher - PP
Y	1.97 (0.98)	4.73 (1.00)	13.33 (0.99)	14.20 (0.99)
x_1	8.88 (1.00)	8.15 (1.00)	6.64 (1.00)	4.47 (1.00)
x_2	-13.51 (0.00)	-4.78 (0.00)	48.46 (0.08)	58.16 (0.01)
x_3	-6.29 (0.00)	-4.03 (0.00)	81.54 (0.00)	92.71 (0.00)

续表

变量	LLP	IPS	Fisher – ADF	Fisher – PP
x_7	4.63 (1.00)	5.34 (1.00)	19.69 (0.98)	38.59 (0.35)
x_8	-1.61 (0.06)	-0.87 (0.19)	47.75 (0.09)	40.69 (0.27)
x_{11}	5.34 (1.00)	6.41 (1.00)	7.11 (1.00)	2.34 (1.00)
x_{12}	-3.23 (0.00)	-1.67 (0.05)	48.04 (0.08)	48.33 (0.08)

注：括号中为对应检验统计量的 P 值。

表 2 - 2 中，使用了 4 种单位根检验方法：LLC（Levin – Lin – Chu）检验、IPS（Im – Persaran – Skin）检验、Fisher – ADF 检验和 Fisher – PP 检验。从检验结果可以看出，变量 Y、x_1、x_7、x_8 和 x_{11} 接受存在单位根的原假设，即认为这几个变量为非平稳的；而其他三个变量 x_2、x_3 和 x_{12} 则在较高置信水平上拒绝了存在单位根的原假设，因此可以认为这三个变量是平稳的。下面根据 F 检验、χ^2 检验和 Hausman 检验来确定面板数据模型的设定形式，表 2 - 3 为三个统计量的检验结果。

表 2 - 3　　　　　　　　　　模型设定检验结果

	统计量	自由度	P 值
F 检验	51.38	(17, 173)	0.000
χ^2 检验	356.38	17	0.000
Hausman 检验	8.45	7	0.295

从表 2 - 3 中，可以看出：F 检验和 χ^2 检验的统计量分别是 51.38 和 356.38，这两个统计量均在 1% 的显著性水平上，拒绝了模型不存在个体影响的原假设；而 Hausman 检验在 5% 的显著性水平上，接受了模型不包含随机效应的原假设。综合考虑这三个统计量的检验结果，最终确定模型为具有固定效应的面板数据模型。

在完成了面板数据模型形式的设定后，就可以对模型进行估计了。对随机效应模型采用 FGLS 估计，系数协方差估计采用 PCSE（Panel Corrected Standard Error）稳健方差，即可得到各个解释变量的回归系数的估计量，结果如表 2-4 所示。

表 2-4 模型的 FGLS 估计结果

参数	估计值	标准差	t-统计量	P 值
β_1	0.2230	0.1280	1.741	0.08
β_2	0.0390	0.0040	9.230	0.00
β_3	-0.0070	0.0030	-0.232	0.82
β_7	0.0020	0.0010	1.926	0.05
β_8	0.1840	0.0490	3.800	0.00
β_{11}	0.5100	0.1150	4.440	0.00
β_{12}	0.0002	0.0005	0.351	0.72

在表 2-4 中，β_1、β_2、β_3、β_7、β_8、β_{11} 和 β_{12} 分别表示变量 x_1、x_2、x_3、x_7、x_8、x_{11} 和 x_{12} 对服务外包 Y 的影响。其中 β_1、β_2、β_7、β_8、β_{11} 的估计值分别在 10% 或者 1% 的置信水平下显著，由此可知，x_1、x_2、x_7、x_8 和 x_{11} 对服务外包产业的影响是显著的；而 β_3 和 β_{12} 则分别以 0.82 和 0.72 的 P 值未通过显著性检验，进而可知，变量 x_3 和 x_{12} 对服务外包产业发展的解释能力是不明显的，因此可将这两个变量从最后的估计结果中删除出去。

由于被解释变量 Y 为服务外包额的对数形式，解释变量 x_1、x_8 和 x_{11} 分别表示国内生产总值的对数、高技术产品出口额的对数、国内资本形成总额的对数，因此这三个变量所对应的回归系数 β_1、β_8 和 β_{11} 反映了服务外包额对国内生产总值、高技术产品出口额和国内资本形成总额的弹性系数分别是 0.223、0.184 和 0.510。也就是说，国内生产总值 x_1 变化 1%，会引起服务外包额 Y 变化 0.223%；高技术产品出口额 x_8 变化 1%，会引起服务外包额 Y 变化 0.184%；而若是国内资本形成总额 x_{11} 变化 1%，则会引起服务外包额 Y 变化 0.510%。另外两个显著的解释变量 x_2 和 x_7 分别表示服务贸易占 GDP 比例和私营部门国内贷款额占 GDP 的比例，二者的回归系数 β_2 和 β_7 估计值分别为 0.039 和 0.002，它们则分别反映了解释变量 x_2 和 x_7 的变化所引起的服务外包额 Y 的平均增长率，也就是说，当服务贸易占 GDP 的比例 x_2 增加一个单位时，服务外包额 Y 则会相应地增长 0.039%，当私营部门国内贷款额占 GDP 的比例 x_7 增加一个单位时，服务外包额 Y 则会相应地增长 0.002%。

上面的内容讨论了面板数据固定效应模型中的不变回归系数部分，下面给出该模型的个体变截距部分的估计结果。表 2－5 给出了对于不同国家个体，它们各自的固定截距的估计结果。

表 2－5 　　　　　　　　　　　α_i 的估计结果

截距均值	澳大利亚	中国	马来西亚	新西兰	菲律宾	新加坡
α_i	3.28	2.92	3.08	3.23	3.07	2.29
α_i	德国	爱尔兰	俄罗斯	英国	巴西	智利
	3.93	3.21	3.63	4.25	3.56	3.54
α_i	墨西哥	埃及	加拿大	美国	印度	南非
	1.55	4.71	3.81	3.77	4.58	2.66

在个体固定效应模型中，α_i 是随着不用的个体而发生变化的固定项，也就是说对于不同的国家，解释变量对被解释变量回归的常数项是因国家而异的。通过表 2－5 的估计结果，可以得知不同国家之间的个体差异的具体情况。从估计结果来看，埃及、印度、英国等国家的个体效应较大，墨西哥、新加坡和南非等国家的个体效应则相对较小。

综合表 2－3 和表 2－4 的内容，可以将模型的估计结果表示如下，其中 α_i 的结果如表 2－4 所示，α_i 的结果随着国家 i 的不同而不同；而各个解释变量的回归系数 $\beta_j(j=1，2，\cdots，7)$ 是相同的，它们不随着个体的变化而变化，其估计结果如表 2－5 所示。用公式可以将估计的模型形式表示为：

$$\begin{cases} \hat{Y}_1 = \hat{\alpha}_1 + \hat{\beta}_1 x_1 + \hat{\beta}_2 x_2 + \hat{\beta}_7 x_7 + \hat{\beta}_8 x_8 + \hat{\beta}_{11} x_{11} \\ \quad = 3.28 + 0.223 x_1 + 0.039 x_2 + 0.002 x_7 + 0.184 x_8 + 0.510 x_{11} \\ \hat{Y}_2 = \hat{\alpha}_2 + \hat{\beta}_1 x_1 + \hat{\beta}_2 x_2 + \hat{\beta}_7 x_7 + \hat{\beta}_8 x_8 + \hat{\beta}_{11} x_{11} \\ \quad = 2.92 + 0.223 x_1 + 0.039 x_2 + 0.002 x_7 + 0.184 x_8 + 0.510 x_{11} \\ \cdots \\ \hat{Y}_{18} = \hat{\alpha}_{18} + \hat{\beta}_1 x_1 + \hat{\beta}_2 x_2 + \hat{\beta}_7 x_7 + \hat{\beta}_8 x_8 + \hat{\beta}_{11} x_{11} \\ \quad = 2.66 + 0.223 x_1 + 0.039 x_2 + 0.002 x_7 + 0.184 x_8 + 0.510 x_{11} \end{cases}$$

在该估计结果中，解释变量只包含个体固定效应的截距项和5个显著的变量 x_1、x_2、x_7、x_8 和 x_{11}。

根据实证分析的结果我们可以推导出如下一般性结论：第一，国内生产总值和国内资本形成总额对服务外包额的影响显著，说明国内经济发展水平和生产能力是一国服务外包产业发展的最重要影响因素。从这一结果可以推断出并不是所有的资源型城市都能够发展大规模的服务外包产业，只有在经济总体水平较高、生产活跃、资本形成能力高的区域才有可能发展服务外包产业，这为论文后续的研究提供了基本的实证基础。第二，服务外包额对高技术产品出口额的弹性系数是0.184，这一结果表明了高技术产品的出口能够引起服务外包额的增长，进一步说明了高技术服务的转化和与其他产业的融合程度对服务外包的影响较大。因此资源型企业是否应用高新技术改造传统产业，对开展服务外包业务影响显著。第三，服务贸易占GDP比例和私营部门国内贷款额占GDP的比例，二者回归系数的估计值分别为0.039和0.002，可以看出服务贸易的市场规模和私营部门融资的便利性是服务外包产业发展的必要条件。因此可以推断出发展多层次、多领域的服务贸易有利于服务外包产业的形成。第四，金融系统对私营部门融资力度的加大能够有效扩大服务外包产业规模。

本 章 小 结

现代城市发展服务外包产业有助于实现从投资和土地带动发经济增长的发展模式，转变为社会资源如知识、技术、信息、管理、文化等拉动经济增长的模式。这种发展模式的选择，既符合区域主导产业的发展方向，有助于提高优势支柱产业的核心竞争力，又能够推动区域产业结构升级，形成新的经济增长点。从要素投入结构上，实现了人力资本积累的内生型增长；从产业组织方式上，加深了专业化分工程度，形成产业集群；从区域空间结构上，完善了城市功能，增强了集聚和辐射能力。服务外包产业的融合性、高衍生性和知识溢出效应，能够优化现代城市的产业结构，实现职能城市比较优势的价值，获得基于创新驱动的发展机制。服务外包产业所具有的劳动力的高吸纳能力以及经济的外部性，不断改变着城市人口的就业结构和城市的能级水平。服务外包这一产业组织形式能够突破资源和资本的硬约束，实现企业生产经营的多元化发展，不断延伸产业链，提高产业的经济效益。本书选取了全球 18 个主要服务外包承接地国家，利用 1998~2008 年间的统计数据，采用面板数据模型对服务外包产业影响因素进行实证分析。实证分析的结果显示国内生产总值、国内资本形成总额、高技术产品出口额、服务贸易占 GDP 比例和私营部门国内贷款额占 GDP 比例等因素对服务外包产业影响较显著。

第三章

国内外典型区域
服务外包产业发展概况

目前我国经济发展最重要的任务是转变经济发展方式，在经济新常态下以经济增长为辅，实现均衡协调为主。无论是中心城市还是各大专业型城市都在积极寻找产业结构升级、生产方式变革的突破与路径，以实现城市的转型。中心城市需要减轻城市压力，追求高端产业的发展以及智慧型城市的搭建；资源型城市是典型的迫切需要摆脱资源依赖和僵化体制，在国际化的大背景下寻求新的经济增长点的区域；区位型城市则是要重新发挥交通、地理位置等比较优势，实现产业的融合和升级。其中，中心城市有着完善的产业基础，优质的人才资源和发达的现代服务业，在广大的国内市场和国外市场优势下，高端服务外包行业在中心城市的发展有着巨大优势，并能够极大推动中心城市的产业升级以及进入全球价值链的中高端；对资源型城市而言，资源型产业剥离生产性服务业发展外包业务，资源型城市实现城市转型需要借鉴国内外服务外包产业发展的重要经验。区位型城市具有流程服务外包发展的市场和交通优势，服务外包产业的发展可以实现其他产业的融合度低，并拓宽区位型城市的服务业发展空间大，通过服务外包产业的发展为区域内整体的服务行业带来内向动力。

当前，各地服务外包产业同质化问题严重，政府的优惠政策是招商的主要手段。园区定位不清、混合型园区居多、产业链融合度低、缺乏龙头企业、产业的辐射力差集聚度低等问题都成为我国服务外包产业发展的困难与障碍。国内外发展经验的探讨对现代各类型城市延长产业链，发展基于信息技术、工程技术等的高端服务外包业，转变城市的发展方式都有着重要的意义。

第一节　国外典型国家服务外包产业发展

全球服务外包市场在经历了一段时间的低增长后，逐步摆脱了国际金融危机所产生的消极影响，服务需求逐渐回升，产业处于恢复和发展时期。同时受到美元贬值、欧洲债务危机和全球经济调整的影响，服务外包产业发展的外在不确定因素增多，但是产业规模仍维持增长态势，产业内部结构尤其是业务流程和知识流程外包业的行业更加细分，全球服务分工格局更加明晰。

从服务外包发包市场来看，美国、欧洲和日本这些发达国家和地区为服务外包产业中，离岸服务业务的主要发包国，他们的发包总额占到全球离岸外包业务总额的80%以上。国际数据公司（IDC）指出，2013年美国的离岸服务外包业务总额位于世界第一，约占全球离岸外包总额60%；欧洲是全球第二大离岸发包市场，占18%左右；日本排名第三，占10%。

服务外包产业需求仍然严重依赖发达国家，呈现"中心—外围"的发展格局。从服务外包接包角度，承接国范围扩大，许多发展中国家加入服务外包行列，但贸易格局和发展层次有很大的差异。发达国家中主要承接大国有新西兰、爱尔兰、澳大利亚、加拿大等，这些国家文化、语言、经济发展水平与欧、美、日等地很接近，分工多是水平分工，行业发展成熟，已经形成较大的产业规模和发展优势。与发达国家相比，发展中国家的人力成本优势很大，亚太地区、拉美地区的服务外包产业发展极为迅速，印度、中国、菲律宾承接了全球服务60%的市场份额；拉美的墨西哥、巴西也成为重要的服务外包承接地，2011年产业增长率达到9.2%。特别引人注意的是许多经济发展落后的国家例如越南、柬埔寨、肯尼亚、斯里兰卡等国，服务外包产业也得到了迅速的发展。由此可见服务外包的产业格局日趋复杂，产业层次更加多样，全球价值链不断细化。

一、印度服务外包产业发展

印度是全球最大的离岸服务外包接包国，主要承接美国和欧洲的发包业务。印度服务外包产业的竞争优势在于充足的人力资源和完善的人才培养体系、与西方相近的文化和制度、低廉的劳动力成本、完善的基础设施、政府支持以及企业国际化程度较高等。印度的服务外包产业的发展追溯到 20 世纪 80 年代，印度软件工程师开始到海外从事 IT 领域的服务，欧洲的一些航空公司也开始将后台支持的办公地点设在新德里。20 世纪 80 年代后期到 90 年代中期，印度大量的 IT 人才和明显的成本优势吸引了越来越多的欧美企业在印度开展第三方外包，标志性的事件是 1995 年，美国 GE 公司在印度设立咨询公司，掀起了跨国企业投资 IT 服务领域的热潮。以 2000 年"千年虫"问题的解决为契机，印度服务外包产业进入欧美市场。即大量印度 IT 工程师赴美为企业的信息技术系统进行紧急修复，之后大部分工程师留在美国，这奠定了美国公司将 IT 业务外包给印度外包企业通过离岸形式进行交付，就此拉开了欧美国家和印度在服务外包领域的深度合作，其后通过企业离岸业务积累、海外投资并购等逐渐在全球范围内发展离岸服务外包业务，其规模迅速扩大，并极大地带动了印度的整体经济的发展。2014 财年，印度服务外包产值（除去硬件部门）首次突破千亿美元大关，达 1180 亿美元。其中离岸外包业务总额占比超过70%，当年印度服务外包产值占国内生产总值比重为 8.1%。2017 财年已达 1540 亿美元。值得注意的是，从 2013 年开始，NASSCOM 将 IT – BPO 更改为 IT – BPM，即"业务流程外包"改为"业务流程管理"，这体现了印度服务外包产业性质和地位的根本提升（如图 3 – 1 所示）。

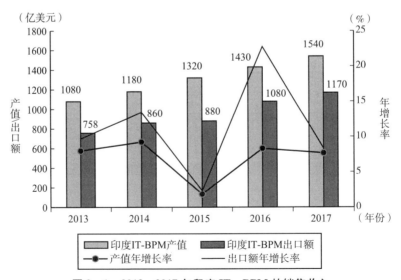

图 3 – 1　2013 ~ 2017 年印度 IT—BPM 的销售收入

资料来源：NASSCOM. Annual Survey on the Performance of the IT – BPM Services Sector③ (2013 年开始，NASSCOM 将服务外包产业名称由 IT – BPO 改为 IT – BPM)。

近年来 InfoSys、Wipro、TTCS、Satyam 等一批印度本土外包企业迅速成长，成为一批竞争力极强的外包企业，这些企业也积极向中国等技术人才富集的国家设立分支机构，进一步扩张自己的市场份额。

（一）印度服务外包产业规模仍居全球首位

印度在承接服务外包产业方面起步较早，经过 30 多年的发展，已经成长为全球外包产业规模最大的国家。依托丰富的人力资源、低廉的劳动成本、优惠的产业政策和完善的知识产权保护制度，以及全球 640 多个离岸交付中心，印度全球最大的离岸接包国的地位屹立不倒。从业务类型来看，信息技术外包 ITO 是其产业发展规模最快的领域，印度是仅次于美国的第二大软件出口国。据 NASSCOM 统计数据显示，2014 年财年印度 IT 服务离岸外包额达 520 亿美元，增长 14.3%；2015 年承接 IT 服务离岸外包额为 860 亿美元，较上年增长 13%。

NASSCOM 2016 财年的统计数据指出，2016 财年印度 IT–BPM 产值高达 1430 亿美元（不含 170 亿美元的电子商务产值），同比增长 8.5%，占 GDP 比重超过 9.3%。其中离岸业务总产值为 1080 亿美元，占印度服务出口额的 45% 左右。印度 IT–BPM 产业内的企业超过 16000 家，软件企业就有 3000 余家，为印度创造了 370 多万个直接就业岗位以及上千万个间接就业岗位。

（二）印度服务外包产业优势和特征显著

印度服务外包产业开展得很早，抢占了发展中国家发展服务外包产业的时间和市场先机，积累了广泛的客户人脉关系，涉及的行业领域也比较全面，对各行业外包需求和专业性的要求的理解程度深入。经历了近四十年的产业发展后，印度打造了全球的服务外包产业优质品牌和专业形象。就其发展优势而言，除了其起步时间早外，作为人口超十亿的人口大国，其高水平教育下完善的人才培养体系为产业的发展与创新输送了丰富的服务外包专业人才，尤其是印度先进的 IT 教育为 ITO 的发展打下了坚实基础。印度拥有超过 600 万名从事软件开发设计的就业人员，其中高端业务人员大都具备硕士以上学位。印度的高等院校和民营机构为服务外包产业的发展专门建立了职业培训体系，实现了源源不断地输送专业人才，形成了多层次的人才培养体系以及完善的人才结构。虽然印度 IT 人才数量众多，但其劳动力成本却远远低于发达国家，其劳动力成本和社会保障成本甚至低于中国,除了人才优势,印度的土地、交通、能源等成本优势也比较明显。印度服务外包产业的高水平和低成本是其深受欧美发达国家的发包企业青睐的关键因素。发展时间早使得印度的服务外包企业抢先占领了欧美市场,在与欧美国家语言、文化等方面存在接近性的优势下,印度的服务外包企业国际化程度较高,外包企业纷纷在境外设立离岸交付中心,大量印度员工被派往发达的接包国提供服务。外国公司也入驻印度,带来了大量外资投入,这推动了印度软件产品的出口,促进了印度 IT 行业的发展。由于印度服务外包产业的发达,数量庞大的服务外包企业比较集中,在此基础上形成了规模效应。为保证服务外包产业的健康发展,印度出台了一系列保护专利、知识产权等法律政策条款,并成立了专门机构负责知识产权保护的监督,保护了企业利益,保障了企业创新追求,同时也有助于本国的服务外包行业建立较好的国际形象。

印度的服务外包产业当中,微小型企业居多,这些企业小而精,为印度的就业创造了许多岗位,也改善了印度的产业结构以及劳动力结构。中大型企业(指年营业收入在 3.5 亿美元以上的企业)凭借不多的数量却创造出了整个产业 75% 左右的产值,行业领先优势较为明显,带动了产业整体的发展。新兴的服务外包产业主要集中于云计算、大数据、物联网等领域,印度高等教育水平发达以及 IT 人才的众多,在信息时代下高端服务外包产业发展当中占得先机,在这个背景下,众多新型的高端服务外包企业开始成立,并实现了迅猛发展。印度通过与欧美发达国家大型跨国企业的合作,在日益深化的交往当中吸引了众多风投资金,据伦敦《金融时报》旗下 FDI Intelligence 的报道,2016 年印度蝉联最受外国投资者青睐的国家排名榜首,吸引外国投资额达 623 亿美元,领先于中国和美国。大量的外资促进了印度整体产业结构的优化升级,实现了科技水平的交流并形成了较好的产业生态。

(三) 企业全产业链端到端的整体解决能力增强

随着服务外包产业的快速发展,印度的业务领域不断扩大,尤其是业务流程外包和知识流程外包处于迅速发展时期,各行业的专业技术、高新技术与 IT 融合发展,推动外包产业从比较分散的业务向更加综合性的业务方向转变。印度企业更加注重具有自主知识产权软件产品的出口比例,逐步摆脱仅是数据录入与加工等外包业务的低端价值锁定,企业越来越注重基于自主核心技术服务份额的提升。通过嵌入制造业产业链，提供从产品研发到销售的端到端的整体解决方案，外包业务向高端化发展。例如，近年来印度成为医药外包的主要基地，并在医药研发、测试、临床、咨询、售后服务等各个领域强劲增长。服务外包产业空间集聚效应明显，印度的软件企业集中于班加罗尔、马德拉斯、海德拉巴等地，其中班加罗尔软件基地最为著名。在班加罗尔有众多政府投入的公共组织，如印度电话工业（ITI）、国家航天实验室（NAL）、印度航天有限公司（HAL）、巴拉特强电电力有限公司（BHEL）、国家政府电力工厂（NGEF）等。同时，印度科学研究院（IIS）、印度大学国家法学院（NLSIU）、印度管理研究所（IIM—B）、印度航空研究机构（ISRO）等大量研究和教育机构也云集于此，对班加罗尔服务外包产业环境的营造起到了重要的推动和催化作用。20 世纪 90 年代中期，班加罗尔的外包公司迅速涌现，跨国公司以平均每月至少五家的频率集聚在这座城市。班加罗尔已经形成了从低端服务到高端服务的服务外包集聚中心，在软件开发、IT 相关服务、产品研发、数据分析、动漫、工程服务、金融业务、医药外包、人力资源管理、基础架构管理等领域都有显著的发展。据 NASSCOM 统计班加罗尔、马德拉斯、海德拉巴三个城市的企业完成的服务外包市场份额占到全国总额的 80% 以上，可见现代服务业在空间上的集聚速度和效果要更加明显。

（四）印度服务外包产业出现新增长点

随着发包方对服务外包价值的认识提升，服务外包不仅是降低成本的一种手段，更重要的是建立企业战略资源关系和优化重组业务流程的资源配置方式。印度经过多年的服务外包产业发展，越来越注意服务业供应商在垂直行业为客户所提供的专业化服务。印度企业将特定行业业务流程重组、全流程信息化、可外包的基础架构等三方面的融合作为推广服务外包产业的有效途径。业务流程重组是重新设计流程，提高运营效率；全流程信息化是从纸张人工处理方式到高度集成的数字化信息处理方式；可外包的基础架构是企业需要建设一系列 IT 基础设施，包括数据库、主机、宽带接入、安全工具、应用集成工具、ERP 应用等等。目前，印度已经成为全球工程研发的基地，由数字化而推动的工程研发投资增长迅速，印度外包企业在为特定行业重新设计流程、增加基于行业专业知识和技术的服务交付能力、拓展服务范围广度和服务项目的深度等方面都有较大的进展。印度业务流程收入中，电信、集成电路设计、嵌入式软件开发和汽车电子服务等的收入占全部 BPO 的 60%，主要的业务来源于北美。NASSCOM 统计印度外包企业将收入的 3.5% 用于自有知识产权的专利技术开发创新、工程研究和设计中心的投资，这将推动业务流程产业的持续增长。从垂直产业来看，金融、高科技和电信、制造行业是印度最重要的发包领域，尤其是金融行业，占印度服务外包产业总额比重超过 40%。在金融服务外包行业规模不断地扩大下，印度的服务外包业迎来了新的发展机会。根据《2017~2022 年中国金融外包行业发展前景预测与投资战略规划研究报告》数据显示，目前全球金融服务外包业务总额达 2100 亿美元，占全球服务外包业务总额的 17.5%。在金融离岸外包市场中，印度市场占有率高达 80%，并正以 20% 的年增长率持续增长，这为印度服务外包的发展带来新的增长点。在印度制造行业的服务外包中，企业资源计划（ERP）、客户关系管理（CRM）、移动互联和数据分析应用相关服务不断增长，推动了印度服务外包产业的升级。

（五）企业国际化扩张、行业标准化进程加快

在服务外包产业全球化配置资源的浪潮下，印度企业加快了全球化扩张的步伐。每年印度企业都会进行上百起海外并购，跨国公司在印度设立的共享中心已达千家，外包企业的国际化扩张速度大大加快。印度企业海外并购的范围非常广泛，在建筑机械、汽车、金融服务、医药、能源、信息电子等领域的海外并购活动十分活跃。印度在海外设有 500 多个全球交付中心。印度跨行业多领域的产业并购主要是解决业务流程外包（BPO）中，印度与发达国家在特定行业生产力发展与专业技术应用中的差距问题，以提高企业的服务产品交付能力。随着服务外包市场的不断扩大，外包双方对建立行业标准、行业规范的需求日益加强。印度为了提高软件业的国际竞争力，鼓励企业按照国际标准制造软件产品，为此建立了能够提供标准化测试和质量认证的专业机构。NASSCOM 规定凡拥有 10 名以上员工的软件公司，都需要达到 ISO9001 标准认证，因此印度已成为世界上获批此标准认证最多的国家，此外，印度有上百家企业获得了软件能力成熟度模型（Software Capability Maturity Model，CMM）5 级认证，数量也在世界名列前茅。通过标准化认证的推广服务外包企业的服务能力大大提升，严格和规范的质量保障体系也使得印度软件企业在行业内处于世界领先地位。

二、爱尔兰服务外包产业发展

爱尔兰的软件和信息服务外包业发展规模较大，一直是全球最大的 IT 服务出口国之一，作为欧洲最大的离岸服务外包业务接包国，爱尔兰是世界各大软件公司进入欧洲市场的门户。爱尔兰的软件和信息服务外包业从 20 世纪 70 年代开始，90 年代中期迅速发展，并成为爱尔兰的支柱产业之一，人口少、传统产业规模较小造成国内市场需求有限，因此爱尔兰很早就把发展软件服务外包产业的目光转向国外市场。在鲜明的外包模式下，爱尔兰成为服务外包大国，并形成了令人瞩目的国际竞争力。在服务外包产业的发展下，爱尔兰经济也从欧洲落后的国家之一成长为欧洲人均产值最高的国家之一，爱尔兰发展的经验对后起的国家和地区的经济增长都有重要的借鉴意义。

20 世纪 70 年代至 80 年代中期，爱尔兰主要是利用欧盟成员国的地位和优越的区位条件成为跨国企业进入欧洲市场的第一站。这一时期以销售国外的软件或应用国外软件进行客户专业化服务为主，同时有大量的跨国企业进驻。80 年代中期至 90 年代中期，爱尔兰国内的软件和信息产业发展成为新兴产业，跨国公司的进入使技术、管理等隐性知识进一步扩散，本地居民也开始面向欧洲市场积极开发 IT 新产品，承接服务外包业务。90 年代中期至今是外包产业的高速发展时期。大量风险投资、海外资本和社会资本进入软件行业，信息产业的规模迅速扩张。爱尔兰服务外包的主要目标市场是欧美，市场的细分程度进一步强化，从事高端软件产品和服务外包的格局基本形成。

根据 2016 年爱尔兰公布的国际收支平衡表来看，2015 年爱尔兰服务出口总额为 1168 亿欧元，其中以软件为主的计算机和信息服务出口额为 563 亿欧元，占服务出口总额的半壁江山。

（一）语言和地缘优势显著

由于世界上绝大部分软件的开发以英语为主要语言，爱尔兰在主要接包国中是欧元区内唯一的英语母语国，拥有先天的语言优势。加之爱尔兰作为欧盟成员，有着欧盟广阔的市场并享受着更多的优惠商业政策，欧盟内部人员、资金的自由流动是爱尔兰进入欧盟市场的一大捷径。除了与欧洲地区的紧密联系，爱尔兰与美国也有着不可分割的关系，由于历史原因，美国有着 1/5 的爱尔兰裔人口，因此美国许多跨国企业的领导都和爱尔兰有着密切联系，通过这样的资源优势，爱尔兰政府积极推动美国企业投资爱尔兰或者与爱尔兰的 IT 公司进行合作，因此，爱尔兰也成为美国一些跨国企业进入欧洲的重要一站。

（二）软件本地化的独特发展模式

爱尔兰地处语系复杂的欧洲，凭借近岸的优势和文化的相近性，爱尔兰把软件本地化（即通过软件产品用户界面的语言转化，使之便于用户使用的过程）作为信息产业起步的重要模式。爱尔兰根据欧洲市场二十多种语言的转换需要，发展成为世界大型软件企业进入欧洲市场的门户和软件产品的集散地，如 IBM、微软等 IT 巨头面向欧洲不同国家和语言产品的本地化都在爱尔兰完成。爱尔兰政府一直致力于建设全球最大的软件产品本地化的供应基地，提供从手册、包装、光盘制作等全方位的服务，其软件在欧洲的市场占有率超过 60%，在此基础上进一步重点发展软件的综合研发能力，集中于如软件工具、网络工具、客户管理系统、网络安全、嵌入式实时系统、无线通信、金融银行软件等诸多领域，被誉为"欧洲软件之都""软件王国""欧洲高科技中心"。爱尔兰的本土软件企业注重创新，重视技术研发、商业运作以及细分市场，在与其他国家大型企业的合作中逐渐形成了自己的核心竞争力。

（三）产品结构以高端软件和高端服务为主

爱尔兰人口规模小，外包从业人数少，不宜发展低端劳动密集型的信息外包业务，因此政府着重加强高端软件产品开发和高端业务流程服务的支持力度。尤其是随着产业发展迈向成熟后，爱尔兰在高端软件和高端服务的领域不断拓展，目前在移动技术、金融服务授权软件、知识产权开发、技术解决方案、高端游戏服务、游戏创意开发等方面有较强竞争力。高端业务提升了爱尔兰软件产品出口的价值链，丰富产品的结构和技术层次，使其细化程度进一步加深。建立了从芯片、中间件到应用软件的全方位整体系统，具体产品涉及软件工具、软件系统、应用软件、软件服务等多个层面。作为知识经济的重要环节，这些部门在创造、储备、分配知识等多方面做出贡献，促进新产品的开发和进入市场。2011 年，爱尔兰政府发布《爱尔兰游戏产业增长行动计划》，该文件指出政府将通过相应的政策措施，将爱尔兰打造成为国际游戏软件中心。在高端业务流程服务领域中，爱尔兰在呼叫中心和金融服务外包方面有着很大的进展。许多国际企业在爱尔兰建立呼叫中心将其作为远程支持中心和远程销售中心，业务涉及电话销售、IT 技术支持、客户管理服务等方面。爱尔兰设立了国际金融服务中心，目前已经成为国际金融重要的离岸外包目的地，主要是集中处理金融业的后台服务，涉及基金管理、公司银行业务、保险业务和收支管理等高端服务。从服务对象来看，爱尔兰的软件外包对欧洲市场形成了一定程度的垄断，包括电信和呼叫中心、金融业等服务外包行业都形成了巨大优势，爱尔兰也逐渐成为国际金融服务最主要的离岸外包目的地之一。

（四）人力资源和创新精神推动产业发展

爱尔兰有着丰富的优质人力资源，从劳动人口数量上来看，爱尔兰全国人口平均年龄为欧洲最低，青壮年劳动力资源丰富，这为劳动力源源不断进入就业市场提供了保证。由于欧盟内部人员流动的自由程度很高，因此，爱尔兰也便于广泛吸纳国外的人才，这为爱尔兰的服务外包产业提供了多语种就业人才。此外，爱尔兰还积极接纳海外移民，这些移民从一些发达国家带来了先进的技术、发达的信息和更多的市场渠道。就劳动人口质量而言，爱尔兰的 IT 从业人员从其独特的实践性和独立性的教育方式中获益匪浅，大学四年内，有接近一半的时间都是培养学生的自主实践操作能力，在这种培养方式下，绝大部分大学毕业生已经具备了丰富的实际工作经验，可以直接进入公司进行生产一线的工作，避免了正式工作初期的熟悉实践的时间和精力成本的浪费。

政、产、学、研一体化很大程度地推动了科研成果的迅速转化，爱尔兰的企业政府、学术界和产业界的支持鼓励下，不断追求创新。爱尔兰的绝大多数 IT 企业都力求拥有自主知识产权的创新产品，这种创新的优势为爱尔兰服务外包产业的发展带来了更多活力和更大的可能性。

（五）外资企业在市场中居于主导地位

爱尔兰在商业习俗和法律体系方面与欧洲国家十分相近，因此吸引了众多的欧美软件公司的投资，成为重要的软件基地。全球十大软件企业均在爱尔兰开设了分支机构或子公司，在全球十大软件公司中，七家在爱尔兰建立了软件生产基地，许多公司也在爱尔兰设立了研发中心。摩托罗拉、INTEL、IBM、LOTUS 等知名跨国企业都在爱尔兰成立了企业在欧盟的总部。爱尔兰投资发展局发布 2017 年度投资报告显示，2017 年外资企业在爱尔兰创造了超过 20 万个就业岗位，提前完成了 2015 年设定的五年计划目标。外资企业在爱尔兰创造的就业率上涨 5.3%，甚至高于爱尔兰本国 2.3% 的增长率。

近年来，爱尔兰外资企业出口额占其全国出口总额的 75% 左右，前 20 大出口企业中 7 家都属于信息通信技术产业，外资企业在爱尔兰服务外包市场上占有绝对的主导地位。与大型跨国企业相比，爱尔兰本土的企业普遍规模不大，但数量扩张的速度很快，往往都有鲜明的特色产品或发展方向。本土企业发展与跨国企业之间有很紧密的业务联系，呈现发包—接包—转包—二次发包等多层次的委托代理关系，业务越来越细化，分工的效率也日益提高。

（六）软件企业的空间集聚度高

爱尔兰软件企业在空间分布上相对集中，主要在都柏林、利默瑞克和库克等地区，为了促进软件业的发展，爱尔兰建立了专门的软件园区，通过"政府＋市场"的策略推动 IT 产业的集聚。爱尔兰香农开发区是全球最早的经济开发区，始建于 1959 年，从 20 世纪 70 年代开始发展服务外包产业，90 年代中期进入快速发展阶段，走出了一条独特道路并成为全球最重要的服务外包基地之一。爱尔兰香农开发区先后设立了世界上第一个免税工业区和第一个自由贸易区，在吸引外国服务外包企业及高科技研发上取得成功。1996 年以来，爱尔兰香农开发区吸引了大量外资，并吸引了大量跨国软件公司进驻。园区现有国内公司 610 多家、国外公司 120 多家，三星、英特尔、GE、汉莎技术、微软等十多家全球 500 强企业均在园区内投资设立大规模研发、服务公司，开展信息技术服务外包服务。目前，爱尔兰香农自由贸易园区涉及的产业十分广泛，包括航空业、网络通信技术、电子软件、国际金融服务、工程、物流配送以及化工医药等多个行业。初始时期，香农自由贸易园区内只有 10 家外资企业，每年雇佣人数不到 600 人，如今园区内遍布上百家外商投资企业，园区雇员总数超过 7500 人，每年出口额高达 25 亿欧元。此外，爱尔兰还有着许多其他软件园区，主要集中在都柏林、利莫瑞克、科克等地专门的软件园区中。都柏林有城西商业园区、南郡商业园、数字媒体园；利莫瑞克有国家科技园；科克有科克技术园等。这些园区都是市场化方式进行运营，地产开发商自行投资建设，以良好的设施环境和政府的配套优惠政策吸引软件企业入驻。软件企业的云集、市场的细分、高质量的服务、研发创新实力强等优势都为爱尔兰赢得了国际声誉和国际竞争力。

（七）国家政策法规支持，机构完善

由于服务外包产业对爱尔兰经济的重要支柱作用，爱尔兰政府高度重视软件和服务外包产业的发展，通过制订包括国家发展计划、设立专项研究基金、实施财税优惠等在内的一系列政策法规等，保证本国服务外包产业健康发展。

1970年爱尔兰政府把软件设计与开发设立为国家未来的重点发展行业，为鼓励本国软件及信息服务业的出口，爱尔兰政府在1981年制定和实施了《国家服务业鼓励计划》，对出口企业实行免征出口关税，鼓励国外的软件、信息服务企业在爱尔兰国内进行研发工作，引进了大量外资的先进技术，将电子信息、生物技术和新型材料技术这三个领域作为爱尔兰服务外包产业未来发展的主方向，进行产业的专业深入发展。20世纪90年代，爱尔兰政府还将大片土地进行规划，对软件园区进行重新建设，推动服务外包产业的企业聚集，实现规模效应。在资金资助方面，爱尔兰政府通过设立"专项高科技产业风险资本基金""技术前瞻基金"等，加大了对技术研究的投入力度，培养爱尔兰本土服务外包企业的创新能力，提高其核心竞争力。在法律法规方面，爱尔兰政府制定颁布了包括《知识产权法》《电子商务法》《版权法》《隐私与数据保护法及其修正案》《爱尔兰高新技术产业发展规划》《爱尔兰高新技术国际服务贸易业机遇》等法律法规，为爱尔兰的服务外包产业提供了完善细致的法律保障，并提高相关企业的创新创业积极性。

在机构设置方面，爱尔兰政府设立了相应部门或机构对服务外包产业进行监督管理，如1991年成立了"国家软件发展指导委员会"引导产业健康有序发展。单独的产业园区内也建立了各个专门的部门，推动园区内企业的高效运营。如香农园区内有投资发展署负责为园区的软件企业开拓国际市场提供资金等方面的支持；企业局进行招商引资，吸引投资商入驻以及引入大型跨国软件公司在园区内成立公司。行业协会和工会也各司其职，推动爱尔兰本土服务外包企业的交流和发展。

三、菲律宾服务外包产业发展

菲律宾位于亚洲的中心，区位条件极其优越，近年来服务外包产业成为该国经济重要的增长点，被世界银行评价为服务外包产业表现最好的国家之一。菲律宾服务外包产业起步于 20 世纪 90 年代，这十几年来年均增长速度达 30% 左右，以承接劳动密集型的业务流程外包业务为主。在人才、语言和低成本优势基础上，菲律宾的业务流程外包 BPO 和 IT – BPO 产业发展较好，其中呼叫中心业务发展迅速，约占其业务流程外包行业 70% 的份额。目前菲律宾服务外包产值已跃居世界领先地位，根据菲律宾商业流程协会（BAPA）统计，2010 年至今，菲律宾服务外包从业人员规模以年均 20% 的增速发展。2014 年，菲律宾服务外包从业人员突破 100 万人，同比增长 9%。2015 年，菲律宾 IT – BPO 产业销售收入达 213 亿美元，同比增长 17.7%，服务外包从业人员达到 119 万人。菲律宾发展最瞩目的是业务流程外包业务 BPO，占据了全球 BPO 市场的 15% 的市场份额，仅次于印度和加拿大，呼叫中心和医药外包是菲律宾服务外包业发展较快的行业。据美国咨询投资公司 Tholons 的排名，2014 年菲律宾有七个城市入选"全球 100 大外包目的地城市"，其中马尼拉和宿务跻身前十，马尼拉更是成为全球第二大 BPO 城市。

（一）服务外包产业的多领域发展

菲律宾在服务外包领域的专长有呼叫中心、医药外包、财务、人力资源、动漫制作、工程设计等业务流程外包；电脑软件开发、数据编译处理等信息流程外包，其中信息流程外包业务多为低端技术性服务。目前，菲律宾有软件开发公司 300 多家，在电信、银行和政府部门等领域主要向南美、欧洲、日本、亚太等地区提供服务。

菲律宾在英语运用、运营管理、基础设施等方面都有很大的优势，因此英国、美国和亚洲邻国在菲律宾纷纷设立呼叫中心，从 2000 年起步之后迅猛增长，年增长超过 100%。目前菲律宾已超过印度成为顶级的外包呼叫中心所在地。据菲律宾外包中心协会统计，菲律宾大约有 100 万名从事话务工作的呼叫中心座席，为诸如美国电话电报公司、美国运通公司和摩根大通公司等企业服务。菲律宾呼叫中心产业的迅速发展是因为菲律宾电信市场管制的放宽、减税优惠政策和欧美企业开发印度以外的供应商等原因。由于 20 世纪初的被殖民历史，文化上的接近性以及国际关系的原因，菲律宾的服务外包产业深受美国公司的喜爱，为此，印度很多知名的外包公司纷纷在菲律宾设立了分支机构。

注重服务外包与特定行业相结合开发 BPO，菲律宾的外包企业非常注重自己在业务流程外包领域的发展，积极延伸优势产业的价值链，利用殖民地的语言优势，大力拓展国际市场，从而加速企业进入市场的速度，提升国内产业的整体竞争力。业务流程外包始于呼叫中心的发展，由于菲律宾一直延续美国式的教育制度，国内的劳动者对英文的应用和理解能力很强，在与客户交流时更通畅，且与印度口音的英语相对比，美国客户偏爱菲律宾口音的英语，大量的呼叫中心就应运而生。在结合菲律宾医疗和动漫制作的产业优势，菲律宾的外包企业进一步细化了产业链条，将特定行业的流程依托于 IT 技术，把标准化重复性的业务信息化，作为服务型产品。经过企业业务流程重组，为国内外提供专业化的服务，成为经济新的增长源泉。随着发达国家跨国公司把一些非核心业务向低成本地区进行转移，菲律宾的服务外包业务逐渐开始向金融服务、软件设计、医疗卫生和法律翻译等专业程度要求更高的外包类型进行扩展和延伸。菲律宾在医疗服务方面具有世界级水平，有大量的优秀医学人才，积极开拓医疗服务市场。医学数据编译和医疗卫生信息管理是菲律宾的新兴服务外包行业，发展势头旺盛，年增长率达 130%，已成为菲律宾服务外包发展的新亮点。菲律宾的动漫制作覆盖动漫、音乐、音效加工、广告、游戏开发、电影、漫画、摄影、工业设计和出版等各个方面，发展势头迅猛。在信息外包方面，主要向美国、欧洲、日本、亚太地区的电信、银行、政府等部门提供 IT 服务。

（二）行业协会和研究机构的重要支撑

菲律宾设立行业协会和众多的研究机构支撑服务外包产业发展，2004 年建立商业流程协会（BPAP），负责协调政府各部门和企业的业务关系，并统一对外宣传推介，介绍菲服务外包产业的最新情况，政府政策扶持方向、行业发展进展等具体情况。菲律宾同时设有专门的研究机构如对外服务研究所、菲律宾发展研究院、亚洲管理政策研究中心等，对服务外包产业发展的中长期政策，全球服务外包发展的新动向等领域进行全面的研究，推动新产业规划和支持政策的颁布。

（三）市场化与政策制度的完善并行

菲律宾政府非常重视服务外包产业发展的规划和政策的制定，隶属菲贸工部的投资署（BOI）负责监管整个外包服务市场。市场化进程的加快是服务外包产业繁荣的制度基础，菲律宾政府鼓励电信自由发展，启动

"投资优先计划",将服务外包产业纳入优先发展的战略规划,并制定了一系列政策措施。在财政方面,外国公司在菲经济特区开展服务外包业务,前6年为免税期,免税期后只交5%的营业税;在当地购买的货物和服务免交12%的增值税;为资本设备提供进口税和关税减免;免征码头使用费、进口关税和费用等。在人才引进方面,鼓励外国公民在菲从事服务外包业务,经投资署批准服务外包企业的总裁、总经理、财务主管等可在菲留居五年以上的时间。

四、以色列服务外包产业发展

以色列位于西亚,毗邻非洲,并且与欧洲只有一海之隔,科技水平居世界领先地位。以色列与爱尔兰和印度并称为世界软件外包中心"3I",国内市场狭小的以色列通过承接服务外包推动了国内就业、出口的发展,为国民收入的增加和国家经济水平的发展提供了有力支撑。以色列是世界重要的科技中心,一些高科技含量的产业在世界范围内都能名列前茅,其新兴公司数量仅次于美国,位于世界第二,高新技术出口占其全部出口收入的70%,电子产品出口占全部工业品出口的40%,其软件产业非常发达,是国际知名的软件设计中心,被称为中东硅谷。立足于科技创新的发展,以色列的服务外包业发展迅速,并且在一些领域拥有着鲜明的特色优势,主要体现在国防安全、农业新技术开发和生物医疗服务外包产业等一系列技术含量高的部门。

以色列的服务外包产业立足于由国防部门和大学共同组建的大规模电脑技术中心,历史原因,以色列在备战过程中进行了大范围和深程度的国防建设,长此以往打下了深厚的科学技术基础,并将军事技术充分应用于经济领域,实现军事技术向民用技术的转化,以色列利用软件的高渗透性,将其开发成具有高附加值的产品,并通过计算机在国防军事领域的高水平应用,极大地促进了其软件技术的提高,推动了软件技术的创新和软件产业的发展。在20世纪50年代以来,许多跨国公司纷纷在以色列设立全球的研发中心,包括IBM、摩托罗拉等大型计算机和通信企业将许多电信、数据安全以及嵌入式软件等软件开发和芯片设计等产品研发外包给以色列的IT公司。以色列拥有着高层次的本地研发水平,通过开展高附加值外包加快了现代服务业的发展以及国际市场的扩展。

（一）特色领域优势显著

由于科学技术水平的发达，以色列的服务外包产业的发展集中在高附加值的产品研发领域，以色列拥有许多核心技术的知识产权，谋求知识型产业的发展道路，其国防安全软件、嵌入式软件等产品别具特色和国际竞争力，IP 语音、语音信箱、公钥加密、互联网防火墙和手机计费系统均是以色列公司研发的技术，并广泛应用于当今电信、金融、医疗、零售和政府等领域，以色列的软件技术外包公司凭借核心技术优势占领了全球市场很大份额。由于资源的匮乏，以色列的农业和新能源等新技术也非常发达。

历史原因，以色列非常注重军事技术和国防安全等领域的发展，关键在于，以色列将其军事技术优势转化成了民用技术，软件产业在以色列的高速发展正是这一举措的成果。在恐怖主义日益威胁着全世界安全的环境下，其安全和防护等领域的技术优势以及产业基础迎合了这一市场需求。以色列的安全及安保技术以及其相关产品的性能得到业界很大褒奖，这类领域的公司也受到许多跨国公司的青睐。比如 Checkpoint 公司，其计算机安全软件十分出众，此外，还有 Comifgate 公司的识别技术和 StarCore 公司的数据信号处理技术，这些以色列的 IT 公司都拥有着相关核心技术，有着业界很强的核心竞争力。以色列的 IT 公司还研发了许多银行、电信以及航空等特定行业的专业性管理软件，为其提供专门性的软件服务。比如以色列的著名软件开发商 Amdocs，在 20 世纪 80 年代，它在不到十年的发展历程里就已占据了美国黄页软件市场的半壁江山，紧接着进军固话、手机市场，这个以色列最大的系统管理软件公司现在已经成了电信计费系统的全球领导者。以色列的商业智能软件在同类市场上具备着显著的竞争优势。IT 安全、存储与数据中心、云计算等高科技信息技术在以色列十分发达，目前从事云计算行业的以色列软件公司已超过 150 家，从事系统集成、IT 咨询、IT 本地化服务、IT 外包和问答服务的 IT 服务商已逾百家。

由于国土面积狭小，严重缺乏水资源等资源因素的限制，以色列的农业新技术以及新能源技术也十分发达，并逐渐走出国门，利用核心技术开拓海外市场。如 Netafil 公司凭借其特色的服务，已在全球开设了 27 家分公司，是世界最大的滴灌技术供应商之一。除了滴灌技术，以色列的智能温室、乳品业、种子业等相关农业技术也十分发达，以色列的农业科技公司也可以集中力量为农作物和家畜项目提供一条龙服务，一体化的服务提

高了农业发展的效率

以色列的生命科学产业近年来也迅速发展，尤其在生物医疗外包成为世界服务外包新兴的热门领域的新阶段里，以色列取得了世界领先水平。以色列的人均生物技术专利量排名世界前五，人均医疗设备的专利量稳居世界第一，以色列共有 280 个全球跨国生命科学研发中心，吸纳了全国 45% 的高技术劳动力就业。以色列有着 1380 多家生命科学公司，在医疗设备、医疗卫生 IT、生物技术与医药、生命科学服务等领域都十分发达。以色列企业已成为数字影像技术、医疗设备、医疗激光技术、生物信息技术、手术和康复设备以及药物研究等方面的领军力量，并向发达国家出口相关产品，根据以色列驻华使领馆商务处的数据，以色列 2014 年出口的开创性医疗产品和服务高达数 85 亿美元，占其全部对外（不含钻石）出口的 17.5%。

（二）出口为导向，面向国际市场

以色列国土面积狭小，人口少，国内市场需求有限，因此，以色列的服务外包产业以出口为主。在政府的大力支持下，以色列的 IT 企业大力开拓国际市场，迎合国际市场的需求进行产品研发。出于文化和语言的相似性，本土企业主要承接欧美发达国家和地区的 IT 搞技术领域的服务外包，该比例高达 70%。而随着亚洲经济的发展，近年来，以色列开始加大与亚洲国家的合作，得益于良好的商务以及政策环境，以色列软件企业凭借自身的特色和优势与中国、日本和东南亚等国家与地区建立了密切的合作关系，在这样的环境下，亚洲占其 IT 出口份额的比重不断增加，现在已超过了欧洲，成为以色列仅次于北美地区的第二大重要市场。

（三）文化优势以及海外犹太人资源助力

以色列的官方语言是希伯来语和阿拉伯语，但许多以色列人都熟练掌握着英、法、德、西这些拉丁语系语言，这为以色列发展离岸的服务外包业务提供了优越的语言环境优势。由于历史原因，犹太民族遍布全球，并且掌握了许多发达国家的资本和资源，这为以色列提供了丰富的商业资源，海外犹太商人通过基金援助和投资合作等方式帮助以色列的新兴公司发展，一些著名的犹太学者在科研方面帮助以色列的教育及研究机构快速发展并将研究成果更高效地投入到商业运作中来。以色列作为移民国家，也吸纳了许多海外的高质量犹太移民回国发展，从而带动了以色列的科技和商业等各领域的快速发展。基于这样的优势环境基础，以色列的软件外包产业得以走向世界。

（四）劳动力低价优质，创新研发水平极高

以色列不仅国土狭小，资源也十分匮乏，人才就是这个国家最珍贵的资源和财富，优秀的人力资源推动了科技创新的发展，并将这些科研成果转化为了数以亿计的资本从而奠定了以色列在世界上的重要地位。以色列的教育水平的发达也在世界领先，劳动力受教育程度很高，其科学家和工程师占人口比重以及高等教育入学率和人均学术论文发表的比率均高居世界第一。以色列有着上千名科学家在软件制作室工作，这是以色列的软件开发产业强大的后盾力量。以色列拥有着一批享誉世界的高等学府，包括耶路撒冷希伯来大学、特拉维夫大学等，这些大学在理工科许多领域的研究水平居于世界前列。这些大学还是以色列的技术孵化器，在校师生申请专利或许可证非常便利，并且能够通过许多基金进行创新创业。比如被称为创业之都的特拉维夫，这里每平方千米就有 19 家创业公司，通过一个名叫"Momentum"的基金，帮助学校内处于初级研究阶段的研究成果更好进入商业领域。正式通过学术界和产业前沿的深入合作，帮助技术转化成商业利润，为软件产业的发展带来源源不断的动力。此外，基于基础科学技术的雄厚，以色列的应用研发实力强大，创新能力极高，一大批中小型的新兴高科技公司均拥有着其核心的知识产权技术。而如此高质量的劳动力的工资却只有美国 IT 领域劳动力的一半之多，根据 IT 业界咨询公司 neoIT 的预计，以色列的工资增长速度不会很快，这表明以色列在很长一段时期都将继续保持其低价优质的人力资源优势。基于雄厚的创新研发实力和低价的成本优势，包括英特尔、微软、IBM、甲骨文、惠普在内的一系列国际大型 IT 公司和计算机软件公司纷纷在以色列设立研发部门。如英特尔在以色列的研发中心成功研发出了 8088 微处理器、Centrino 处理器等核心技术。

以色列的外包发展路线不同于印度、菲律宾和中国这类发展中国家，除了成本优势外，以色列的服务外包产业的核心在于基于创新研发能力的高附加值产品，即进入了全球价值链高端环节，这为以色列带来了更高的经济收入，并且打造了高质量的核心竞争品牌。

（五）市场开放，政府支持

以色列对外开放程度很高，和欧盟以及北美均签署了自由贸易协定，

因此，以色列企业和这些国家和地区企业的贸易可以实现零关税，从而吸引了许多的大型跨国企业与以色列软件企业进行商业技术合作以及投资，这很大程度降低了产品的成本，提高了以色列企业的市场竞争力。以色列的软件企业利用核心技术在欧美等发达国家和中国这样崛起的发展中国家获得大规模融资，这对以色列新兴高科技企业的发展十分有利。比如以色列的软件企业获了来自美国的风险资本的支持，使得这些新兴的中小型企业有资金进行新技术和新产品的研发，达到一定规模就能在美国证券市场上市。以色列还同美国、欧盟等世界其他国家与组织联合建立了双边研发基金，推动双方企业的跨国合作项目的进行，这不仅为以色列开拓了服务外包市场，获取更多研发资金的支持，还能参与大型跨国企业的技术合作，极大地推动了以色列服务外包产业的发展。

以色列政府为了促进服务外包产业的发展，不仅通过制定税收等政策推动以色列 IT 企业和其他发达国家的大型跨国企业的合作，还积极建造基础设施、建立研发基金、鼓励高新科技公司创业与创新。为推动产品技术的创新和研发，以色列工贸部设有专门机构进行国家产业开发基金的评估和管理，分别对通用技术和企业产品的研发提供资金支持。针对高技术研发项目启动资金不足的问题，以色列政府为其提供一定比例的政府资金投入，同时，以色列政府还推出"磁铁"计划，支持具有潜在竞争力的通用技术的研发。为了激励高科技公司的创新研发，以色列通过健全的知识产权保护法律体系，保障发包商和接包方的合法权益，这对以色列软件产业的发展起到了积极的作用。以色列政府参考英美等发达国家在知识产权保护方面的法律，根据自身情况制定了具有本国特色的知识产权保护法规体系，采取严格的措施保护软件产品的知识产权，严厉打击各类伪造、盗版等侵权行为。

第二节　国内典型城市服务外包产业发展

中国服务外包产业起源于 20 世纪 80 年代，从 2006 年开始因国家经济转型和产业结构调整而受到政府的重视和支持，在商务部"千百十工程"及国务院一些推动服务外包发展政策的支持下，近十年来产业规模呈现快速增长的态势。根据《中国服务外包发展报告 2016》的统计数据指出，2015 年中国共承接服务外包合同执行金额约 966.9 亿美元，同比增长

18.9%，其中离岸服务外包合同执行金额约 646.4 亿美元。截至 2015 年年底，中国服务外包企业达到 33771 家，从业人员约 734.7 万人。我国服务外包市场规模中还是以信息技术外包为主，业务流程外包和其他业务领域发展较快。在国家产业结构调整和信息化推进的进程中，释放出大量的服务需求，高技术服务业渗透到传统产业中带动企业变革的趋势日趋明显。无论经济发展方式转变与产业升级的实际需求，还是国家服务外包"千百十工程"目标的推进下，各个中心城市积极发展服务外包产业形成了各具特色的发展模式。资源型城市发展服务外包能够有效解决资源枯竭、产业结构单一、劳动力失业严重等问题，本书选取西部具有发展潜力的成都市、东北老工业区的大连市、长三角核心区的杭州市、交通中心城市郑州作为典型案例分析服务外包产业发展的特征。

一、成都市服务外包产业发展

成都市开放型经济建设取得了长足发展，继浦东新区和滨海新区之后，2007 年成为全国综合配套改革试验区。20 世纪 90 年代，成都市利用西南地区的科技、商贸、金融中心的优势，制定优惠的政策措施，大力发展服务外包产业。根据四川省统计年鉴数据，2008～2014 年，四川服务外包合同额年均增长 72.5%，2014 年破 20 亿美元，服务外包产业的从业人员超 17 万人。作为四川省会的成都市，在服务外包产业的发展也是有目共睹。根据《成都市软件及信息服务业发展报告》数据来看，2009 年，成都市服务外包产值约 253 亿元人民币，占全市服务业总值的 11%；外包从业人数约 7 万人，占全市服务业从业人数的 4%。从服务外包产业结构看，信息技术外包业占外包总值的 76%，业务流程外包约占 2%，知识流程外包约占 22%，信息技术外包仍是服务外包产业的主体。根据成都市商务委数据显示，截至 2016 年 9 月，成都服务外包企业已达 564 个，且离岸服务外包发展迅速，2017 年上半年，成都市的离岸服务外包合同金额达 53.58 亿元人民币，同比增长 18.86%，增速高于全国平均水平，其中信息技术外包业务占比约为 63%，同比增长 20.8%，只是流程外包业务占比约为 22%，同比增长 66.67%，其离岸服务外包的合同金额和执行金额蝉联西部第一。

成都市服务外包产业信息技术外包业务和知识流程外包业务发展迅速，凭借高素质的人才优势，尤其在高附加值、高技术含量外包服务领域实现显著增长。动漫游戏外包、工业设计外包和生物医药外包等 KPO 领域是成都市当下服务外包产业发展的趋势,体现其服务外包产业向价值链高端延伸,致力推进国际市场多元化发展,推动"一带一路"沿线国家与地区的合作。

(一) 产业空间集聚态势基本形成

成都以高新区为核心的服务外包产业聚集态势基本形成,天府新城高新技术产业区是成都服务外包产业核心区,全市 70% 以上的服务外包企业集聚在该区域,为全市的服务外包产业贡献了 95% 的收入,其重点发展服务外包的高端业务,引进的目标主要是全球大型跨国企业的研发中心、共享服务中心,国内外大型接包企业以及从事高附加值服务外包业务的中外企业。其中天府软件园区在 2015 年度全球最佳服务外包园区的中国十强的评选中位居首位,这是成都天府软件园第四次荣登榜首。天府软件园外包产业的发展迅速,其外资企业比例超过 40%,并有 25 家世界五百强企业落户。通过开放的高科技专业人才引入,在完善的技术服务、企业服务、创业孵化的体系下,天府软件园吸引了 IBM、NEC、华为、阿里巴巴、爱立信、腾讯等近 250 家国内外知名大型企业入驻,园区人员达 35000 人。此外,成都还分布着武侯工业园、成都都江堰青城山东软软件园、物联网生态产业园等多个大型软件和信息技术服务产业园区,这些园区功能完善,服务优良,产业配套齐全,并且聚集了西部大量的软件和信息技术等服务外包公司。

成都市地县的服务外包产业规模较小,发展层次较低,在四川省政府发布的《关于促进服务外包产业加快发展的实施意见》的指导下,随着天府新区服务外包产业的发展,也将推动成都中心城区中低端服务外包业务向二圈层转移,打造成都经济区服务外包产业集群。

(二) 服务外包产业发展初具规模

2015 年,全球服务外包 100 强当中已有超过 20 家企业落户成都,IBM、埃森哲和维普罗这三家企业在成都建立了研发中心。十大中国服务外包企业中超过半数在成都设立了分支机构,近五十家跨国公司在成都设立了全球交付中心,以成都为核心并实现辐射的服务外包产业集群初步形成。

截至 2016 年中旬,成都市服务外包企业达 564 家,软件及信息服务的企业占绝大多数。成都市内各类软件企业 9000 余家,以高新区为主要聚集区的软件产业带集中了成都市70%以上的软件企业。2016年软件产业的销售收入是2009年的近四倍（如图3－2所示）。服务外包行业已形成商业性服务和企业研发中心、共享服务中心等业务流程服务两大门类，其中业务流程服务企业约50家，商业性接包企业约550家，其中取得CMMI3以上认证的企业33家。其软件服务业规模位于中西部首位，2016年成都市的软件服务收入占到西部地区的45.9%。

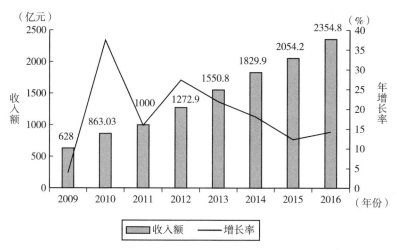

图3－2　2009～2016年成都市软件产业销售收入与增长率图

资料来源：2009～2016年成都市软件及信息服务业发展报告。

（三）结合比较优势细分外包产业重点

成都市特别注重自身的产业优势发展特色服务外包业，在其服务外包产业规划中将市中心、西南城区、西北城区、东部城区四个特色聚集区布局为高端专业服务区、中高端外包服务区、工程设计服务区、汽车工业设计服务区，从而促进产业的高端化发展。2016年四川省政府发布的《关于促进服务外包产业加快发展的实施意见》也指出，要做强"成都服务外包"品牌，并通过打造服务智能化、专业化的服务外包特色升级价值链。在信息服务外包领域，发展信息安全、数字娱乐、教育培训等业务，并在大数据和云技术的发展下，推动人工智能和智慧系的发展；在生物医药研发领域，以成都生物医药产业基地和生物医药技术平台为基础，培育生物医药研发外包；在金融外包领域，进一步细化金融后台业务，促进更多金融机构后台服务中心落户成都;在工程设计外包领域,利用电子信息、建筑、水电、铁路等方面的优势,在"一带一路"倡议的背景下,推动与沿线国家和地区的合作,积极开拓国际服务市场,扩展离岸服务外包产业服务业务。

(四) 注重服务外包产业的空间布局

成都市服务外包产业发展规划(2010～2014 年)中特别注重空间布局,形成中心—外围结构,加快产业的辐射和梯度转移。把天府新城高新技术产业区作为增长的极点进行重点开发和向价值链高端升级,作为核心载体重点发展软件产品研发设计和运营、IC 设计与测试、云服务、物联网研发及运营、移动互联网应用开发与服务运营等软件和信息技术服务高端业务,打造新兴信息技术服务特色园区。并以高新区为起点,连接锦江区、青羊区、金牛区、武侯区、成华区等城区形成特色服务外包集聚区,推动成都武侯工业园、成都都江堰青城山东软软件园、物联网生态产业园等园区的发展,打造特色园区,如在成华区东郊记忆、锦江区数字出版示范园区和广告创意产业园基础上,建设数字内容园区等,从而扩大成都市服务外包产业规模和提高其专业化水平;以成都市主城区为中心向西郊的温江区、崇州市、郫县、都江堰市等地区进行产业辐射并实现产业的梯度转移,推动次圈层的产业结构优化,通过产业的集聚与扩散发展,最终形成合理布局、有序发展的空间格局。

(五) 注重服务外包产业建设和人才培养

成都市的服务外包产业在政府支持的基础上,注重专业人才的培养和培训,通过高校和企业的合作,为服务外包产业,包括信息技术服务外包、业务流程外包,尤其是知识流程外包输送专业人才。2015 年,天府高新区和电子科技大学、成都技术转移集团进行三方合作,共同打造"天府数智谷",就大数据、智慧信息系统和互联网金融等领域展开合作;2017年,在"'电子信息 + '产业发展大会暨校友企业联合会峰会"上,成都高新区、成华区、温江区、郫都区和上海临港经济发展有限公司等展开合作,在人工智能、数字文化和"三医融合 + 电子信息"等产业园区等领域进行产学研联合,共同打造"校院地"创新合作体系、推动高校院所科研成果转化,通过软件和信息服务的发展推动信息技术服务外包产业的建设。成都市通过"515 工程"提升服务外包竞争力,即培育 50 家省级服务外包重点企业、扶植 10 家省级服务外包重点人才培养机构、打造 5 个省级服务外包基地。并利用国家和省级科技计划引导和支持服务外包企业开展项目的研发。

成都市在"培训、能力评估和人才服务"这三大体系的支持下打造服务外包人才公共培训云平台实现人才资源和企业需求的整合。平台为服务外包人才提供线上培训与线下培训,并实现服务外包行业专业知识培训与产业实践,从人才的挖掘、培养、评估和服务等四个环节保证输送人才资源的动力,平台每年开展"校园行",建立高校私有云端实现人才的挖掘和培养,成都大学、西南民族大学、西华大学等30余所高等和大专院校先后接入该平台。平台还和成都服务外包行业协会合作,打造"成都服务外包人才公共培训云平台——产业云端",针对企业需求,为企业输送专业的对口人才,提高学生就业效率和企业的人才上岗率。通过整合高校、高新园区、企业、行业协会等资源从而实现人才的精准对口,推进服务外包基础人才培训及行业发展。通过推进服务外包人才培养、鼓励高端人才引进以及服务外包人才培训基地的建设向企业源源不断输送服务外包人才,保证成都市服务外包产业的人才优势,提高成都服务外包产业的竞争力。

二、大连市服务外包产业发展

大连市利用东北亚经济区与环渤海经济圈的核心位置的地缘优势,积极开拓日本市场和韩国市场,已经形成以软件和信息技术外包、业务流程外包和知识流程外包三大产业类型为核心的产业体系,建立起较完整的外包产业链。大连市是商务部第一批授牌的服务外包示范城市,对日软件出口和外包业务已经成为大连服务外包的特色。根据新华(大连)软件和信息技术服务业发展指数的2016年度报告来看,大连市的"产业创新""产业发展"和"产业环境"三个分项指标都位居全国前五。根据大连市经委会统计,2017年大连市软件和信息技术服务业规模以上企业销售收入1055.6亿元人民币,同比增长4.0%;出口28.2亿美元,同比增长3.7%,大连市软件和信息服务业企业超过1200家,并有着超过15万人的从业人员。如今,世界500强和全球行业领军企业当中在大连设立的软件开发和服务外包分支机构已逾百家,其中30余家世界500强企业设立了独立的软件研发中心或区域技术中心,全球十大服务外包企业当中的7家入驻大连。2012年,大连市的软件和信息服务业收入达到1140亿元人民币,成为我国第一个软件和服务外包的千亿产业集群(见图3-3)。

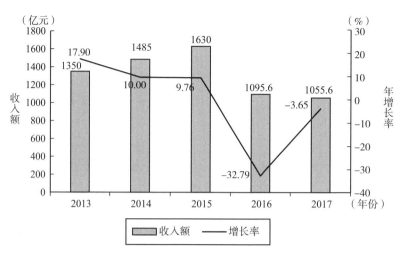

图 3 – 3　2013～2017 年大连市软件和信息服务产业销售收入与增长率图
资料来源：2012～2017 年大连市统计年鉴。

（一）产业集群态势已经形成

从大连市统计年鉴数据来看，1998 年，大连市软件产业年销售收入仅为 2 亿元人民币，出口额仅为数百万美元；十年后 2008 年全市软件和服务外包销售收入总额突破 300 亿元人民币，出口额突破 10 亿美元。而 2017 年，全市软件和服务外包销售收入已突破千亿元人民币大关，真正实现了千亿产业集群。

园区在服务外包产业集聚过程中起着重要的作用，大连现有规模较大的软件园区 10 个，其中大连软件园是我国国家级软件产业基地中唯一的民营软件园区，这个"官助民办"的大连软件园是国内软件出口额最大、外资比例最高以及国际化程度最高的软件园区。腾飞软件园、天地软件园以及东软、华信、亿达信息软件园区也都显现出突出的竞争力和规模效应，七贤岭产业基地吸引了大批软件、服务外包以及动漫企业入驻。尤其是大连高新技术园区经批准成为首批国家级高新技术产业园区，整合了包括七贤岭产业化基地、双 D 港、海外学子创业园、软件园、旅顺南路软件产业带、龙头分园等区域，成为目前大连市软件和服务外包产业发展的核心区域。目前，大连十大软件园区服务外包收入占全市服务外包收入的 80%。

（二）服务外包企业规模化发展

大连高新区现有企业 1220 家，收入达到 1108 亿元人民币，其中最大的为大连软件园，聚集了近千家中外软件企业，2016 年软件产值近 700 亿元，是大连软件产业的核心关键区。大连高新区成立至今获得了包括中国"国家软件产业基地"和"国家软件版权保护示范城市"等在内的国家授予软件产业的所有荣誉，2013 年，高新区还荣获"国家级文化和科技融合示范基地"。大连高新技术园区集聚着大量的软件和服务外包企业，形成了一批技术先进、优势突出、带动力强的龙头企业，园区基础设施完备，集综合孵化、专业孵化、国际孵化和二级孵化于一体，近百个国家级研发中心和企业研发中心和八个公共技术服务平台聚集于此。GE、IBM、HP、埃森哲、松下、索尼、日立、NTT、NCR、甲骨文等 30 家世界 500 强企业在此设立了独立的软件研发中心或区域技术中心。截至 2011 年底，高新区收入超 10 亿元的软件骨干企业已经达到 13 家，从业人员超千人企业达到 13 家，其中 IBM、东软（大连）、海辉 3 家企业人员超过 6000 人。东软集团、华信计算机有限公司、海辉国际软件集团等本土骨干企业迅速成长。2011 年 IBM、东软（大连）、海辉、软通动力等 20 家龙头企业推行人才培养的"万人计划"，同年，大连引进了印度的 TCS 公司、Infosys 公司，美国的罗克韦尔、Fidelity 商务服务和雅宝化工，日本的贝尔系统、ATMJ 等一批知名的软件企业项目。大连在人才集聚和产业高级化发展方面已经进入新的发展阶段，推动服务外包产业规模再上新台阶。并围绕着"软件和信息服务升级版"和"2025 创新中心"两个方向进行产业集聚，使高端优质产业集聚效果提升。

大连市信息技术外包产业发展的规模较大，根据大连市统计年鉴数据，全市软件和信息服务业销售收入由 2010 年的 520 亿元发展到 2017 年已超过 1050 亿元；全市软件企业从 2010 年的 436 家增加到 2017 年的 2000 余家。特色服务外包行业蓬勃发展，截至 2010 年底，动漫企业累计达到 110 家，从业人数 1.1 万，达到 50.6% 的增长速度，有乾元九五、卡秀集团等 4 家企业收入超亿元。设计产业累计引进企业 95 家，产业类别覆盖重工机械设计、工程设计、建筑设计、集成电路设计、电子产品设计、平面创意设计等多个领域，从业人员 6330 人，达到 52% 的增长速度。2016 年，中国最大的软件和信息服务企业文思海辉，索尼信息系统（中国）有限公司均把中国总部迁至大连高新区，大连高新区开始迎来总部企业落户潮；同年 6 月，日立咨询（大连）研发交付中心落户高新区，IBM 公司在中国的第二个创新试验室也入驻高新区，重点发展云计算、大数据分析、移动互联、社交媒体等业务。这些推动了高新区软件和信息服务业的升级，带动技术、人才和资源向高新区流动，进一步提升了高新区软件和信息服务业高端化、国际化、集群化发展水平。

（三）新技术、新商业模式支撑产业扩张

大连市鼓励和支持企业加大研发投入以及设立研发机构，提升企业技术创新能力。开展产学研合作，即以政府投入为主，推动高校、科研院所以及重点企业积极参与。大连高新区提出建设"中国制造 2025"技术创新中心和产业示范基地，通过智能制造、新材料和清洁能源、集成电路、生物医药等新兴产业的发展推动产业的扩张和升级，实施"IT＋"战略，实现产业的融合发展。尤其随着云计算、物联网等新技术的出现，战略性新兴产业的发展助推服务外包产业迅速扩张。大连市建立了全国首家"云计算智慧展示中心"，东软、华信等一批云计算领军企业崭露头角，并建设了 T4 级别的云计算数据中心，华信"大连云"和华为"软件云"在2016 年开始运行，中国联通的大数据中心、"国家一带一路外贸大数据研究所"和美谷大数据中心等大数据项目也将落户大连高新区；昆泰集团在高新区设立医药服务外包研发中心，填补了高新区生物医药合同研发（CRO）领域的空白，此外博奥医疗和心医国际将启动医疗健康云建设，博奥的国家基因检测技术应用示范中心也将落户大连高新区；感知矿山物联网检测系统和防爆系统项目的启动有力推动了高新区物联网业的发展；船舶航运综合服务平台项目将原航运软件网络化，并将 RFID 等物联网技术应用到航运行业，从而推动我国航运物流信息标准化建设。信息产业结合新型商业模式的现代服务业快速发展，大连高新区设立了全国唯一的再生资源交易中心，为再生资源的交易、销售、物流、金融服务提供了大型交易平台；国家级现货商品交易所和东北亚现货商品交易所开始试营业；辽宁东北亚贵金属交易所已完成注册。

（四）软交会推动产业发展

中国国际软件和信息服务交易会是我国国务院批准举办的中国唯一的国家级软件交易会，从 2003 年开始在大连举办，它是国内规格最高、规模最大、最具实效和最具国际影响力的 IT 行业盛会，到 2017 年为止，大连已成功举办 15 届软交会。软件会的举办，推动了大连市乃至全国软件行业的信息交流和技术的交流，推动了国内外各大软件企业的合作，利用软交会的契机，大连市积极组织企业对接国际市场，扩大 ITO 的离岸业务

规模。2017 年的第十五届中国软交会当中，有超过 70% 的参展客商、省市团组达成了合作意向。软交会的成功举办，发挥了大连在中国乃至国际范围内软件行业的影响力，打造大连市的软件产业品牌，为大连软件企业的"走出去"创造良机，给大连服务外包产业的发展提供了展示、交流和交易平台，从而推动大连市 ITO 发展的同时，带动服务外包产业的整体规模的扩大，在信息和资源交流的同时推动产业的升级优化，实现大连市服务外包产业的发展升级。

三、杭州市服务外包产业发展

杭州市是"长三角"经济增长极的中心城市，优越的区位优势和雄厚的产业发展基础成为服务外包产业发展的重要基地，信息经济发达，产业发展基础扎实。杭州是国家首批电子信息产业基地、国家高技术产业基地、国家软件出口创新基地、国家动画产业基地、国家数字娱乐示范产业基地，还是我国跨境电商综合试验区和国家自主创新示范区。

从浙江省商务厅公布的数据来看，2016 年，杭州市全市承接服务外包合同签约额接近 90 亿美元，服务外包合同执行额约为 80 亿美元，其中离岸服务外包合同签约额超过 60 亿美元，离岸服务外包合同执行额约为 59 亿美元，同比增长 13.04%。截至 2017 年，杭州市进入商务部服务外包业务管理系统备案的企业达 1375 家，服务外包企业从业人员达 34 万余人。开展服务外包的企业以信息技术外包为主，业务流程外包逐渐发展，主要涉及网络与数字增值、软件开发、电信运营服务和金融后台服务等中高端业务。随着杭州市正在向全国"信息中心""大数据中心"城市的跨越，杭州市服务外包产业前景喜人。

（一）信息技术推动创新发展

随着云计算、大数据以及物联网等信息技术的出现以及广泛应用，为服务外包产业带来了创新发展的可能性，信息技术也推动着杭州服务外包增长。杭州正在建设全国物联网产业中心，能为产业发展带来更多可能性，尤其是依托于互联网、电子商务的产业基础，传统产业和服务外包能实现更好融合，从而提高传统产业的规模和生产效率以及新业态的产生。杭州还在努力建设云计算服务中心以及电子商务中心，为电商和传统产业的结合提供了高效的融合环境，实现产业的联动以及产业的创新发展，由此，相关的服务外包新业务和新业态应运而生。

（二）产业集聚发展

2009 年杭州市制定并颁布服务外包产业战略与产业规划，形成规模突出、优势互补、特色鲜明的"一城三区多园"的产业布局，从而提升服务外包产业的国际竞争力。重点打造滨江信息技术外包产业示范区、下沙商业流程外包产业示范区，建设新加坡腾飞科技园、服务外包人才培训基地、高校特色产业园等，形成产业集聚区。杭州市通过国家级开发区的发展，形成了较高的产业集聚度，引领了杭州市服务外包产业的发展；根据浙江省统计年鉴，就离岸服务外包发展来看，2016 年，杭州高新技术产业开发区离岸执行额约为 31 亿美元，占比杭州市执行总额超过一半，杭州经济技术开发区离岸执行额约为 7 亿美元，占杭州市执行总额的 12.25%。这两大国家级服务外包示范园区的业务总量占杭州市总量的 66.12%，体现了杭州市服务外包产业的集聚发展。

（三）产业联盟等中介组织作用明显

杭州市服务外包行业协会是从事服务外包业务的企业以及相关单位自愿组成的，协会第一批会员单位 47 个，在此基础上组建了杭州市服务外包产业联盟，并分别成立"杭州市金融服务外包联盟"和"杭州市对日服务外包联盟"。杭州服务外包行业协会和产业联盟的成立，有利于企业创新、整合资源，提高服务外包的承接能力，有利于发挥规模效应，塑造城市品牌形象，推动杭州服务外包产业的整体发展。

（四）服务外包企业逐渐规模化经营

近年，杭州市服务外包发展迅速，一批具备自主品牌和知识产权的骨干企业规模逐渐扩大，如恒生电子、浙大中控、浙大网新等企业，年销售额均已超过 1 亿元人民币。据 2010 年的数据，目前杭州获得 CMMI、ISO27001 和 ISO20000 国际认证的企业有 170 家，有 11 家企业入围 2010 年中国软件百强企业，有 27 家软件与信息服务企业上市，企业进入国内外资本市场，进一步扩张经营规模。

（五）服务外包细分行业差异化定位

杭州在发展服务外包产业方面进行明确的差异化定位，强调将杭州市建设成为国际金融服务外包交付中心。杭州市的服务外包业务中，通信服务、物联网以及金融服务外包发展迅速，并成为杭州的特色服务外包业务，从浙江省商务厅公布的数据上来看，2016 年，杭州市通信服务、物联网研发的离岸服务外包执行额为 276523.38 万美元，约占杭州市服务外包业务总额的一半；金融服务外包离岸执行额为 23997.81 万美元，占杭州市总执行额的 4.09%，目前，金融外包占整个服务外包行业的比重可达 40%，近几年的平均水平也接近 1/3。道富浙江、浙大网新、恒生电子、灵川软件、信雅达等多家企业从事离岸外包业务，国际金融服务的品牌效应已经形成。在此基础上，杭州市提出打造国内领先的软件外包开发中心、中小企业托管应用管理中心，进一步实现城市的差异化发展。

以淘宝为代表的信息服务和以网易、阿里云为代表软件服务业是杭州的企业名牌，这些大型的知名互联网企业近年来在电子商务的飞速发展下实现了自我飞跃，其发展也推动了杭州市的软件和信息服务业获得长足进步，得益于此，杭州市更是成为我国的信息和大数据中心城市，这为杭州市的服务外包产业的扩展以及加深价值内涵打下坚实基础。在 2015 年，杭州市信息软件和信息技术服务业实现增加值 1253.27 亿元，对服务业增长的贡献率高达 37.8%，成为拉动服务业增长的主要动力。

（六）G20 和"一带一路"拓展离岸业务

2016 年的二十国集团（G20）领导人第十一次峰会在中国杭州举办，根据浙江省服务贸易统计制度 G20 的承办为杭州市带来集团国家的服务外包业务，其业务总额为 384334.37 万美元，占杭州市离岸业务总额 65.46%。G20 集团的国家的 GDP 约占全世界的 85%，人口数量占到世界总人口的 2/3，旨在追求发达国家和发展中国家利益的平衡，杭州市承办这次重要的全球性经济论坛，在提高城市政治及经济地位的同时，还实现了和世界大国的商贸交流，寻求全球跨国企业的合作伙伴。其中，2016 年 G20 的举办，为杭州带来了美国价值 166681.67 万美元的服务外包离岸执行金额，占到杭州市总额的 28.39%。与发达国家的信息和商贸交流既能在数量上为杭州带来大量离岸服务外包业务，在质量上，与发达国家大型跨国企业的合作与交流也有利于杭州市服务外包水平的提升，加速参与全球服务外包高端价值链。

随着"一带一路"倡议的不断深入，中国与沿线国家的商贸合作范围和深度不断加强，这是杭州拓展离岸外包新市场实现的重大机遇。杭州作

为"一带一路"重要节点城市，2011～2015年累计境外合同投资额达到
77.65亿美元，设立境外企业数量已达上千家。作为跨境电子商务综合试
验区，在阿里巴巴等企业的引领下，杭州能够在优势的国际大环境下实现
打造成为国际电子商务中心城市，并打通"网上丝绸之路"，同时进一步
拓展离岸服务外包业务。

（七）创新服务外包产业内容及方向

随着"国际电子商务中心"以及全国的信息和大数据中心城市的构
建，杭州市在创新其服务外包内容方面拥有着很大优势，尤其是知识流程
外包的发展将为杭州市的服务外包产业带来更多活力。

在通信服务方面，杭州可以发挥作为长三角重要中心城市的作用，发
展通信服务外包，在包括通信产品研发、电信运营商的运营、计费以及操
作等服务系统这些基础设施的建设和维护等在内的各个方向实现ITO业务
的拓展；在物联网服务方面，结合杭州全国物联网产业中心的发展，实现
包括集研发、生产、应用、运营等在内的完整的物联网体系建设，发展面
向各个行业及领域的物联网研发外包，具有高技术含量的服务外包能够帮
助杭州占得全球服务外包价值高端；在电子商务服务方面，随着杭州国家
跨境电子商务综合试验区的建设，为杭州市的电子商务外包带来更多可
能，基于"淘宝""天猫"等知名电子商务平台均来自杭州的巨大优势，
为电子商务产业外包提供了巨大市场空间，电子商务平台的营销、交易和
支付、后台管理、售后以及信用评级等系统和平台的设计、开发、运营和
维护服务这些重要服务业务都可以外包给专业的服务外包公司进行，有利
于加速杭州市"国际电子商务中心"的建设；在云计算和大数据的服务
方面，杭州市可以在建设大数据平台、公共数据库以及全国云计算中心
的同时，建设大型云服务平台以及优化云基础设施，发展云规划咨询、
方案设计以及平台运营维护等云计算服务。通过大数据平台以及公共数
据库的建设来拓展杭州市在大数据挖掘、分析、管理和应用服务方面的
业务，完善大数据服务系统，搭建数据仓库从而发展大数据服务外包业
务；在医药和生物技术研发和医疗服务外包方面，通过搭建公共平台以
及完善相关配套服务，引进并培育相关企业，在"城西科创大走廊"实
现大健康服务外包集群，使杭州的服务外包业务内容更加广泛，大力发
展知识流程外包。

四、郑州市服务外包产业发展

郑州市位于我国中原腹地，是中原经济区的核心城市，同时也是我国重要的交通枢纽城市，海陆空交通便利。郑州市还入选了我国十大中心城市，完善的产业基础和出众的区位优势是郑州市发展服务外包产业的坚实基础，郑州市 2016 年入选国家级服务外包示范城市，并且在 2016 年全球服务外包大会上被评为服务外包最具潜力城市。在交通区位的优势下，郑州入选了"三纵五横"国家级流通节点城市，除了陆上交通外，郑州市的空中运输在航空港经济综合试验区快速发展下也实现了突破，交通优势助力郑州市现代物流业的发展，从而拥有采购、物流和供应链管理等服务外包业务的优势。

根据商务部统计数据，截至 2017 年底，郑州共 828 家企业在商务部服务外包统计系统注册，全市服务外包合同金额累计达 26.24 亿美元，执行金额 19.43 亿美元。2017 年全年服务外包接包合同执行额 3.14 亿美元，同比增长 37.06%。目前，郑州离岸外包市场主要覆盖日本、美国、加拿大、欧洲、新加坡、越南、印度等多个国家，以及香港特别行政区，服务外包产业市场格局正逐步优化和均衡发展。2016 年 5 月，郑州市获批中国服务外包示范城市，郑州市的服务外包业务内容包括业务流程外包、通信服务外包、教育软件外包、金融服务外包等各领域，其中有离岸业务的服务外包企业 180 家，并拥有 5 个省级服务外包示范园区。

(一) 园区建设打造集聚优势

郑州市现有郑州软件园、郑州金水科教园区、郑州国际物流园区、国家知识产权创意产业试点园区、河南省电子商务产业园等五个省级服务外包示范园区。郑州市通过支持各经济技术开发区、高新技术开发区、产业集聚区、电子商务园区等的建设来发展服务外包产业，打造服务外包特色产业集聚区和示范园区，实现推动服务外包产业的进一步转型发展，从而推进服务外包示范工程建设，形成服务外包产业集群，通过集群效应实现知识技术的产生和传播，并推动郑州市迈入现代高端服务业的第一步，最终实现城市经济发展转型。

(二) 利用比较优势发展服务外包产业

郑州市作为中原城市，经济发展水平落后于东部沿海城市，在开展服务外包产业的发展过程中要占得先机，必须发挥其比较优势。郑州市立足于交通区位优势以及低廉的劳动报酬优势等承接产业转移，推动服务外包产业的发展。

正是由于东部沿海地区生产成本的上涨，为土地和劳动成本低廉的内陆地区带来发展契机，服务外包人才也开始回流，富士康这类企业才会选择郑州作为厂址坐落的城市。郑州市交通区位优势显著，有利于承接东部沿海地区由于生产成本过高需要进行转移的服务外包产业，尤其是业务流程外包，成本优势吸引了富士康等知名服务外包企业入驻郑州，推动了郑州市离岸外包交易规模的增长。利用发达的交通区位优势，郑州市正在着力推动现代物流业的发展，建设国内电子商务商品集散中心，这有利于采购、物流和供应链管理等服务外包业务的发展；郑州在建设航空港经济综合实验区的基础上，通过发展航空物流以及具有航空偏好特征的高端制造业、现代服务业，不断拓展产业链，带动产业结构升级和发展方式转变为软件服务外包在河南的发展提供了新契机，此基础上，逐步实现从基于人力成本优势的服务外包转化成长为具有垂直行业业务流程再造咨询能力及依托专有服务技术的服务服务外包，实现郑州市的服务外包向产业价值链高端延伸，通过发展知识流程外包和信息技术外包，从而形成郑州市服务外包产业特色和产业梯队。

（三）政策支持和"一带一路"倡议下服务外包产业的前景

郑州市于 2016 年入选国家级服务外包示范城市，享有所得税优惠的福利，同时离岸服务外包业务免征营业税，此外，中央财政还将每年下拨500 万元的专项资金用于服务外包公共平台建设。为更好实现经济的转型和发展，河南省从 2007 年开始就鼓励和支持服务外包产业的发展，2016年省政府还出台了《关于促进服务外包产业加快发展的实施意见》，从目标任务、工作重点、扶持政策、保障措施四个方面提出意见，旨在更好地推动服务外包产业的发展，使之成为新的经济增长点，使郑州市成为我国在岸外包交易和离岸外包交付重点城市。推动批发零售、教育、文化、医疗、旅游、金融和保险机构等服务领域的业务外包；此外，着力培育、培训服务外包人才，以高校为依托，推动服务外包人才培养机构建设用于培养服务外包人才。

作为亚欧大陆桥上的重要节点城市，在"一带一路"倡议的背景下，郑州市将有更好的机会与沿线国家和地区进行合作，包括工程项目承包、物流运输等基础业务流程外包以及 ITO 业务等各领域的服务外包，发挥郑州的地缘优势。尤其是在建设郑州航空港经济综合实验区的同时，拓展"一带一路"国家和地区航线布局，加快推进国际陆港建设，并将其与"一带一路"倡议相结合，全面增强郑州市对外开放的空间和能力。郑州市必须通过与"一带一路"的全面对接，综合考虑资源配置和产业项目对接等，在新常态下秉持可持续发展理念，创新开放发展的体制机制实现产业布局的改善，通过与"一带一路"沿线国家和地区的合作，获得广阔的国际市场，加大离岸服务外包业务的发展力度，占得国际服务外包市场一席之地。

第三节 国内外服务外包园区发展概况

服务外包园区已经成为一个地区服务外包产业蓬勃发展的重要物理载体，园区集聚生产要素，拓展组织网络，促进知识扩散。服务外包园区不仅能够提高产业自主创新能力，而且加速了产业集聚和发展的速度。服务外包园区提供各种专业服务的公共平台，是我国推进服务外包产业发展的重要内容，是孵化创新型服务外包企业的重要途径。

一、印度软件园

印度服务外包园区的建设是全球的典范，产业空间集聚度较高，班加罗尔、海德拉巴、钦奈、孟买、新德里、普纳等城市的外包收入占整个产业规模的90%以上，2010年印度软件产业产值731亿美元，其中班加罗尔就占了一半左右。印度服务外包产业的初期业务收入主要来源于较低端的编码，逐渐扩展到业务流程的系统设计、运筹管理、咨询服务、建设维护、全方位解决方案等多领域。早在1982年，印度政府为推动软件、微电子、生物工程、医药、电信等产业的发展，积极多渠道筹资兴建科技园区。在印度电子部的倡导下，从1990年初，印度开始实时软件科技园计划，并于1990年批准建立首批3个软件科技园区（STP）：班加罗尔（BangaloRe）、布巴内斯凡尔（Bnubaneshuar）和浦那（Pona），之后也陆续建立其他软件科技园，在1998年又宣布了25个软件科技园区。且为了让软件科技园在更加自由的环境下得到更迅速的发展，所有的软件科技园都是独立注册并直接由电子部领导，这是为了防止其受到政府的直接干预，此举极大地推动了印度软件及服务外包产业的发展。在软件园框架以及其他政策的支持鼓励下，印度的各大软件园区获得了跨越式的发展，尤其是作为龙头的班加罗尔软件科技园，它的发展与印度整体软件行业的崛起可以说是相辅相成的。

（一）园区注重服务导向和软环境建设

园区赋予外包企业大量的优惠措施，提供了优越的软环境。如给予进出口企业优惠的税收减免制度，进口产品以建设数据通信基础设施为目的的项目，不缴纳进口关税；区内企业可以申请出口产品快速通关的"绿卡"；外包公司由于建立企业所产生的租赁和购买等费用，将获得印花税和注册税50%的减免等等。其次，通过缩减程序，减少申请表格，实施政府"一门式"投资审批服务，为行业提供一个高效、透明的管理体系（如图3-4所示）。

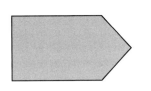

·出口收入的所得税减免

·减免国内购买软硬件的消费税和进口关税

·对所缴纳的中央营业税进行退还

·任何位置、任何规模的企业均可注册

·允许设立100%外资独资公司

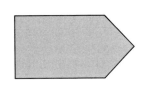

·市场推广服务

·软件出口资格认证

·孵化器服务

·企业与政府交流的平台

·政府"一门式"服务

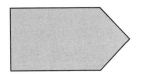

·建立独一无二的出口卫星国际通道

·提供即插即用的基础设施和国际宽带连接

图3-4 印度软件园促进园区服务外包发展的关键举措

为实现园区的快速及可持续发展，印度政府在园区内配备了完善的基础设施，包括架设高速数据通信线路和卫星地面接收站，并以低廉的价格向园区企业提供基础设施和公共服务设施。

（二）园区品牌效应促进产业集群

班加罗尔的软件及服务外包企业集中于 1990 年由印度电子部批准建立的班加罗尔软件产业科技园内。作为印度大力发展的一个软件产业集群，它现在已成长为印度最大的软件接包基地，也成为全球性的软件品牌。该园区是全球重要的软件外包中心，拥有 5000 多家高科技企业，1/5 以上都是外资企业，软件企业就有 1400 多家。园区云集了印度本土著名的软件企业 INFOSYS、WIPRO、TATA 等，国际大型跨国企业有通用、微软、IBM、甲骨文等企业，众多 IT 企业聚集于此，它们彼此竞争和协作，对产业的竞争力起到了很强的促进作用，逐渐打造成了印度硅谷的美名，其区位品牌效应由园区内的企业共同的生产区位产生，园区内的所有企业也随之受益，这种品牌效益有利于企业的对外交往，吸引着大量的国内外知识密集型要素和风险投资的集聚从而扩大市场和招商引资，品牌的塑造提升了整个园区的形象，成为产业增长的重要源泉，并为园区企业和产业的发展创造了有利条件。

（三）产业集群推动创新发展

产业的集群既能够通过规模效益提高园区企业的生产效率，还能够推动集群的创新活力的增加，包括信息技术、行业观念、管理制度等各个方面的创新创造。集群能为园区内的企业提供创新环境，在地缘的集中环境当中，企业在竞争的压力以及合作的交流当中不断学习和创新，并实现创新成果的有效传播以及扩散从而降低企业的开发和创新成本，溢出效应推动集群及整个园区企业的发展，并能够提高企业的研究创新水平。此外，集群还能吸引新企业和新技术的进入和成长，进一步加大集群的竞争压力，激励企业对新技术的探讨，有利于激发新思维和新知识的产生。

（四）区域创新体系提升外包产业层次

政府、行业协会、企业、大学、科研院所共同构筑区域创新体系，不断提升着班加罗尔软件及服务外包的产业层次。印度政府制定了一系列的法律法规，为软件知识产权保护提供有力保障，《版权法》《信息技术法》

的出台对远程数据交付的责任归属提供了法律依据。印度全国软件和服务公司协会（NASSCOM）的成立，使产业形成社会化管理，成为政府和企业协商的纽带，在国家发展战略制定和优惠政策实施方面发挥着不可替代的作用。印度软件园区的产业、高校、科研院所的聚集度很高，大量优秀的企业通过发包—接包—转包—再发包的委托代理层次实现了产业的高融合度和高迂回度。更重要的是大量风险投资的存在，也激发了人才、科技成果和资金等要素组合配置进程，科技研发、产业优化和技术创新的速度大大加快。如 Texas Instruments 在班加罗尔就获得 150 项专利。

（五）企业国际化融合度高规范性强

印度外包产业最初的形式是向海外派遣技术人员参与 IT 服务，在 20 世纪 80 年代后随着电信基础设施的改善，尤其是专业化园区的建设，吸引了越来越多的欧美企业关注，以美国通用公司在印度设立咨询公司为契机，掀起了服务外包的热潮。因此从某种角度讲，印度服务外包产业从产生开始就植入着生产要素的国际化流动与全球化运营。大量的跨国企业在班加罗尔设立了全球产品交付中心与技术研发中心，同时印度本土的企业也在国外多个城市设置交付中心。例如印度维布络公司在全球 70 多个国家拥有 10 余万名员工，在 55 个国家建立了全球交付中心。印度政府注重推广国际标准化认证，提供不超过 50% 的资金补助企业认证费用，印度通过 CMM5 级认证的软件企业占全球认证企业总数的 50% 以上，因此印度的软件产品在国际市场具有很强的竞争力。

二、中国服务外包园区

我国现有的 31 个服务外包示范城市都把园区建设作为培育和壮大产业的重要举措，各地政府陆续出台了服务外包园区的认定与考核办法，尤其是加大了园区配套建设、招商引资与资金扶持力度。将服务外包的趋势和产业集群的优势相结合形成的服务外包产业集群能在保持传统制造业集群的优势上增添与服务业相关联的优势，因此在一定程度上城市中的园区建设成为加速传统行业升级以及实现服务外包产业集聚和发展的重要支撑和保障。

（一）专业化园区兴起凸显差异化定位

国内大量服务外包园区的建设不可避免地存在同质化竞争的问题，因此许多园区从产业功能定位和行业细分方面进行了差异化的选择，形成了特色的发展模式与核心的品牌价值。例如哈尔滨市的地理信息产业园、西安的以航天工程研发和软件开发为主专业园区、无锡的 iPark 创新创意产业园、D – Park 国家工业设计园、K – Park 科教产业园等。在园区的功能定位上许多园区既结合了细分行业的优势又注重产业辐射范围，客观制定战略导向。例如，苏州高新区定位为华东地区软件服务外包中心；昆山花桥经济开发区定位为金融 BPO 示范区；吴中经济开发区定位为生物医药研发高地等。

（二）园区开发主体多元化发展水平不均衡

我国服务外包园区众多，市场化程度日益加深，开发主体既有政府、开发商、服务外包企业，还有高校的参与。各个园区在资源的整合能力、公共基础设施建设、园区管理运营、公共服务平台建设方面差异性较大，发展水平很不均衡。体制机制灵活的园区体现出较强的经济活力。例如中关村软件园的软件出口占北京市总额的60%，大连软件园云集了大连市90%的服务外包企业。大连软件园的成功得益于兴建时的体制创新，政府提供政策支持和产业规划，企业进行市场化运作，成立大连软件园股份有限公司，这样的组织架构为园区的运营与管理提供了最重要的制度激励。

（三）园区中的服务外包产业结构逐步调整

国内大多数服务外包园区依托于软件园和高新技术开发区形成发展，因此在产业构成上主要以信息服务外包为主，如重庆缙云山软件园、深圳软件园、天河软件园、齐鲁软件园、大庆软件园等。但随着要素成本的上升，低端数据加工和呼叫中心业务竞争加剧，尤其长三角、珠三角的服务外包企业都在积极探寻业务转型与价值链攀升。因而基于制造业信息化与特定行业技术的业务流程外包和知识流程外包的发展速度很快，在园区发展上体现为细分行业的企业集聚，如研发设计中心园区、动漫创意园区、地理信息产业园区、工业设计园区的涌现与发展。

（四）形成政府推动的多样化发展模式

服务外包产业园区是我国政府推进产业发展的重要举措，园区是产业竞合最集中的区域，也是城市现代服务业发展的核心载体，因此服务外包园区离不开政府的支持与规划。同时园区建设已经从基础设施完善发展到产业链的整合和升级,具有增长性的发展模式才是产业扩张的关键。园区发展有以下几个典型的模式:一是利用地区优势要素禀赋发展的模式,例如浦东软件园利用上海经济中心的地位发展总部经济;天津高新区利用区位优势发展北京企业的后台营运中心。二是利用省会的中心地位优先发展服务外包业。例如长沙岳麓软件园、南昌高新区等。三是利用优势产业的专业技术发展知识流程外包业。例如武汉光谷软件园、大庆服务外包产业园。

(五) 园区发展顺应服务外包产业升级新趋势

随着信息网络技术的升级发展,服务外包产业正处于巨大的产业变革当中,全球服务服务外包正在迈向新时代。在云计算、大数据和物联网飞速发展的环境下,服务外包的新业态开始出现,这使得服务外包业务的规模迅速膨胀,其服务内容复杂性加剧的同时,价值含量也出现显著变化,这对国家、城市、园区、企业等服务外包产业链提出更高要求,尤其是在创新、技术、服务模式、全球交付能力等方面的能力需要得到更快提升。作为服务外包产业链上的重要一环,服务外包园区必须顺应趋势实现转型升级,包括园区服务外包业务内容、园区空间范围和服务园区内在推动力以及园区的智慧能力等方面的转变和发展。

园区企业服务内容的升级和拓展是园区转型升级的直接表现,比如大连软件园的服务外包产业开始从向日本进行离岸服务外包为主转向内包,其在岸服务外包规模不断扩大,并不断加强自主创新能力。比如通过形成共享服务中心的集聚态势,园区的产业实现衍生发展,大连软件园内的辉瑞制药、阿迪达斯等著名跨国公司纷纷将原本设立在其他地区的财务共享服务中心转移进来。在云计算、大数据和物联网这些新兴信息技术的发展下,园区的新型产业开始出现,这丰富了服务外包的产业内容,使得产业边界不断扩张,园区的客户和业务的类型出现改变,从事新兴业务的客户和企业进入园区,与此同时原有企业客户也开始涉足新兴领域。在业务内容的扩展下,原本的园区物理空间已不能满足新企业的进入,即园区空间的拓展势在必行,包括在当地扩展空间规模以及向海外拓展空间。比如成都市天府软件园的"三次创业"正向着更大规模进行扩展。园区的智慧化则是基于云计算、大数据等先进的信息技术,在园区内进行智慧的基础设施、公共和共享服务体系的建设,并通过信息化基础的服务运营模式提升管理服务能力,为园区企业提供全面系统的公共服务并创造自主创新的发展环境。

（六）提高园区和城市的融合水平

随着服务外包产业内容的延伸以及服务外包园区空间的扩展，园区和城市的融合是现在许多城市的发展诉求，即将园区的产业与园区工作人员的生活更好结合。注意园区内的节能环保，提高园区的工作和生活环境质量，提高园区服务能级，将其打造为适合工作人员生活的区域，实现城市更新和完善服务配套，推动园区功能的混合，打造生活服务完备的园区体系；这首先需要合理增加园区居住用地，推动园区从单一的工作区域发展成为综合服务型的智慧社区。从而达到产业、城市、员工这三者的和谐健康发展。例如深圳市的软件产业基地，其总占地面积有 12.3 万平方米，其中宿舍总面积达到 5.86 万平方米，食堂和商业服务面积也较大，在裙楼底有大面积的商用店铺，园区内公共交通发达，这种合理构成为园区内的工作人员提供了足够的生活空间和完备的生活服务，实现了园区和城市的更好融合，即园在城中，园单独为城。

第四节　国内外服务外包产业发展经验

我国城市转变经济发展方式，实现可持续发展，是我国政府亟待解决的问题。根据不同城市的禀赋和职能等特征进行转型方向的选择，比如资源型城市可充分发挥资源型城市支柱产业在生产、管理和技术等方面的优势，承接资源勘探开发、流程管理和技术服务等外包业务，大力发展资源型产业的生产性服务业，使服务外包向生产领域渗透。资源型城市针对产业优势与技术资源发展服务外包产业，有利于资源型城市发挥优势，摆脱对自然资源的依赖，培育更具潜力的接续、替代产业。综合服务型城市则将基础和较低端的服务外包业务进行转移，在较完善的产业的基础上，将传统产业和服务外包产业实现更好地融合，通过服务外包产业的升级带动其他相关产业的高端化发展从而实现产业结构的优化升级，挖深产业价值，提高产业附加值，逐渐实现城市的智能化。综合服务型城市在完整的产业体系和较高的生产、丰富的服务外包人力资源和较高的创新创造水平环境下，发展知识技术含量高的高端的服务外包产业，进一步扩大离岸外包业务，更主动地加入全球价值链，并推动城市的智能可持续发展。全球服务外包市场多元化的发展趋势加强，业务高端化、产业融合化、流程复杂化的特点不断展现，服务领域新的国际分工格局正在形成。我国城市应借鉴国内外各区域发展服务外包的经验教训，在进入经济新常态之后进行高水平规划产业发展与战略定位。

一、以产业升级　发展方式转变为基本动力

受资源环境等客观因素的制约，在经济新常态的新环境之下，要素投入、投资驱动型的增长模式不可为继，必须转到提高生产效率和提高产品附加值的发展模式上来。供给侧结构性改革深入推进将加快推动各类资源向现代服务业实现聚集，推动服务外包产业的发展。我国是制造业大国，但产业的整体素质不高，技术创新能力弱、资源配置效率低下、供给结构难以适应需求变化。而经济将发展进入新常态后，我国向形态更高级、分工更优化以及结构更合理阶段的发展趋势更应关注，因此在 IT、物流网、云计算等高技术行业对传统产业的冲击和改造将释放大量的服务在岸需求。服务业对制造业的渗透和融合，以及制造业服务化的加速都将推动产业的升级和转型。目前金融、石化、保险、医药、通信、汽车、电子政务等行业都在进行数据中心的建设和改造；装备制造、航空航天、电信通信、生物医药、电子信息制造、新能源等制造业都有极大潜力开发业务流程外包项目（如表 3-1 所示）。制造业中生产性服务业价值链的分化与独立，能够形成高端的知识流程生产性服务业务，对于制造业增加产品的附加值和盈利率，降低生产成本、提高经济效率。综上所述，各城市依托优势支柱产业转型所释放的生产性服务需求，特色化的培养服务外包产业。目前服务外包产业开始进入专业化竞争时代，因此立足地区独特竞争优势的产业定位，走专业化的发展路径。

表 3-1　　　十大产业振兴计划给服务外包产业发展带来新的机遇

十大振兴产业	服务外包产业发展机会
钢铁业	钢铁领域、IT 服务、信息化、专业解决方案等
汽车业	技术研发、销售配套服务、供应链解决方案等
纺织工业	技术研发创新、信息化等
装备制造业	技术研发、金融服务、数据处理等

续表

十大振兴产业	服务外包产业发展机会
船舶工业	设计研发、第三方物流、配套服务等
轻工业	技术改造、产品研发、物流服务等
石化业	技术改造、研发设计等
有色金属	技术改造、兼并重组咨询服务
电子信息	信息技术服务领域
物流业	信息技术服务、物流整体解决方案、供应链管理等

资料来源：中国服务外包研究中心。

二、创新机制体制　科学制定规划

服务外包产业的形成是政策推动、市场拉动、创新驱动的合力作用。政府政策推动在产业发展的初期起着决定性的作用；市场拉动是服务链形成、产业壮大的关键；区域创新体系是产业更新的不竭动力。因此政府应该做好服务外包产业战略规划，完善配套支持政策，创新机制体制，发挥制度对经济的激励作用。地方政府制定产业规划、配套优惠政策、建设公共服务平台、加强知识产权保护等方面都要有新的突破。随着商务部等5部门印发《国际服务外包产业发展"十三五"规划》，从国家高度将对服务外包产业进行全局设计和长远规划，以五大发展理念为统领，以推进服务外包供给侧改革为主线，以服务外包标准化、数字化、智能化和融合化为主要方向，推进服务外包向价值链高端延伸，即服务外包产业将进入一个新的发展阶段。

从印度的经验来看推进市场化、促进竞争、较低交易成本的经济改革是重要的。20世纪90年代初，印度进行了全面的自由化经济改革，政府对软件及服务外包产业给予全面的政策支持。如印度放开了电信管制降低了电信资费和网络接入费用，优化了服务外包发展的基础条件。印度政府实施的软件园区建设措施，为中小企业提供网络接入设备、一站式服务、配套服务极大地促进的产业的集聚。政府营造了良好的软件交易市场环境，印度政府及时颁布了反盗版法，成立反盗版热线，提高了国家对知识产权保护力度。同时政府一系列的财政、产业、金融、出口政策的配套，推进印度成为全球服务外包目的第一的国家。

三、从产业园区化到园区城市化发展

园区是服务外包产业在空间的具体布局,是相关企业集中分布、产业链较完整、要素成本较低的经营地。建设园区是国内外服务外包产业发展普遍采取的模式,如印度的班加罗尔软件园、韩国有大德科技园区,中国台湾地区有新竹软件园等。尤其是班加罗尔在印度较差的经济环境中,通过园区集中发展服务外包产业,产业集群形成的城市品牌效应又带动着更多的企业选址在班加罗尔。因此,产业园区化和园区城市化是发展的不同阶段,两者也是互动的关系,把握住这一点政府才能制定战略性的长期规划。

随着市场化进程的加速和经济全球化的蔓延,园区发展的国内外环境日益趋同,园区的增长能力一方面在于政府扶持下的园区服务运营能力,另一方面在于产业系统群形成的内生创新能力。园区的建设是工业化与城市化并重的过程,尤其是服务外包产业属于现代服务业,从业人员对人居环境、生态保护、文化生活等方面的需求较高,以单纯物业化的管理方式运营服务外包园区是不可持续的,园区的建设应纳入城市的总体规划中。例如昆山花桥国际商务城在交通规划方面具有临近机场、轻轨、城铁、高铁的优势。园区应该成为物理园区、网络平台和服务体系等集成的"三位一体"的立体化园区,形成服务业系统的产业链集群。因此政府应在园区发展初期制定各种优惠措施,在招商引资方面关注业务具有竞争和合作关系的关联企业、服务供应商、金融机构、行政服务机构及其他相关机构组成的群体,形成多产业融合、多机构协同工作的整体,激发产业的内生创新能力,构成区域特色的竞争优势。

四、高技术引领服务外包产业结构升级

目前,全球服务外包业务多元化发展,信息流程外包规模较大,业务流程外包的市场份额在逐步增长,知识流程外包作为服务外包业务的新形式,其发展前景尤为值得关注。知识流程外包深化了业务流程外包的服务领域,是创新性技术内嵌于其他产业,在价值链的研发、设计、集成、管理、咨询、营销等环节上发挥变革性作用的行业。从知识流程外包产业的技术基础来看,单纯的信息技术不足以承载高端价值增加的服务产品,以

IT 技术为载体，融合发展其他领域的技术就可以产生广阔的市场空间。因此 KPO 发展具有三大战略导向：一是与地区原有优势支柱产业融合发展的 KPO；二是与战略性新兴产业结合发展的 KPO；三是与世界先进技术引领发展的 KPO。

我国在全球确立革命性新兴技术的领先地位，形成关键领域自主生产能力是发展的重中之重。目前高技术产业发展表现出企业规模小、资金投入不足、成果转化率低等现象，本质上是高科技企业的市场空间狭小和产品开发能力薄弱的问题。目前，地理信息技术、生物技术、云计算等产业领域，正孕育着爆发性的增长。这些先进技术与信息技术融合发展、国际化运营已经产生了大量的地理信息外包、医药外包、云计算外包等业务。可见，服务外包生产方式的运用，能够利用国内外两个市场，解决高新产业发展空间较小的"瓶颈"；以"外生型"激发"内生型"的发展模式，推进高新技术服务业的产业化和国际化。例如黑龙江省地理信息产业园开展地理信息数据的生产加工和 GIS 产品应用研发，先后承担了美国、欧洲、日本、韩国等 20 多个国家和地区的国际合作项目。该产业园凭借服务外包的集聚效应，充分发挥地理信息数据加工技术在国际上的领先优势，努力打造品牌优势，不断拓展国际地理信息产业市场，在地理信息及离岸服务外包领域形成了一定的规模效益。

五、生产性服务催生高端业务流程服务

目前服务外包市场不单纯是"数据的搬运工"即数据录入与简单处理，更需要服务供应商应用自主创新能力协助客户完成技术研发应用、供应链管理、生产流程控制、市场推广等转型中的生产性服务支撑问题。因此，服务供应商在产品开发、采购管理等上游环节发展融资服务、市场咨询服务、研发设计服务、采购运输服务，增强企业控制市场的能力；在制造业生产的中游环节，发展工程技术服务、测试、质量控制服务、设备租赁、财务管理、战略咨询、法律及知识产权服务等，提升企业的经营效率；产品生产出来后的下游环节，发展物流服务、市场营销服务、品牌宣传服务、出口服务、维修服务等，提高企业产品的知名度和市场占有率。

这类业务流程服务供应商的形成可以通过以下两种方式：一是制造企业内部剥离生产性服务业，对既成的传统结构进行改造和优化，调整经济的存量，形成新的价值链。二是选择外部的生产性服务供应商，通过契约

关系形成经济的增量，使得企业原有价值链比例关系协调、合理发展。业务流程外包的生产模式加深了分工的细化程度，尤其是运用信息通信技术、国际规范化运作的方式能够摆脱企业的资源限制和路径依赖，使经济转型和结构调整成为可能。针对不同行业转型，需要政府应用多种手段来培育服务供应商的创新能力，如搭建共性技术创新平台、建设生产性服务基地、政府特定技术产品的垄断性采购、构筑多元化创新服务体系等等。

六、提升全球交付能力与标准化认证

目前客户对业务流程供应商的要求更高，不断追求成本降低和效率的提高，必须有端到端的客户业务专家团队来协同完成服务的交付。服务外包供应商应具备高质量服务的能力，它包括服务产品的质量、服务过程的规范性、服务内容的适合度和效率、服务的价值贡献和满意度等。印度企业项目开发前期有专门的业务和架构专家与客户做行业领域的沟通，把项目咨询、方案设计、方案开发和交付的各个流程进行标准化和模块化设计，通过细化的分工来实现工程化和工业化生产。Infosys 创造了一个知识标准化和全球交付管理的模式，即咨询工程化商业模式，把细分的模块组装到各个咨询项目中，提高了质量管理、项目整合、工程管理的水平。服务外包产品通过国际标准化认证会使得产品竞争力大大提高，企业遵守行业标准能够规范制定自身的战略决策和管理方式，提高与改进企业的整体服务水平。印度上百家软件企业获得 CMM5 级认证证书，促进了软件开发的国际化，使印度软件外包能力的知名度和美誉度大大提高。上海市发布了《信息服务外包企业技术与管理规范》，对合同范本、信息保护、人才技能标准、知识产权保护、外包项目管理等相关标准体系进行了详细规划。大连市政府采取企业组团申报认证、行业协会组织企业评估、政府对评估企业进行财政补贴等一系列措施推进国际标准化认证的推广。

本 章 小 结

我国城市发展服务外包产业，从而实现经济转型和经济发展方式转变，需要立足于城市特征之上，通过政府、企业、科研机构、行业协会等多组织区域创新系统的构建与协同运转。从全球服务外包发展的实际来看，服务外包成为推动经济结构调整和新一轮产业转移的动力，国际服务外包对东道国经济社会的促进作用是多方面的，例如经济增长的实现、人力资本的积累、就业的增加、企业技术与管理水平的提高、经济结构的改变和社会福利的增加等等。因此，无论是国家层面还是城市层面，政府在产业发展的初期阶段都进行了大力的支持，在物理空间上设立服务外包产业园区；在政策上制定各种配套的投资、产业、税收政策；在法律制度环境上加强知识产权的保护和相关法律规范的制定。

从中观层面看，服务外包产业的发展在空间上表现出极强的集聚性特征。企业间的委托代理链条延伸度越来越大，分工细化和生产的迂回程度也渐渐提高。行业内部出现了专门为产业发展服务的行会组织，引导行业发展、制定特殊政策、解决纠纷争议等发挥了重要的中介作用。城市也因产业集聚的出现，塑造了新的品牌，改变了经济增长方式；同时城市品牌价值的放大，也吸引着大量资金、技术和人才的涌入，支撑着城市的持续增长。

从微观层面看，服务外包企业的业务领域越来越宽泛，企业依托已有的品牌效应和客户资源，吸引各种以人力资本为基本配置方式的生产模式，其业务领域越来越多样化。以信息化为引领的信息技术外包依然占产业规模中的绝对份额，但是业务流程外包，尤其是嵌入垂直行业的知识流程外包表现出强劲的增长趋势。各大型的服务外包企业为拓展全球业务和增加知识产权的控制力，在全球范围内设立交付中心，为我国吸引外资发展服务外包产业提供了新的路径。

第四章

服务外包产业发展的条件分析

　　服务外包是无污染、低消耗产业，有着良好的经济和社会效益。服务外包产业是以人力资本配置为基础的产业，只要存在市场需求，就可以利用这一方式实现人力资本积累的创新与扩散，从而达到企业产品供给结构变化和收入分配结构的优化。服务外包是现代社会大生产中分工细化的必然进程，是形成现代产业体系的前提和基础。现代产业体系是以产业融合性、集聚性、开放性、创新性为基本特征，以自主创新能力强的现代产业群为核心，以高技术应用与创新网络扩散为途径，与地区传统优势产业融合的产业体系。因此，对于服务外包产业在现代城市中发展的研究，应该提高到转变部分传统企业的发展方式，实现与信息技术的融合建设以及构建更合理的现代产业体系的高度来看待。

第一节　服务外包产业的布局特征

　　在信息技术高度发展的当下，低成本优势的重要性已逐渐削弱，城市要发展成为服务外包的承接地，需要拥有大量外语和技术性人才，具有较好文化适应性、熟悉法律规则和国际惯例的企业，以及相对完整的产业基础，较好的基础设施建设和政府的政策支持。服务外包产业是信息、技术、人力资本、资金密集型的产业，其区位选择应该在交通环境较优越，产业体系较完善且市场化程度较高的地区，能够通过合理有效的机制来吸引信息、技术、人力资本、资金等生产要素的聚集，并对这些资源进行有效的配置。技术和人力资本这两个因素的区位指向是高等院校和科研院所集中的地区，这里不仅有创新的知识和技术的来源，更重要的是能够提供外语与各行业专业人才的有效供给。信息和资金具有较强的流动性，一般被认为是无指向性的区位因子，但实际上一个地区的工业化水平和经济发展水平与这两个因素有着密切的相关性，也就是现代工业基础雄厚、经济发育水平高、市场化程度高的城市往往云集着大量的服务外包企业。

一、人力资本富集区

服务外包业的稳定增长在很大程度上取决于信息产业的发展和人力资本的供给程度，人力资本越发达的国家，其服务外包出口能力越强，人力资本的发达程度既包括数量也包括质量。科研院所研究的专业性强，能够产生大量创新产品和技术应用；同时高等教育发达的地区能够提供丰富的高质量人才，包括技术的专业性人才和服务外包产业的人才，这些是发展服务外包的要素基础和升级的保障。但是并非所有的大学以及科研机构等集中的地区，都会产生服务外包产业的集群，其关键点在于是否有一个有效的区域创新系统能够把技术、人力资本等要素与其他资源结合起来从而实现产业化。例如，服务外包产业最集中的城市班加罗尔，是印度高等院校和科研机构最密集的地区，是一系列科研机构的所在地，如国家软件科技中心、印度太空研究机构、国家航空实验室等，也是印度的电子工业中心和科技孵化中心。这个区域为服务外包产业的发展提供了丰富的科技创新基础，提高了前沿知识与技术在实际中的应用效率，班加罗尔的人才资源非常丰富，为产业的发展提供了创新的动力，加速了新产品的研发。专业人才的集聚进一步加速了班加罗尔相关产业的发展，并就此形成了良性的产业与人才循环，实现了班加罗尔 IT 产业的繁荣。

人力资本积累尤其是高等教育质量的提升，能进一步加强区域的服务外包能力，尤其是位于价值链高端服务的外包能力，从而推动服务外包产业的发展与转型升级。

二、金融发达风险投资集聚区

服务外包企业的孵化与培育需要金融支持和资金投入，印度、爱尔兰和以色列都是服务外包集中区，也是风险投资云集的地区。服务外包产业，特别是知识流程外包业，应用高技术开发具有高附加值的服务产品。其中技术的创新、扩散和工业化大生产需要大量资金的持续投入。同时这些企业往往仅依靠核心的技术资源，在创业时缺乏初期投入资本以及经营管理和市场开拓的能力，这样一来就存在着较高创业的风险。因此风险投资的存在既可以解决大量具有市场活力的中小企业的融资问题，又可以在战略管理上给予企业合理成熟的建议。与此同时，金融业的发达也为服务业的外包带来了发展空间。

三、通信发达交通便利区

服务外包产业是知识密集型产业，是全球范围内配置资源的产业，因此是对各种要素需提供配套的高流动性介质。信息的流动需要比较完备的电力、通信等现代基础设施，人员和商品的流动需要现代交通运输的支持。相关研究表明机场、高铁站点所在地、交通枢纽、物资集散地等都是现代服务业区位指向的典型地点。

四、网络技术和大数据的发达区

随着互联网、移动网络、大数据和云计算等技术的发展和进一步完善，服务外包产业尤其是信息技术外包和知识流程外包在朝着更深入以及更大范围的应用等方向进行拓展，产业的高端化对网络技术和信息储存能力的要求进一步提升。高速的网络和发达的大数据、云计算能力是现在高端服务外包产业必不可少的基础要素，网络技术的发展和普及应用为服务外包的发展提供了技术支撑和交易平台，通过应用网络技术，原本无法离岸进行的商品和服务可以通过电子化的方式进行，也加速了跨国跨地区的沟通协调成本，提高了效率。比如杭州市，依托阿里巴巴等企业的发展，全国乃至全球的各类信息汇集于此，专门的服务外包公司必须通过发达的网络和云计算等，为发包公司提供大数据的储存、处理和分析。信息技术现在已成为高端服务外包产业的核心环节。

五、宏观经济软环境适宜区

从目前国内外服务外包产业的现状看，政府对产业的发展起着重要的作用，特别是体制机制改革、法律环境的建设以及相关政策的颁布。例如，印度通过电信自由化改革大大降低了电信资费和网络接入费用，优化了成本结构；制定软件技术园政策为企业提供一站式服务；注重软件业和电子商务领域的知识产权保护等。市场化的改革方向、灵活的机制运转、规范的法律制度环境、国际化的战略政引导、优惠的政策扶持都是重要的宏观经济软环境建设。

六、外向度高外资集聚区

服务外包产业包括在岸外包和离岸外包，一般欧美国家的发包业务增值率比较高。由于产业的外向度高，因此在外商集聚区域，更容易产生市场机会。随着全球化进程的进一步加深，对外服务贸易发达的地区进入了全球的服务贸易市场，在商业模式创新的推动下，服务外包的内容和形式更加多样化，从而实现了服务外包内涵的丰富，在这样的大环境下，服务外包产业的可贸易程度加深，服务外包市场的不断扩大为离岸接包业务创造了更多可能。另外，世界各大服务外包供应商纷纷在国内设立全球交付中心以寻求更低的成本。例如印度塔塔咨询公司在我国北京、上海、杭州、天津、深圳设立了全球离岸交付基地。这种大型国际服务企业对所在地产业的发展起到非常重要的带动作用，也吸引着其他服务供应商的投资。

七、综合实力强环境质量高的区域

工程技术外包项目开发的产业基础是工业实力，没有信息化与工业化的融合，没有行业技术群的支撑、没有企业持续创新能力的开拓、没有市场化运营与国际化标准是不可能产生服务外包项目的。这些都体现着一个地区的综合实力，经济活动的中心自然形成大量的基于生产性服务的外包需求。另外，优越的自然环境、方便的生活条件及现代化的工作氛围都是服务外包人才集聚的基本要求。

第二节 综合服务型城市服务外包产业 发展的条件分析与路径选择

综合服务型城市一般都是集经济、政治等职能于一体的大型城市，我国的综合服务型城市包括以政治功能以及以综合经济功能为主的城市，这些综合服务型城市规模较大，一般都会集了大量人口，基础设施完善，并有着相对发达的服务体系。在人口和资金的集中的基础上，综合服务型城市的三次产业结构较合理，服务业支撑起了城市的经济运行。在片面追求经济发展的同时，现如今我国大城市的同质化也日益严重，综合服务型城市的特色定位模糊，加之由于创新力度的不足，许多综合服务型城市的服务产业形态难以实现突破，使得综合服务型城市的经济发展陷入疲软。此外，在城市的发展过程中由于人口的密集和过度追求经济发展等现象造成了许多不利于城市实现可持续发展的环境和社会问题。

在经济新常态下，这些城市如何通过研发创新并找准城市定位获得比较优势，将城市的产业按照定位需要进行升级发展，即特色生产性服务业向专业化和价值链高端延伸，对高技术服务业向创新方向发展十分重要。尤其是进入信息社会后，科学技术瞬息万变，创新对生产力的提高以及产业的转型升级起到了核心作用，进入产业价值链的高端环节是实现城市竞争力的关键部分，从追求经济的速度型发展向追求城市整体的协调发展进行转变，找准城市定位，实现差异化和特色化，同时向绿色、智慧的城市形态进行转型，推动城市进入合理且可持续的高经济发展水平。

一、综合服务型城市发展的总体状况

在极化效应下综合服务型城市集中了大量人口、资本和技术，并且为区域做出了巨大的经济贡献。比如一些省会城市，"一城独大"的现象非常严重，综合服务型城市在集中了人口、资本和技术的同时，也背负着沉重负担。除此之外，综合服务型城市的职能过于集中，导致城市的定位不清晰，在一定程度上影响了城市健康发展。加上三次产业在综合服务型城市的布局逐渐合理化，土地和投资对于经济的拉动力不断下降，由于创新力度不够导致许多综合服务型城市陷入了经济发展内向动力不足的局面。逐渐减轻综合城市负担，明确职能定位是现在综合性服务城市进行新一轮城市规划的重要基础，服务外包产业的发展也应该根据城市特色和潜力进行高端型的服务外包产业的方向定位。

二、综合服务型城市发展的极化特征

随着我国城市化进程的加快，许多综合服务型城市汇集了周边地区的大部分劳动力和资本等生产因素，比如西安市、成都市、武汉市、哈尔滨市和长春市，根据 2016 年的统计数据，这五座城市对其所在省份的 GDP 贡献均超过 1/3，全国有十七个省会城市占全省 GDP 比重超过 1/4，从这里可以看出，综合服务型城市作为其区域内的核心城市，决定了区域城市群发展的规模和方向，但极化效应过于明显，而回流效应见效甚微，区域辐射作用还未完全显现。这样一来，一旦核心城市的发展陷入"瓶颈"，区域的发展也将出现停滞不前的危机，人口资源、自然资源和资本等过度集中于核心的综合服务型城市，而其辐射能力没有达到预期将进一步加大区域差异，容易引起众多社会问题。

（一）高速经济发展后进入"瓶颈"阶段

我国大部分的综合服务型城市已经进入了城市化的中期甚至中后期，土地和投资对城市经济的拉动作用将日渐式微，尤其是北上广深这样的超一线城市，第三产业占 GDP 的比重已经超过 60%，基本达到发达国家的水平，上海甚至已经超过 70%，这样的发展过后，经济转型易进入经济的下行周期，并陷入中等收入陷阱，因此必须通过政策体制和产业结构的改革助它们突破"瓶颈"。以 2008 ~ 2015 年的上海为例，作为我国绝对的经济中心城市，上海市在这个时期内的 GDP 增速均低于全国平均增速，这正是由于重化工业拉动作用的衰退、劳动密集型的出口加工业受全球金融危机影响陷入低潮，上海开始经历新旧动能转换的过渡期。根据全球经济和产业的发展现状来看，未来很长一段时间里，科技创新将成为决定城市乃至国家兴衰的核心，全球竞争正从经济、产业的竞争转移到科技创新研发能力的竞争，在经济新常态背景下，我国的城市发展也将更加重视创新研发驱动的发展质量而非速度和绝对增长量，我国目前还难以进入全球产业价值链的高端环节，在国际分工中的地位也受到发达国家大型跨国企业的摆布。在高端服务行业和特色服务行业领域，大多数综合服务型城市还有很大增长空间。而要提高经济发展的质量，这些综合服务型城市就必须面对人口过剩、资源短缺和盲目"摊大饼"的现状，此外城市的发展观念也亟待提高，以房地产开发为核心的城市化发展方式应被摒弃。

（二）职能繁多产业冗杂，城市同质化严重

综合服务型城市均是区域内的核心城市，汇集了区域内大部分资源，尤其是绝大多数的省会城市，通常都是区域的政治中心、经济中心和文化中心等，具有综合的特点。比如北京市，作为我国的首都，既是我国的是政治中心城市，还发挥着重要的经济功能，众多大型跨国企业及其办事机构均坐落于此，与此同时，北京还是历史名城，城内有着众多古建筑和博物馆等历史文化元素，大量的高等学府、研究所等也汇集在北京。政治、经济、文化、历史、医疗教育甚至娱乐等职能的繁多让北京的人口规模膨胀速度不断加快，这大大降低了城市的运行效率。就产业内部结构而言，一些基础型和低端型的产业浪费了综合服务型城市的大量资源，人口的不断涌入加剧了社会和环境问题，产业的同质化使得这些城市缺乏独有的竞争力，创新的匮乏和产业的老化使得它们难以进入全球价值链的高端环节，于是难以在全球化的竞争当中脱颖而出。如近年来我国有 183 个城市提出建立"现代化大都市"的口号，但明显脱离实际，反映出了城市定位的盲目性。

综合服务型城市在复杂和综合的职能负担下，还发展了繁多的产业部门，城市化发展至今，我国综合服务型城市已逐渐进入城市化中期阶段，目前这些城市多是服务业占经济的主导地位，但这些服务产业很大程度上还属于基础和低端领域，产品附加值不高，加上其涉及的部门存在着趋同和广泛的共性，这些城市很难在国际甚至全国同类城市中占得一席之地，产业广泛而不精的现状使得城市缺乏核心产业的带动集聚作用以及特色产业的品牌效应，尤其是最近二十年来，我国城市化的过程中一味追求经济发展，逐渐丧失了原有的城市特色，"千城一面"的现象非常严重。

（三）体制制约经济社会发展

对于我国绝大多数综合服务型城市而言，三次产业结构已基本合理化，而尤其是从我国一部分综合服务型城市定位为全球城市的发展目标来看，制度和结构的落后成为阻碍它们前进的重要因素，我国区域、城乡以及行业之间的资源配置效率严重受到政策和体制的制约，政府的干预往往导致城市的发展陷入泥沼，行政区域的划分也容易阻碍市场开放环境。对于东北的哈尔滨、沈阳和长春这三座综合服务型的省会城市而言，经济低迷几乎已经成为它们的标签，造成这一现状的原因有很多，而关键则在于体制的落后。在这三个城市，国有企业所占比重过大，政府制定的政策制度落后，严重阻碍了地区产业结构的调整从而导致了发展呈现断崖式下跌，经济发展水平严重落后于其他地区的省会城市，沈阳的 GDP 增速甚至在 2016 年出现负增长。由此可见，政策和体制的开放现状值得关注。

在产能过剩和经济发展动力不足的现状下，随着"三去一降一补"改革措施的推进，实现国有企业改革、财税体制改革、金融体制改革等多领域构建开放型经济新体制，发挥对供给侧改革的基础性作用从而突破体制的限制是焦点问题。

（四）大城市病严重，环境和社会问题突出

随着我国城市化的高速发展，综合服务型城市的体量扩大速度惊人，城市规模和人口日益膨胀，地方政府发布的数据显示，2017年北上广深这四大城市对中国经济的贡献高达1/8，然而这四个城市土地面积约占全国的0.3%，人口却占到了全国的5%，大量人口的快速汇集给城市带来许多环境和社会问题。经济发展带来的区域差异使得综合服务型城市对周边的次级城市和农村人口吸引力巨大，越来越多的人口涌入城市，给城市造成了严重的交通拥堵、房价过高、看病难、读书难以及公共资源紧张等一系列"大城市病"问题；城市过度追求空间领域的扩张，"摊大饼"式的城区规模发展模式浪费了宝贵的土地资源，在此过程中还存在诸多开发规划不完整、不全面、规划设计和城区布局的职能划分不合理的问题。即城市的基础性设施和公共服务系统的发展完善速度跟不上人口的扩张速度是许多综合服务型城市的通病，这些现状严重影响了城市的健康和谐发展。

大部分综合服务型城市的发展初期都是通过资源和资本的投入带动地区经济的快速发展，资源密集型的重工业和劳动密集型的轻工业在城市发展初期功不可没，但其高污染低收益和资源浪费的发展模式以及产业结构、城市空间布局的不合理都阻碍了城市的可持续健康发展，为城市的未来发展遗留下了许多难以解决的问题，其引发的空气污染、水体污染、土地污染和噪音污染等环境问题严重威胁着人们的身体健康。比如重化工业的发展和私家小汽车的普及，废气的排放使得许多城市都染上了"雾霾病"，这种严重的环境污染给居民的日常生活和身体健康都带来了巨大损害。

（五）金融、地产领域存在泡沫

金融产业作为服务行业的支柱产业，是许多城市在扩大第三产业规模过程中重点发展的项目，对于产业基础较好、流动资金较充沛并且辐射能力高的综合服务型城市而言，金融产业的地位越发显著，紧接而来的却是金融业的无序扩张。除了金融产业，房地产行业的繁荣程度随着城市化的

加深更是看不到尽头。金融业和房地产的共"繁荣"使得金融风险不断上升，资产泡沫不断膨胀。与此同时，网络经济的指数型发展以及实体经济的举步维艰更加催化了城市经济的泡沫，病态的经济现状对城市的健康发展带来严重的威胁。

三、综合服务型城市发展服务外包的条件分析

根据上述对综合服务型城市发展现状及对其现状的分析可以看出，我国许多综合服务型城市正面临着经济发展下行周期的困扰，环境和人口等社会问题的日益加剧严重阻碍了其可持续发展的进程。综合服务型城市的经济产业部门的庞大和社会问题的复杂是进行改革和转型的障碍。基于综合服务型城市产业体系的完善和庞大，调整升级涉及的产业部门领域以及劳动力非常广泛，操作起来存在一定困难，因此必须先通过深入的考察研究以及统计分析进行产业外移和引入的合理规划，并实现新城区、科技园区和城市整体功能的智慧型布局，通过合理的产业规划加大核心城市对周边地区的辐射作用。尤其要重点关注科技研发创新以及特色产业部门的发展，为城市的健康发展续航，在新常态下稳中求增。下面将从综合服务型城市的长期累积的发展优势和转型的必须性来分析服务外包产业发展的条件。

（一）国际化水平高，市场需求大

我国的综合服务型城市普遍对外开放程度较高，在政策优惠和经济环境上利于外企的进入和进出口贸易的发展，通过与海外的跨国企业的密切合作，吸引外国资本的投入。我国的综合服务型城市，如上海、广州、天津、福州、合肥、南昌等综合服务型城市都相继被立为开放城市，在引用外资与技术、扩大对外的商品和服务贸易等领域都享受较为宽松的政策。这些综合服务型城市均建有国际机场，设有外资银行，便利的交通和发达的金融系统便于跨国企业在这些综合服务型城市设立分公司或办事处甚至是地区总部和研发中心。

跨国公司这种大规模运营以及有着全球化视角的主体作为重要的外包载体，为节约生产成本和提高生产效率，会在全球范围内充分搜寻最合适的外包环境，通过比较优势进行产品价值链的分解。服务外包作为国际产业转移和国际分工发展变化的产物，在综合服务型城市国际化的发展当

中，中小企业有更多的机会通过承接外包业务来进入国际分工行列当中。随着和国外大型跨国企业的合作加深，综合服务型大城市的服务外包企业成长迅速，在技术和创新层面实现进一步发展，而随着我国经济水平的不断提高，大型的企业数量和质量都不断发展，而在追求更低成本和更高效率的过程中也创造了服务外包市场，同时，在岸服务外包产业规模的扩大也有利于我国境内服务外包产业的健康有序发展。

（二）人才储备丰富，创新潜力巨大

以长三角地区的上海、杭州、南京等大型综合服务型城市为例，这些城市高校云集、公司林立，人才储备优势明显，杭州、南京和上海的高等院校数量分别达到了 27 所、53 所和 64 所，此外，这些地区还拥有着众多科研水平在全国领先的国家级重点实验室和科研院所。这些综合服务型城市基于高等院校及研究院所的优势实现了人才的聚集，培育高质量的创新型人才加速创造核心创新力的动力。众所周知，我们目前正处于知识经济社会当中，人才是发展和竞争的核心要素。服务产业作为熟练劳动力和人才密集型的产业，其劳动生产率与劳动力质量息息相关，尤其对于服务外包产业这种知识和技术密集型的新兴产业来说，其产业特性决定了人才在产业链中起到决定性作用。丰富的优质劳动力资源有利于产业生产效率和水平的不断提高并带动创新的发展，并通过创新成果的累积与交流实现知识和技术的外溢从而带动产业整体的进步，尤其是增加产品附加值并推动产业的可持续升级转型。基于丰富的企业数量，在开放的政策环境下，这些综合服务型城市有着推动政、产、学、研相结合的环境，提高人才的培育、培养效率的同时也加快创新成果的转化效率。此外，基于人力资本优势，综合服务型城市对大型企业的吸引力的不断增强也有利于服务外包产业市场和规模的扩大。

（三）金融行业发达，创业环境优越

服务外包产业领域的接包公司多为新兴的信息技术和软件服务公司，但是这类公司的成立是基于知识技术，拥有着很高的专业性和灵活性的同时规模较小，在建立初期需要大量的研发资金投入以发展自己的核心技术和知识产权。综合服务型城市的金融产业发达，大多数的综合服务型城市的金融产业已发展成了城市第三产业的支柱产业，银行、保险公司、信托业、证券业以及各种基金等金融产业的发达使得资本市场得以高速运转，

为城市各产业各部门提供着现金、借贷和融资等金融服务。金融行业的发达为这些小规模的新兴信息与软件公司提供了足够的资金来源以及较为宽松的融资环境，使得资本更容易进入软件产业，推动小微企业的知识技术加速转化成市场商品。在优越的创业环境下，没有固定资产和人脉优势的新兴高科技公司也有可能凭借知识技术获得投资，这激发人才、科技成果和资金等要素组合配置，为更多有潜力的创新信息技术的出现和发展提供更大的空间和平台。

（四）产业化升级引导技术和组织方式创新

随着现代科学技术的发展，在创新的推动下，知识和技术的发展日新月异，这使得全球的知识和产业体系越来越复杂，更新换代的速度越来越快，知识和资源难以被全部的掌握和运用。而要实现技术创新，就需要将前沿的知识技术与已有的知识体系进行整合处理并融入于实际操作环节，加速创新的产出效率，通过知识分工将知识系统进行片段和模块化处理，并通过标准化的操作系统将它们进行对接整合，这些就是服务外包产业的工作。综合服务型城市有着完善的产业体系，作为创新源泉的科研场所及服务园区拥有广阔的市场需求，并在长时间的发展当中逐渐建立了标准化和模块化的生产流水线，而随着网络技术和模块化生产方式的应用与升级，个性化的需求越来越广泛。基于不同产业的知识技术体系相互交错，跨部门的合作当中实现了为实际生产服务的知识技术的重新构建，这样一来，更先进的组织方式应运而生，即在综合了多产业部门专业知识技术的基础上实现了模块化、标准化和个性化的服务相结合，服务外包产业的生产效率和专业化进一步提高。

（五）智慧城市需要推动产业升级

综合服务型城市的整体经济发展现状较好的同时也面临着一系列不可持续的困境，在进入经济新常态之后，稳中求进取代了高度发展成为经济发展的新模式，协调被放到未来城市发展的优先地位。要实现协调和统一的发展，创新城市发展和管理方式是突破口，尤其是传统的技术和管理手段已难以有效解决包括交通系统低效、资源消耗严重和生态环境恶化等在内的问题，城市运行效率每况愈下，综合服务型城市开始利用引进先进的信息技术实现城市的高效运行。智慧城市的打造对城市有着很高的要求，一是网络基础设施，二是信息化在社会经济各领域的融合度，三是城市基础数据库和数据中心的建设。综合服务型城市虽能够满足智慧城市的初步要求，但若需进一步发展就必须通过智能优化基础设施，并通过专业性的信息外包实现城市的信息资源的整合，云平台和数据中心的建设。智慧城市建设是一项覆盖范围广、涉及部门多的系统工程，需要实现跨部门的统筹协调和协同创新，也需要各产业之间联动升级。

四、综合服务型城市发展服务外包的路径选择

面对综合服务型城市发展服务外包产业的现状与条件的分析，我们可以发现综合服务型城市转型机会重重却也面临着"瓶颈"，每一个城市都有不同的发展条件和产业基础，在发展程度较高的经济社会水平上如何突破同质化桎梏，利用城市优势在信息化道路中走出特色的转型之路尤为关键。综合服务型城市有着市场化水平较高，现代产业基础好，服务业成为城市支柱产业的共同特点，而第三产业的内部结构现状以及发展方向的差异则是城市产业升级实现转型的关键所在。因此通过技术和组织方式的创新实现服务外包产业的发展，并加速带动其他相关产业链的延长，是综合服务型城市实现创新、智慧化的转型的重要方式。具体路径选择则根据综合城市的区位、产业现状和潜力的差异而定。

（一）高附加值服务外包产业发展

1. 软件与信息服务外包

从业务范围来看，软件与信息服务外包主要包括信息技术外包、业务流程外包，业务完成模式主要是发包公司将非核心的 IT 工作外包给专业性公司完成的服务模式，接包的软件公司通过 IT 技术整合，利用专业化资源，为发包方实现成本的降低和效率的提高，充分发挥核心竞争力并增强发包商对外部环境的适应能力。信息技术外包是基础性 IT 服务的业务，流程外包是基于传统 ITO 业务之上更为高端和全面的服务外包产业。软件与信息服务外包作为信息和知识技术密集型的产业，对技术水平和创新研发能力要求高，尤其是信息社会下大数据和云计算等新兴技术出现增加了该业务的产品附加值。软件与信息外包的业务主要有硬件制造、软件开发、电信通信运营和一些基于信息数据的专门性 IT 服务这些类型。

2. 金融业务外包

金融业务外包是为金融机构提供专业分工精细化服务的产业，它依托

于金融业专业化程度高、技术应用更新快、规范控制要求高等特性。金融服务外包主要包括后勤支持服务类业务外包、专有技术性事物外包、银行业务的操作环节外包等种类,对信息数据处理、IT服务、人力资源和风险控制等领域的专业性的要求很高。就业务类型来看,金融机构可以将专业性强的事务外包给第三方进行,包括信息技术、法律事务和审计事务等,第三方可以提供更专业以及更高的服务质量,就业务操作环节来看,贸易结算和外汇业务、贷款业务、客户财务数据录入以及业务后台处理等业务可以外包给专门负责外包服务的其他机构集中处理。金融业务外包的发展能够在电子信息技术细化、金融全球化和市场竞争日益激烈的环境下强化金融机构的核心竞争力。

3. 生物医药外包

生物医药外包按行业分类主要包括研发外包组织(CRO)、生物医药生产服务市场(CMO)和销售外包组织(CSO)。CRO以研究为核心工作,是指向制药企业提供新药的临床或临床前研究等服务的专业机构,主要服务于新药上市之前的阶段,对创新能力有很高的要求,专业性人才和先进的技术水平驱动这个产业的发展,服务模式包括合作开发、技术秘密转让、委托开发等;CMO是指提供药品生产所需工艺开发、配方设计、制剂生产和包装等中间环节服务的机构,主要负责新药生产,对研发和生产流程的要求高,研发、新技术开发及应用、生产等能力决定着其竞争力水平;CSO负责药品销售推广工作,主要服务于新药上市销售阶段,是人才密集型产业。生物医药服务外包属于知识密集型产业,具有高技术含量和高附加值的特点。

4. 咨询外包

咨询外包是指把某一项具体的业务工作以一个项目的形式外包给咨询公司进行,主要是为发包客户提供咨询、诊断、顾问、分析、决策方案、组织重组和技术改造等专业性较强的服务,服务内容广泛,涉及社会、经济、科学各个领域,包括工业、农业、商业、经济、财政、金融、管理、法律、环境、生活等各个方面。企业有限的理性、信息和资源决定了它们不可能面面俱到,这就需要更多的专业性组织在各个薄弱环节提供帮助,它的发展对提高决策和管理的科学化有着重要作用。咨询服务的外包方式的核心在于人,即以专业的高素质人才的知识技术为业务载体,具有无消耗、高附加值和可持续发展的特点。咨询公司基于信息系统、专业人才和技术分析方面的优势,进行专业的调查研究和分析,组织横向联合,实现资源配置最优化。

5. 人力资源外包

人力资源外包指企业将精力集中于核心的人力资源管理工作，把烦琐且程序性强的人力资源管理的日常性工作委托给专业的人力资源管理服务机构进行运作的新型人力资源运营模式，主要包括将招聘、绩效考核、福利规划、薪资管理、培训等职能外包出去，强化企业的人力资源管理但弱化和分化企业人力资源管理部门的职能。

（二）外包园区建设推动产业创新

服务外包园区的建设能够使服务外包产业实现集聚，对园区进行高端产业功能定位，对行业细分进行资源的整合。通过公共基础设施建设、园区管理运营和公共服务平台建设，在完善的园区建设的基础上，使服务外包产业实现空间的集群。产业的集聚能够通过规模效益提高园区企业的生产效率，增加集群在信息技术、行业观念、管理制度等方面的创新创造。通过空间的集中，为企业的竞争合作提供更多便利，推动创新成果的高效传播，降低企业的开发和创新成本，加速创新进程并获得更大的市场准入权，通过知识交流场所的建立来推动创新的社会规范。纵向产业聚集往往形成产业链，在服务外包产业领域内加速高度分工和技术专业化的加深。知识的溢出效应推动集群及整个园区企业的发展，并能够提高企业的研究创新水平。此外，集群还能吸引新企业和新技术的进入和成长，进一步加大集群的竞争压力，激励企业对新技术的探讨，有利于激发新思维和新知识的产生。

（三）疏解城市非核心职能

综合服务型城市职能繁杂，人口过度密集且资源耗费多，面临着越来越严重的人口、交通、资源和环境等在内的大城市问题，不利于城市实现城市创新驱动的可持续发展模式，投入产出效益较低的资源密集型的重工业和劳动密集型轻工业、物流业等产业迫切需要分散迁出，将综合服务型城市的制造职能和物流职能，甚至是行政、基础教育等职能也可以进行转移。通过功能疏解和多中心构建，在多载体支撑的基础上推动综合服务型人口和就业的均衡布局。此外，中心地区的核心产业也应实现精简，金融、贸易、高科技等城市核心职能相关的企业在完善制度和组织的基础上，如北京市调整坚持了数十年的城市定位，重新明确为"世界城市、国家首都、历史文化名城、宜居城市"。新的发展模式为高端型的服务外包产业的发展提供了更广阔的发展空间，城市非核心职能的疏解以及核心职能的优化势在必行但流程复杂，而服务外包产业低能耗，高附加值和高科技含量的特性符合综合城市的发展需求，能够最优化市场资源配置，在最短时间内发挥组织协调的功能，有助于整体经济市场的有效运行。通过城市职能的重新组织，服务外包产业专业化的市场需求得以扩张，专业性的高素质人才也能更有效地进入。

（四）文化创意驱动城市创新

文化经济学家佛罗里达（Florida，2002）明确指出：当创新变得越来越有价值的时候，创意阶层自然而然地就产生了。文化创意驱动一般适合为发展水平较高的城市，其经济已经高度发达和繁荣，城市创新精神文化氛围浓厚，资金、技术、人才和信息等创新资源不断积累，尤其是人才的自由流动为城市注入了多元的精神文化，提升了城市文化的包容力水平，城市精神文化得以重塑。通过发展创新特征的高新技术产业、知识密集型服务业和创意产业，其中扩大文化设施、改进城市景观、保护历史遗迹、开展公共艺术活动等促进特色文艺和展演、旅游资源的结合，推动设计领域和媒体领域的创意发展。服务外包产业的包容性使得它能和多种产业进行结合，其创新和知识密集的属性与文化的融合能为文化提供更多创新发展的动力。

（五）总部经济加速国际化进程

在离岸服务外包的发展下，通过与跨国企业建立的密切联系，基于综合型服务城市发达的经济水平和完备的科研环境，大力发展总部经济以吸引国际发包商设立地区总部和研发中心。通过总部经济的快速发展加速城市服务外包产业跨入全球价值链和产业链的步伐，提高信息、资金、技术和人才等要素的流动速度以加深城市的国际开放程度。总部经济的发展能提高综合型服务城市服务外包产业的发展等级和质量水平，对地区的服务外包产业结构的优化有着重要作用，并加速城市经济的国际化进程与质量。

第三节　资源型城市服务外包产业发展的条件分析与路径选择

资源型城市是因自然资源勘查、开发而建立和兴起的城市。根据《国务院关于印发全国资源型城市可持续发展规划（2013～2020年）的通知》，我国有262个资源型城市，其中地级行政区126个，县级市62个，市辖区16个。这些城市普遍面临着发展缓慢、布局分散、结构单一、市场化程度低、转型困难等问题。资源型城市因资源而起、因资源而兴，经济社会资源的配置和利用大多围绕自然资源开发的产业链展开，其突出表现为区域的产业体系、投资体系、贸易体系、财政体系，甚至是城镇体系的建设都围绕着这一绝对优势的资源型产业展开。但架构在资源基础上的经济体却面临着区域内自然资源减少、枯竭的趋势，缺乏接续替代产业，资源型城市的可持续发展成为世界性的难题。

新时期世界经济环境和国情已经发生了深刻变化，工业化、信息化、城镇化、市场化、国际化深入发展，后金融危机时代全球经济格局重大调整，中国经济要素红利逐渐流失，人口、资源、环境的压力日益显现。"转变经济发展方式"成为时代的主题。在世界经济发展趋势的大环境中，寻找符合区域自身资源禀赋、人文背景和发展进程的转型模式，摆脱简单的模仿，创新性的开拓发展路径才有可能在新时期转型的大潮中实现特色化、差异化，形成区域新的增长极和新的竞争力。资源型城市也只有在经济全球化和世界产业结构调整的背景下，现代产业体系构建的进程中，利用信息革命的技术载体，寻求产业链中的优势模块进行生产，在产业内分工中进入全球生产网络和供应链，才有可能破解"资源的诅咒"。

如何利用资源型产业的优势，参与国际化的分工网络和价值链条，充分发挥资源型城市在生产、管理和技术等方面的积累，发展具有竞争力的替代产业群是我国资源型城市经济转型路径选择的关键所在。目前我国尚处于工业化中期，资源型产业还有一个长期的发展过程以支撑国民经济的增长，那么我国就应该充分利用现有资源型产业中有形和无形资产的存量，在全球范围内寻找自然资源，以避免某一地区资源枯竭对经济的冲击，同时也很好地解决了资源枯竭型城市沉没成本过大、失业严重等经济社会问题。另外，资源型城市应重点培育科技研发、金融保险、信息服务、现代物流、商务服务等现代服务业，通过发展生产性服务外包支撑以采掘为主的资源型企业转型，进而带动城市的转型。那么哪些城市适宜以现代服务业引领城市功能转型的理念发展服务外包产业，激发城市的活力，其发展的重点是什么？哪些城市适宜以服务外包的资源配置方式，盘活资源型产业的存量资产，激发企业的活力，其急需解决的问题是什么？下文将主要从这些方面展开论述。

一、资源型城市发展的总体状况

资源型城市承载着提供资源和能源的重要责任，为国家经济建设做出了突出的贡献，推进了我国工业化与现代化的进程。但同时城市受资源开采的周期性影响，表现出明显的阶段性特征，当前部分城市已经出现资源枯竭的现象，产业亟待转型。党的十七大报告中提出"帮助资源枯竭地区实现经济转型"，主要在首批认定的44座资源枯竭城市中展开试点，已经取得了初步成效。对资源型城市形成发展的历程进行回顾，把握资源型城市的特征，分析城市所突显的问题，才能客观地对资源型城市服务外包产业发展进行科学的定位。

二、资源型城市发展的阶段性特征

资源型城市在建设中呈现出明显的阶段性，在资源开发初期，城镇建设主要为生产服务，布局在矿区附近，与周边地区经济联系弱。城市建设缺乏统一规划，表现为分散的区块，商贸业、服务业也规模小、布局凌乱。在资源开发中期，伴随着产量再创新高，城市也带来了人口大量集中的迅速扩张期，大型居住区和商业区开始形成，服务业主要满足消费服务。到了资源开发末期，资源产量下降的同时也出现城市建设资金的匮乏，基础设施长久失修，商业形态落后，人口迁移明显，城市萎缩。其本质原因是城市功能和企业功能错位，以企业正常运行为本位的发展思路排挤了城市功能的正常拓展。

（一）产业结构单一　发展不协调

资源型城市第一产业基础薄弱；第二产业比重偏大，严重依赖资源采掘业及初级加工业；第三产业发展缓慢（见表4-1）；产业关联度低。表中数据可见，资源型地级市与全国地级市相比，二产的增长率虽然偏低，但在三次产业中占有绝对比重；资源型县级市与全国县级市相比，二产的增长率较高，在三次产业中也占有绝对比重。单纯从增长率来讲，当资源型城市进入大规模开采阶段后，城市规模和人口数量的扩张速度很快，也就是常常提到的超常规发展。但是剖析行业内部结构看，二产的内部结构中采掘业一家独大，产品结构单一，生产靠资本驱动，创新变革缓慢，由此资源型城市产生的路径依赖极大地限制了其他产业的发展。

表 4 - 1　　　　资源型城市与全国相应城市三次产业增加值增长　　　单位：亿元

城市类别	资源型地级市			资源型县级市		
产业类别	第一产业	第二产业	第三产业	第一产业	第二产业	第三产业
2000 年	1354	4982	2461	432	1292	854
2007 年	2315	13358	6230	766	4116	2098
年均增长率（%）	7.96	15.13	14.19	8.54	18.00	13.71
城市类别	地级市			县级市		
产业类别	第一产业	第二产业	第三产业	第一产业	第二产业	第三产业
2000 年	11945	33131	33510	3878	9565	6700
2007 年	21559	107195	78716	5847	26092	15718
年均增长率（%）	8.80	18.26	12.98	6.04	15.41	12.96

资料来源：魏后凯，时慧娜. 中国资源型城市国家援助政策. 资源型城市可持续发展高层论坛暨 2011 年中国区域经济学会年会论文集，2011（7）：4 - 12.

（二）吸引资金能力差　自我积累不足

资源、能源的开发存在较高的进入"门槛"，形成了以国家行政主导、国有企业为主的市场结构，因此企业的运行往往在行业垄断和封闭状态下运行，市场化程度低，要素市场不发达，社会融资能力差。从外商投资角度看，资源型城市与全国其他城市相比，工业产值中外资份额偏少，外商实际投资额度较小（见表 4 - 2）。

表 4 - 2　　　　　　资源型城市外商实际投资额及其比较

资源型城市	年份	外商实际投资额（万美元）	相当于地（县）级市（%）	人均外商实际投资额（美元/人）	相当于地（县）级市（%）
资源型	2000	124032	4.33	10.78	38.25
地级市	2007	422450	4.09	34.98	37.05

资源型城市	年份	外商实际投资额（万美元）	相当于地（县）级市（%）	人均外商实际投资额（美元/人）	相当于地（县）级市（%）
资源型	2000	27678	4.04	7.97	27.47
县级市	2007	302771	11.44	83.90	76.97

资料来源：同表4-1。

受计划经济模式的影响，资源型企业承担了很多城市建设的公共服务职能，企业长期办社会，给企业带来沉重的负担。特别是资源开采枯竭期，城市财政紧张，自给率低、财政缺口大（见表4-3）。然而长期以来我国一直存在着资源低价、产品高价的扭曲价格体系，同时资源补偿机制长期缺失，中央大型企业主导的资源开发与地方经济发展的关联度不大等综合原因导致了城市的自我积累能力很弱。

表4-3 　　　　　　　　　资源型城市财政收支状况 　　　　　　单位：亿元

资源型城市（年份）	地方财政预算内收入	地方财政预算内支出	财政缺口
资源型县级市（2000）	98.77	136.15	37.38
资源型县级市（2007）	350.85	634.47	283.62
资源型地级市（2007）	1562	2324.22	762.22

资料来源：同表4-1。

（三）人力资本结构不合理　流失严重

资源型城市中劳动力大多是采掘和加工业的产业工人，形成了人力资本的专用性和锁定效应，劳动力向其他产业转移困难。自然资源的丰裕也使得城市对经济社会资源的利用率低、人力资本投入长期缺乏动力和激励。由于城市环境伴随着资源枯竭而逐渐恶化，城市产业结构、工资收入结构又无力支撑高素质劳动力结构，因此人才流失在资源型城市中是一个普遍的现象。

（四）机制体制僵化　创新能力弱

制度创新能够激发城市的发展能力和活力，是城市转型的根本动力和催生城市经济功能转换的孵化器。在计划经济时代，资源产品定价低，企业利润全部上交国家；改革后实行资源税制度，但税率很低，政府很难对居民提供公共服务。资源型城市在国家经济建设中处于资源能源供应的战略性基础地位，城市的覆盖面大，体制改革的主要推动者不在地方而在于中央的统一决策，改革的震动性大，因此，资源型城市机制体制创新步履维艰。

（五）城市环境差　社会问题较多

由于常年开采过度又缺乏规划和管理，资源型城市生态环境恶化的问题严重，采矿诱发的地面坍塌、滑坡、泥石流等地质灾害时有发生，部分城市空气中污染物颗粒含量高，空气质量差。此外，另一个更突出的问题是失业严重。随着矿山的关闭和国有企业的改制，许多工人被迫下岗。这些劳动力年龄较大、技能单一、地方吸纳能力又较弱，据中国矿业联合会调查统计，全国面临资源枯竭的矿山有400多座，涉及300多万名矿工的就业。由于失业人口众多、居民收入低、生活贫困等问题的存在，社会不稳定因素增多，上访事件大幅增加。

三、资源型城市发展服务外包的条件分析

基于上面对资源型城市发展的剖析，我们应该认识到这样的问题：第一，资源型城市经济社会问题复杂，在短期内依靠中央政府的扶持与体制改革实现全面转型的困难较大。第二，资源型城市转型的模式不是统一的，每个城市的区位条件、要素禀赋、政府领导的能力均不同，因地制宜的差异化发展，走特色化发展道路很重要。第三，资源型城市可持续发展能力弱的重要原因是第三产业发展滞后，作为经济黏合剂和纽带的服务业不能有效支撑城市接续替代产业的产生和发展，城市与周边地区的关联性差，城市的集聚、扩散的基本功能缺失。第四，机制体制的创新、发展观念的转变是深层次的原因，必须结合实际情况逐步进行，不可能一蹴而就。因为资源型城市的支柱产业是资源采掘和加工业，所以下面我们主要从资源型产业与资源型城市两方面共同探讨资源型城市发展的特殊性。

（一）工程技术体系的复杂性

以资源类型划分，可分为煤炭、石油、森工、有色冶金、黑色冶金

等。如果按工程技术体系的复杂程度来讲依次是：石油产业、冶金产业、煤炭产业和森工产业。技术体系的复杂性越高，行业的进入"门槛"也越高。即使在市场化程度高的海外市场提供资源开采、加工等一体化工程技术服务，在某一生产流程的技术水平越高，那么市场的控制能力越高，价值增值越高，从而形成了垄断竞争的市场结构。可见从产业类型角度，石油与冶金产业的工程技术服务发展空间较大。

（二）人力资本积累的差异性

资源型企业在对待员工培训、技术普及、素质提高、学历激励等方面的措施和力度有很大的差异。这种差异直接影响企业转型中的效率，如新技术的接受度、新生产方式的适应能力、生产流程的整合能力、市场的开拓能力等。而人力资本的积累主要取决于企业财力和领导观念的差异。例如大港油田先后出台《大港油田公司员工培训管理办法（暂行）》《大港油田公司技师、高级技师管理办法》等十余项相关规定，实现了技术人员培训工作的制度化。潞安集团漳村煤矿为推动数字化矿山建设，分别在"矿、科、队"三级人才培训工程中形成了完整培训体系和激励机制，为企业培养了一支技术高、创新力强的高素质人才队伍。

（三）高技术应用和创新

资源型产业实现可持续发展的关键是把资源型产业培育成为高技术企业，这种高技术的来源一是深加工技术开发模式，加深产业链的延伸度，拓展产品的种类和层次。二是IT、物联网、云计算等共性高技术在产业中的应用与系统集成。例如，国家科技部授予的"湘西国家锰深加工高新技术产业化基地"，促进锰产业由"资源型"向"创新型"发展。该州承担了国家级科技项目和高新技术产业化项目10余项，取得多项具有国际领先水平的科技成果，有望建成国内在锰资源领域自主核心技术水平最高、产业规模最大、产业配套最全的创新型锰深加工产业基地。中石油应用信息技术开展供应链管理和电子商务，搭建的"能源一号"网站平台具有电子采购、电子销售和电子市场3大功能，从根本上解决了企业实行分散采购中普遍存在的种种弊端，增强物资采购的透明度，降低成本；变革传统的管理流程和管理方式，增强了在国际市场的竞争力。

（四）生产要素的流动性

在各产业系统中，生产要素的流动性有很大的差异性，这和各系统中传承的企业文化和经营方式有很大的关系。例如石油系统生产要素的流动性很大，"哪里有石油，就可以把工程队伍拉到哪里"，企业总部即石油管理局或石油总公司和其他部门的办公地址并不迁移，因此只有石油原址城市的衰落，没有石油企业的倒闭。中国煤炭经济技术进出口总公司在印度尼西亚利用地质勘探一级资质和大量资金，提供从煤矿开采权的购买、勘探、开发、设计、造井到生产经营整个流程的服务供给，取得丰厚的经济回报。

（五）产业发展水平和阶段性

资源型产业一般都要经历开发、发展、成熟和衰退的周期，城市发展面临不同的阶段，由于阶段性的差异，服务外包业发展的方向也不同。资源开发初期，工程技术服务的重点是地质勘探与开采技术服务；资源型产业发展和成熟期，工程技术服务的重点是筛选冶炼技术服务；在资源型产业发展衰退期，则是服务能力异地转移。例如山东肥城矿务局在吕梁开矿，不仅开煤矿，而且还开铝矿，企业活了，矿工收入有了保障。

（六）区位条件的不同

对城市区位划分非常重要，一是把资源型城市发展成为区域性中心城市。二是发展为临近大城市的一个功能区。三是异地搬迁。第一种例如唐山、大庆、东营等完全可以发展成为区域性的中心城市。第二种例如重庆附近的万盛、西安附近的铜川、兰州附近的白银、等成为大城市的功能区。第三种是远离城市、区位条件差、物流成本高、与其他城市无经济关联的地区。

综上所述，资源型产业中工程技术体系的复杂性、人力资本积累的差异性和高技术应用创新的区别是产生不同服务外包业务的基础；资源型城市中生产要素的流动性、产业发展水平和阶段性、区位条件的不同是产生差异化服务外包产业的条件。资源型城市、资源型企业各具特点和优势，针对不同类型的资源型城市，采取不同的模式，以服务外包的方式，弥补缺失的城市功能，实行差异化的转型战略。

四、资源型城市发展水平比较

服务业作为城市经济活动的主要部门，需要两个条件：一是服务活动的泛化，或服务化；二是服务活动脱离其依附部门而独立。服务外包产业的发展取决于市场需求的驱动，生产性服务业的需求源于第一、第二、第三产业服务活动的外部化；生活服务业的需求源于人口集中的城市化效应。可见，城市在发展过程中要把服务外包产业作为重要的新兴产业来培育，必须有足够的人口规模和较强产业体系来支撑。为了能够区分不同城市的发展水平，本书选择47个资源型地级市进行城市综合发展水平的动态评估，从而构建资源型城市发展服务外包产业的差异化模式。

五、资源型城市评估的指标选择

服务外包作为一种产业形式在城市空间内培育并发展，其基础是地区较强的综合实力、雄厚的产业基础和足够的人口规模。因此本书主要选取了地方经济发展水平、经济结构、资本形成、政府财政、金融贷款、私营个体从业人员等方面13个指标对资源型城市发展水平进行综合评估。

（一）地区生产总值

地区生产总值是各产业增加值之和，是一地区一定时期生产的最终产品的市场价值，用来衡量国民经济总产出水平和经济发展程度。

（二）地区生产总值增长率

地区生产总值增长率是末期地区生产总值与基期地区生产总值的比较，反映一定时期一地区经济发展水平的变化程度和衡量经济活跃程度的基本指标。

（三）人均地区生产总值

人均地区生产总值是将某一特定时期的地区生产总值与常住人口相比计算的结果，是衡量地区人民生活水平和需求能力的基本指标。

（四）第二产业增加值

第二产业增加值是一地区一定时期内第二产业内部各行业增加值之和，它反映了一个地区采矿业、制造业、电力和燃气及水的生产和供应业、建筑业等综合的发展水平，是生产性服务业产生的经济基础。

（五）第三产业增加值

第三产业增加值是一地区一定时期内第三产业内部各行业增加值之和，它反映了一个地区交通仓储业、信息软件业、批发零售业、住宿餐饮业、金融业、房地产业、租赁和商务服务业、科研技术服务业、公共设施管理业、居民服务业、文化业、体育业和娱乐业等行业的综合发展水平。

（六）第三产业占 GDP 比重

第三产业占 GDP 比重是指第三产业增加值在地区生产总值中所占的比重，它反映了服务业的发育水平和三次产业结构的基本情况。

（七）限额以上工业总产值

限额以上工业总产值说明一个地区大型工业企业的产值规模，能够反映一个地区工业企业发育水平和在国民经济中的重要程度。

（八）固定资产投资总额

固定资产投资额是以货币表现的建造和购置固定资产活动的工作量，它反映了基本建设投资、更新改造投资、房地产开发和其他固定资产投资的总体规模，反映一个地区基础设施建设的基本水平和发展速度。

（九）固定资产投资乘数

固定资产投资乘数是地区生产总值与固定资产投资额之间的比率，它反映了固定资产投资对地区经济增长的作用，同时也反映了资本的运营效率。

（十）地方财政预算内收入

地方财政预算内收入是指国家通过一定的形式和渠道集中起来的资金，是实现国家公共职能的财力保证。

（十一）地方财政预算内支出

地方财政预算内支出是指国家对集中起来的财政资金进行分配的过程，反映了地方政府对经济建设和公共服务的资金支出水平和支持力度。

（十二）财政自给率

财政自给率是指地方财政预算内收入与地方财政预算内支出的比值，财政自给率是判断一个城市财政收支状况和自我发展能力的一个重要指标。

（十三）年末金融机构各项贷款余额

年末金融机构各项贷款余额反映了一个地区经济建设中金融资产的利用水平和金融对经济的推动作用。

（十四）私营和个体从业人员数

私营和个体从业人员数反映了一个地区市场化程度和经济的活跃度，体现私营和个体经济对劳动力的吸纳能力。

六、资源型城市发展服务外包的路径选择

从前文对服务外包产业的布局特征、资源型城市发展服务外包产业的条件分析和资源型地级市发展水平比较等内容的论述，我们认识到资源型城市转型的复杂性，每一个城市都有不同的发展条件和产业基础。但从总体上讲，资源型城市经济社会发展水平不高，自我发展能力不强，信息化、现代化、市场化水平较低。工业经济严重依赖自然资源，产业链条短，粗放型的增长方式尚未完全转变。现代产业体系没有形成，第三产业发展规模较小，层次较低，竞争力不强。因此通过服务外包产业的发展和结构的优化，实现所有资源型城市经济转型的思路也是不符合客观实际的。本书提出基于资源型城市经济转型的服务外包产业的结构创新和优化思路，在本质上就是资源型产业加深社会化大分工程度，一方面企业剥离生产性服务，发包给本地区的服务供应商，以培育城市的服务体系；另一方面资源型企业利用行业核心工程技术、人力资本、资质品牌等无形资产，通过信息化改造业务流程、标准化认证规范生产管理、服务外包配置全球资源，培育现代新型服务行业，成为资源型企业转型的有利支撑和专用性资产在资源枯竭条件下有效转移的重要途径。由于服务外包产业属于现代服务业，因此它的发展是市场化进程加深的过程；是各个资源型城市依据自身的差异化条件特色发展的过程；是发挥资源型城市集聚、辐射基

本功能，联动周边地区经济发展的过程；是资源型产业挖掘比较优势培育基于人力资本积累的接续替代产业的过程。综上所述，可以总结资源型城市基于服务外包产业发展而转型的两条基本路径：一是在部分资源型城市大力发展以工程技术服务为引领、多种服务外包行业并存的现代服务业集聚区，激发城市的活力；二是在地处偏远地区、经济水平低下的资源枯竭型城市中，鼓励企业在区外开采资源，异地搬迁资源型企业，转移服务能力，原城市选址恢复基本的土地功能。这一节主要从城市角度，阐述不同资源型城市发展服务外包产业的路径选择；下一章将从产业角度，阐述不同资源型产业发展服务外包业务的运营和管理。

（一）城市多元化发展服务外包业

在信息化和经济全球化的经济背景下，生产性服务业对工业的支撑作用越来越重要。高技术研发的渗入、信息化管理的实施、全球供应链的配置使得产业部门分化日益细化，产业关联度大大加深。工业企业迫切需要生产性服务业的支撑，推动发展方式和运营模式的转变，摆脱原有路径依赖的束缚，创新性地开拓市场网络、优化产品结构和重构核心竞争力。资源型产业创新缓慢、生产方式落后、生产波动性大，需要转型的紧迫性更强，而现代化生产方式的建立一直缺乏生产性服务业的引导和带动，转型就是要以工业扩大化再生产的方式，转变到以现代服务业为主导安排工业生产的经济发展方式。这种服务外包产业多元化发展的路径只能在经济发展水平较高的城市中实现，如唐山、大庆、东营等，并将成为经济结构转型的重要力量。

（二）工程技术服务外包业

资源型产业的大型企业较普遍的采用了信息化管理和自动化控制，技术创新应用的速度也较快。随着生产工艺复杂程度不断加深、工程技术领域创新不断出现，行业内工业工程设计、技术咨询、工程总承包等需求激增，出现了一批专业的工程技术服务企业，在国内外承接资源型产业的工程项目。与国际劳务合作中普通劳动力输出不同的是，海外资源型产业开采或加工项目的运作中，发包方对承接企业的资质、信息化程度、环保认证、技术能力等有着很高的要求，企业完成工程的同时也输出了高价值增值的信息管理系统和高技术应用服务。例如大庆油田 2016 年国际市场实现收入突破 80 亿元，达到 80.75 亿元。最新数据显示，2018 年前三个月，大庆市的外部市场同比增长 34.08%，其中海外油服业务完成合同工作增长量 27.69%。从目前实际来看，石油产业和冶金产业开展的工程技术服务较多，这和两个产业生产工艺复杂、技术门类庞多、生产系统性强、质量安全要求高等行业生产特征密切相关，大庆市在海外市场规模创 2018 年最好水平的基础上，又中标新项目并续签老项目。如科威特 Ratqa 油田的原油处理一期工程安装施工；在"一带一路"沿线土耳其泽塔斯、伊拉克鲁迈拉、伊拉克哈法亚，印度尼西亚巨港电站和蒙古国塔木察格设有 5 个项目部。此外，还逐渐打开了南美市场，全面铺设了北美、南美、中东、非洲等海外市场，不断稳步推进并寻求新突破。工程技术服务外包产业成为大型资源型企业重要的收入来源，也成为城市经济现代服务业发展的重要领域。

（三）工程数据加工服务外包业

资源型产业在勘探、开发、开采的生产运营中，通过信息化系统能够采集到大量的数据信息，对这些数据信息结合资源行业的专业技术进行处理、分析，从而得出科学决策的服务业务。生产数据分析、地质制图、地震解释、安全监测数据处理、实时数据库建设等信息服务都是结合特定垂直行业的技术特征形成，属于知识流程的服务外包项目，属于集聚增值性的服务类型。例如澍汇公司的测井软件、德瑞克软件公司的勘探开发绘图软件、拓普公司的油藏描述软件、明达维尔公司的录井软件等石油软件的应用和技术服务都遍布中外。

（四）嵌入式系统服务外包业

嵌入式系统是通过计算机技术和集成电路技术的应用，控制、监测、辅助机器设备正常运转的软件和硬件集成的系统，目前在工业控制、通信、网络、医疗、电子仪器领域有较广泛的应用。在资源型城市的资源型产业和装备制造业中都有广泛的应用，如电力控制系统、仪器仪表控制系统、物流传输系统、安防监控系统、半导体照明系统、通信配套系统等。嵌入式系统服务是硬件、软件、多种技术应用相结合的服务项目，对资源型产业和制造业提高生产效率和安全运营都有重要作用。

（五）地理信息服务外包业

地理信息技术包括地理信息系统、遥感、全球定位系统、数字地球技术等。由于资源型产业涉及大量的地质勘测业务，具有一批熟练掌握地理信息技术的科技人员，能够提供工程测量、摄影测量、影像与遥感数据加工、三维景观制作、地理信息系统建库及应用开发等服务业务。地理信息服务外包业作为战略性新兴产业，与计算机、网络通信和信息处理技术融合发展，将在军事、旅游、数字城市建设、汽车导航、文物保护等方面有广阔的市场前景。

（六）基于 IT 的服务外包业

信息技术外包业务是指与 IT 技术及其应用相关的服务。基于 IT 技术的外包业务有信息系统外包、网络或桌面外包、信息应用管理、托管应用管理、托管基础设施服务、云计算服务等；基于项目的外包业务有 IT 咨询服务、系统集成、网络咨询与集成、定制应用程序开发等；IT 配套支持与培训有：硬件部署与支持、软件部署与支持、IT 教育和培训等。基于 IT 的服务外包业务应用很广泛，遍及各行各业，是目前服务外包产业中占绝对比重的行业类型。

（七）基于业务流程的服务外包业

业务流程外包是指企业将生产过程中的部分流程或职能交予外部供应商进行提供和重组的服务，例如企业生产过程中的数据采集加工、人力资源管理、财务会计、物流采购、冗灾备份、客户交互和支持、市场营销、行政服务、呼叫中心等业务。业务流程服务外包业产生的基本动因是劳动力成本，因此可在工资较低、通信等基础设施完善的资源型城市中发展。例如大庆华拓数码科技有限公司为客户提供业务流程服务外包解决方案，涉及的业务范围包括数据处理、影像处理、呼叫服务、BPO 咨询、人才培训、IT 外包等。邢台市引进了用友畅捷通呼叫与服务中心项目，主要经营外呼营销服务和软件开发服务等。

（八）园区承载服务外包产业发展

政府通过园区建设，配套优惠政策，完善基础设施，提供公共服务平台等措施，能够有效地聚集企业，成为一个国家或地区发展服务外包产业的重要物理载体。专业园区的建设有利于提高地区优势和支柱产业的自主创新能力，发挥比较优势，提高产业的整体竞争力。例如包头市国家级稀土高新区财政收入从 2009 年的 40.178 亿元发展到 2011 年的 63.6 亿元，平均增速达到28.9%。包头市紧紧围绕稀土资源型产业这一核心，创新政策环境，完善服务体系。稀土高新区建立技术产权交易中心，成立企业服务和人才培训中心，聚集各种要素，构筑企业为主体、市场为导向、产学研相结合的技术创新体系。支持企业与高校、科研院所开展多种形式的合作，实现高新技术成果转化。建立知识产权信息中心，指导企业制定和实施知识产权战略。完善孵化创新体系，建设中试、科贸、服务、培训与科技交流等多层次的服务体系。从这一案例可见，资源型产业的可持续发展重点在于经济社会资源的利用，而不仅是自然资源本身的经济贡献率。而要提高技术、资本、知识、管理在资源型产业发展中的引领作用，就必须建设基于全社会资源的区域创新体系和现代产业体系。这种体系需要具备很强的开放性，资源型产业能够剥离生产性服务业交予第三方完成；同时企业具有核心竞争力的服务环节也能够为其他地区同类产业提供各种服务的支撑。这种发展模式既具有优势资源型产业的基础性支撑，又是在可再生的人力资源基础上建立现代产业体系，因此城市经济转型的基础雄厚，可持续发展的空间大。

　　从目前资源型城市产业发展实际和生产性服务业的产业规模来看，设置专门的工程技术类服务外包园区的时机尚不成熟。因此必须依托原有的高技术产业园、经济技术开发区等物理载体，植入服务外包的产业概念，结合资源型产业技术改造、设备更新、产业链延伸的生产性服务需求，建设区域创新体系，为提供工程技术服务、技术解决方案、产品设计、样机测试、专利研发、嵌入式软件系统、物流、市场数据分析、市场营销、出口服务、品牌宣传、维护维修等服务的企业，创造与大型资源型企业和国内外工程服务市场对接的平台，培育服务外包产业的兴起与发展。铜陵经济技术开发区将铜基新材料、电子信息、装备制造等产业的上下游相关服务，如科技研发、现代物流、金融服务外包等生产性服务业作为经济发展培育的新增长点。焦作市将高新技术开发区作为"省级国际服务外包基地"承接平台，重点打造服务外包产业。资源型城市可以通过服务外包产业的培育，创新城市品牌内涵，提升整体竞争能力。

（九）转变城市功能发展现代服务业

　　在资源富集区因开发利用自然资源而形成和建设的城镇与一般城市相比，具有一定的特殊性。这类城市与周边地区的经济关联度一般较差，并未起到辐射、带动的作用，渐渐成为嵌入城市群中的"经济孤岛"。因此要对资源型城市的功能进行重新界定，建设区域性中心城市或临近大型城市的功能区，充分发挥中心城市服务业对周边地区经济的支撑作用，构建合理的城镇体系，才能使资源型城市在更广阔的区域平台上实现转型。例如，山东半岛城市群中的东营，辽中南城市群中的抚顺、本溪、盘锦，中原城市群中的焦作、平顶山，关中城市群中的铜川等。大中型资源型城市都可以大力发展现代服务业，增强与周边地区经济的互动，成为科技、资金、人员流动的中枢区域。

大中型资源型城市在城市群中建设区域性中心具备优越的基础条件。首先，大中型资源型城市具有足够的人口规模和便利的交通道路基础设施；其次，资源型产业多年发展累积的工程技术和行业领域专业资质等无形资产，有利于资源型产业链条向两端延伸，形成多元化的资源型产业体系；最后，资源型城市在发展中形成的规模效应、集聚功能和技术优势能够有效利用和配置周边地区的经济资源，成为带动周边地区经济发展的中心区域。资源型城市在城市群中的作用可以是经济中心、交通枢纽，或是文化中心，确立城市在区域中的功能定位，发展为周边地区经济服务的生产性服务外包产业，是资源型城市经济转型的有效途径。例如，内蒙古赤峰市在红山物流园区建设的基础上，引入全球信息产业领先企业 IBM 建设赤峰蒙东云计算中心，同时启动 IBM Rational 技术主题高新园区建设。赤峰市要以大型国际信息企业作为龙头，形成以云计算、服务外包、软件服务为切入点的信息产业，不断调整和优化产业结构。达州公路物流港是四川重要的物流基地，以服务化工产业区为主，规划发展成为秦巴地区化工物流高地。达州运输集团有限公司与中国电信达州分公司签订物流港信息化建设及综合业务合作协议，打造现代信息化物流港。攀枝花市重点打造"西部示范性铁路物流产业基地"，为企业提供仓储、运输等服务，形成物流信息服务中心和煤炭、焦炭、木材等综合物流区。

（十）机制体制创新集聚要素发展

服务外包产业体系中以网络和通信设施作为基础的传输载体的行业，其区位选址的指向性并不明显。在通信、信息等基础设施完善的区域，又具备相应的人力资源，都有可能发展服务外包产业。例如邢台首个引入的服务外包项目用友畅捷通呼叫与服务中心（邢台呼叫中心），就是依托邢台职业技术学院专业培训和人员供给的有利条件，发展用友集团在北方的综合信息化服务平台。城市要依托服务外包业建立现代产业体系，实现区域经济的转型，关键是准确的服务业产业定位和相应制度和体制的创新。

马鞍山市以服务外包产业的发展为契机，利用优越的区位优势，融入长三角经济区，把服务外包产业作为经济的重要引擎，不断提升传统产业的层次，推进产业结构的整体跃升，发包方分别来自中国台湾、萨摩亚、日本、泰国和印度。服务外包产业形成了以工程设计、软件研发和动漫游戏为核心的产业特色。以中冶华天工程技术有限公司、马钢设计研究院有限责任公司和马钢集团设计研究院有限责任公司为代表的企业已能够直接对外承接离岸工程设计业务，成为工程设计类离岸外包业务主力军。

唐山市位于京津唐经济区，具有煤炭、钢铁等资源型产业基础，大中型企业集中，两化融合中对生产性服务和信息产业服务的需求量较大。目前唐山市已经形成了一些特色鲜明的工程技术类服务外包企业，例如唐山钢铁集团微尔自动化有限公司，它主要经营范围为自动化系统工程、智能化系统设计集成、工业设计及销售、数控通信系统及智能化系统、技术咨询服务等。目前该公司是唐山高新区从业人数最多、营业收入最高的服务外包企业。唐山中联耐材电子商务有限公司承担着行业协会"研究行业发展问题、经政府部门授权或委托进行行业统计"等重要的行业服务职能。唐山现代工控技术有限公司在水利、热力行业的自动化控制领域具有丰富的产品研发、软件开发和系统研发经验。

从上述两个实例可见，服务外包产业的发展能够优化区域的产业结构和劳动力结构，使得经济转型中的沉没成本大大降低。这种路径转型的实现需要政府从体制机制上进行有效的创新，以服务外包示范城市大庆为例。大庆市制定了《大庆市服务外包产业发展规划》、出台了《大庆市加快服务外包产业发展若干意见》《大庆市促进服务外包产业发展暂行办法》等一系列政策措施。同时政府对认定的服务外包企业给予资源型城市转型、老工业基地振兴、哈大齐工业走廊建设、高新区以及国家对软件企业的各种优惠政策，同时提供通信专线、资质认证、人才培训等配套服务，还可获得房租和出口等补贴，大大推动了当地服务外包产业的发展。

第四节　区位型城市服务外包产业发展的条件分析与路径选择

一、区位型城市发展的总体状况

区位型城市主要指的是交通枢纽城市和边境口岸城市等这类地理位置

和交通环境形成和发展的城市。这类城市往往交通发达或者处于关键战略性的地理位置，在城市化初期阶段有着资本、商品、技术和劳动力等生产要素的跨区域聚集的优势从而了实现了强大的产业聚集能力，尤其是资源密集型、劳动密集型和交通指向性的重工业和制造业等基础型工业发达，大量劳动人口的汇集和资源的消耗加大了区位型城市的环境压力。最重要的是，传统的交通系统已难以满足不断扩张的区位型城市的发展需要，尤其是在电子商务飞速发展的现状下，物流业务的迅速膨胀进一步提高了对交通枢纽城市的商品集散效率的要求，在城市形成初期沿交通干道或其他区位条件而形成的城市布局不甚完善，基础设施的升级速度赶不上城市发展需求的速度，对城市产业结构的升级优化带来一定影响。另外，区位型城市虽然对周围区域产生很强的空吸效应加剧了区域不平衡，但是这类城市缺乏集中的高校、科研机构以及高科技企业，高素质人才的缺乏使得这类城市创新能力不足，缺少转型的内向驱动力。但随着科技的发展和全国交通基础设施的建设，在交通方式多样化和高速化的基础上，城市群和大都市绵延带的发展已成为未来区域的发展方向，区位型城市也迎来了新的发展前景。

（一）交通运输要求发生质变

虽然在区位优势下，交通和特殊地理位置的优势加速了人才、资源、商品的快速流动和转移，很大程度推动了工业和服务业的发展。但随着整体交通布局的日益完善和交通系统的跨越式大发展，以及产业转型升级过程中第三产业对交通条件的要求发生质变的情况，尤其是在网络和信息社会里，地缘优势逐渐被科技所取代，城市的经济增长更多是依靠创新和技术拉动。许多交通枢纽城市都是铁路运输和传统的水运发达的城市，然而随着铁路和水运这些传统运输方式在新的产业发展进程中地位下降，在体积小附加值高的高科技产品需求量大大提升的同时，高速公路以及航空运输的优势体现出来，交通枢纽城市和重要口岸城市在传统交通运输方式地位下降的情况下如何发展新型交通并在地缘优势下实现产业的优化转型才是关键，如果不能抓住机遇，其区位优势也将荡然无存。以石家庄市为例，作为"火车拉来的城市"，石家庄市实现了从小村庄到大省会的飞跃式发展，但是过度依赖工业导致产业结构落后使得城市转型陷入"瓶颈"，发展停滞不前。

（二）交通问题严峻

区位型城市重要的地理位置推动了其交通的迅速发展，密集的交通网络得以铺设于此，尤其是交通枢纽型城市，公路、铁路、航空运输甚至水路运输都汇集一城。随着城市规模大型化、人员流动高度化的进程日益加快，城市土地资源极度短缺，交通流量非常密集。大量人口的流动以及电子商务的发展增加了城市人口和商品集散的交通压力，交通枢纽城市承担着许多基础型的运输和集散需求，需求的增加对基础设施的承载能力要求日益提高。此外，外向交通和城市内部交通系统的衔接，不同交通方式的换乘以及相关配套设施的建设也是目前交通枢纽城市要解决的一大难题，即如何最大限度利用效率最高的轨道交通手段以及与其他交通方式的组合，实现城市交通系统运行的畅通。在高速铁路和铁路客运专线发展势头的冲击下，对通道节点位置的大型和特大型城市发挥综合交通枢纽效率提出挑战，而交通承载力的提高不是一朝一夕就能完成的，交通系统的完善对城市的空间结构提出很大挑战。同样作为区位型城市，一些边境口岸城市则是多位于边陲地带，虽然凭借邻近其他国家甚至与多个周边国家有着便利的交通环境下发展对外贸易的优势，但是这些边境口岸城市通常也远离经济发达的东南沿海以及内陆地区，因此，铁路线的铺设以及航空港的建设尤为关键。而许多边境口岸城市与内陆地区的交通联系不够密切，这个问题阻碍了它们经济的进一步发展，可以通过汇通国内外打造对外贸易新通道。

（三）城市布局不完善

区位型城市当中，交通枢纽城市沿交通线路而建并向外扩充，边境口岸城市则是沿边境线和河流形成，建设初期并没有考虑到未来城市发展的空间组织性和持续性，因此，城市布局存在一定问题，尤其在经济发展速度快于城市化的过程中，产业布局的需要使得城市以"摊大饼式"的空间发展方式进行迅速扩张，而在信息时代中，新兴产业体系的发展对城市整体空间的结构提出了城市一体化以及更强的对外连通性的空间等新要求。尤其是边境口岸城市的发展与国际关系息息相关，一旦国际关系紧张，靠近国境线地区的发展与安全易受到影响，虽然其发展区位优势在于边境的特殊地理位置，但为了可持续的安全与健康发展，边境口岸可以通过交通与毗邻的其他国家城市建立来往，但在城市空间上应尽量向内扩张，在布局和整体空间形态上加以考量。

（四）高素质人才匮乏

区位型城市虽然汇集了大量劳动力和生产要素，但由于区位型城市尤其是边境口岸城市教育水平相较而言较低，缺少高校和研究机构的基础上也缺少高素质人才少，导致创新驱动力不足，这为城市的产业发展转型埋下隐患。

二、区位型城市服务外包产业发展的条件分析

根据上述对区位型城市发展及其现状的叙述可以看出，我国许多区位型城市拥有地理和交通优势，发达的交通设施和现代化的立体通信网络系统，同时也面临着产业转型对交通运输要求发生质变的问题，利用区位优势进行产业转移和升级以及发挥对周边地区的辐射作用是区位型城市未来发展的主要方向。随着城市群的构建成为未来区域发展的关键目标，区位型城市的发展模式的选择至关重要。交通枢纽城市和边境口岸城市有着不同的发展服务外包产业的条件，接下来将逐一进行分析。

（一）城市群成为区域发展新趋势

交通枢纽城市凭借着便利的环境，劳动力、生产资料和资本等生产要素实现了快速流动，在此基础上，交通枢纽城市得以成为区域范围内生产力、产品以及信息等的交流中心，生产要素的融合推动了城市的快速发展。伴随着极化效应，随着交通网络的不断完善，扩散效应开始显现，以交通枢纽城市为核心的城市群加速发展。在城市群的发展趋势下，交通枢纽城市的重要性不断增强，区域一体化加速了地区内各企业的交流与合作，也为产业的转移以及升级提供了便利，为服务外包产业的发展提供了广阔的市场和产业支持。这主要表现在区域内由于极化效应造成了要素成本的差异，这为服务外包的发展提供了可能性。科技水平较发达并且大型企业云集的中心城市，即交通枢纽城市处于升级产业结构的阶段，城市内的各大企业需要提高自身专业化水平，一些非核心业务的外包需求陡然增加。根据比较优势的原则，企业应在最适合的地区完成设计、加工制造等生产阶段以提高效率和降低成本。比如一些劳动密集型的生产业务，可以外包给周边劳动力较丰富且生产成本较低的地区的公司进行，而技术水平

较高的一些业务可以外包给核心城市的专业性高的公司负责。城市群的建立进一步缩小了区域空间上的差距，通过交通枢纽城市实现区域内各个城市的高效交流有序对接，通过服务外包产业的实现资源的最优配置。

（二）跨境贸易为边境口岸城市创造先机

对于边境口岸城市来说，其发展优势不在于发达的交通环境而在于特殊的地理位置，边境口岸城市通常位于两国或多国疆界，也是具备这种通道优势的居民和企业聚集区，在地域的邻近、文化包容以及对外开放的基础之下，跨境贸易迅速发展。在"一带一路"倡议下，跨国的交通基础设施不断完善，如中缅铁路、中老铁路的修建以及铁路口岸海铁联运的开运将极大程度助推云南省，尤其是边境城市的经济社会发展，大力拓展国内及东南亚市场，即边境两国或多国的交通、物流、信息结点顺利联网，强力拉动区域经济的发展。边境口岸城市作为边境地区经济发展的增长极，依托口岸发展跨行业、跨地域、跨产业的复合经济，与其他城市区别在于其对外贸易、货物流转、信息导向和对外窗口的特色的功能，尤其是随着电子商务的发展，边境口岸城市跨境电商产业萌芽并实现了跨越式发展，跨境电商的繁荣为边境口岸城市经济发展注入活力，促进区域经济增长。随着"一带一路"倡议的顺利推行和深化发展，边境口岸城市的第三产业迎来进一步的发展空间。

三、区位型城市服务外包产业发展的路径选择

服务外包产业无污染、高附加值以及延长产业价值链的特点契合区位型城市的转型发展的需求，而区位型城市的条件也便于生产性服务业和生活性服务业当中作为贯穿生产各个阶段的流通环节等服务外包产业的发展。下面将分别对区位型城市的当中的交通枢纽城市和边境口岸城市来分析服务外包产业发展的条件。

（一）基于城市群资源配置的生产外包

生产外包是指企业将本来在内部完成的生产制造活动、职能或流程交给企业外部的另一方，即代工企业来完成，生产外包也可以认为是一种分包的形式，生产外包双方有着共同的目标之外还存在着相互依赖的关系，代工企业和委托制造企业之间是能力互补基础下的结合，创造了垂直分工

的效益，并且能够增强双方在产业水平阶段的竞争力。生产外包是水平比较低的服务外包方式，但是这对劳动资源丰富的交通区位城市周围的城市群以及生产创新能力较低的边境口岸城市发展服务外包产业起着"敲门砖"的作用。对于交通区位城市来说，在实现产业结构优化升级的过程是必然需要进行基础产业的转移，基于城市群的打造，生产外包的发展能够提高企业的核心竞争力，实现规模经济并增强灵活性和速度以适应市场的变化，还能够分散经营的风险并且降低交易费用和运行成本。

（二）基于交通优势的物流外包

现代物流活动指的是物品从生产地到接受地的实体流动过程，包括运输、储存、装卸、搬运、包装、流动加工、配送和信息处理等功能。随着现代企业生产经营的不断革新，生产和销售领域降低成本的空间越来越小，而物流环节的成本压缩还拥有很大潜力，物流外包的发展可以让企业成本的节约。此外，物流外包可以让生产销售等企业集中资源和精力于核心业务上，以供应链为主线，跨越企业的边界以优化资源配置，提升核心竞争力。尤其是电子商务的迅速崛起之势极大扩大了物流行业物流的运输、仓储和配送等基础的物流需求，物流业务高速增长。除了生产性服务业当中的物流行业，在电子商务时代里，生活性服务业的物流业实现了迅速发展，配送、代理、信息及相关业务的现代物流特征越发明显。交通枢纽城市作为物流的中转环节，边境口岸城市作为沟通国内外贸易的核心环节，在发展物流外包上有着很大优势。

（三）基于电商发展的 IT 业务外包

IT 外包指的是企业将部分 IT 工作外包给专业性公司完成的服务模式，通过整合利用外部最优的 IT 专业化资源以达到降低成本、提高效率、充分发挥自身核心竞争力以及增强对外部市场环境应变能力的管理模式，包括系统运营、网络设计开发和管理、数据中心托管、安全服务等待，外包服务供应商还能够根据客户的具体需要量身定制不同的服务类型。随着业务流程外包的深入发展，IT 业务外包的技术特征开始弱化，信息特征日益突出。交通枢纽城市和边境口岸城市都是重要的电子商务发展城市，基于电子商务的繁荣发展，电子商务平台的营销、交易和支付、后台管理、售后以及信用评级等系统和平台的设计、开发、运营和维护服务这些各类 IT 需求开始出现，从事软件与信息服务产业的公司为发包公司提供这些服务，可以发挥专业性优势以提高发包企业的软件与信息服务相关业务的运行效率，还能够节省发包公司的 IT 运营成本。

本 章 小 结

综合服务型城市发展服务外包产业具有完善的产业基础，在面临经济下行危机时需要稳定中高速的经济发展以及实现可持续发展，其重中之重就是继续完善产业结构，尤其是第三产业的发展以及其结构的优化升级，重点发展高附加值、无污染的创新驱动型产业以及智慧型产业，通过知识密集型的研发型服务外包的发展带动城市可持续发展。在行业专业化程度不断加深的趋势下，许多非核心的业务相关的服务外包需求不断扩大，在信息时代中，大数据和云计算的出现为产业的创新发展注入了更多动力，以软件与信息服务外包以及基于此的知识流程外包产业成为综合服务型城市向智慧型国际化大都市发展的重要可持续发展方式。

技术资源型城市发展服务外包产业具有雄厚的工业技术基础，在工业信息化、产业现代化、行业纵深化发展的趋势下，派生了大量的生产性服务需求。这种内生性的需求为工程技术类服务外包产业的发展创造了先天的优势。同时经济全球化、信息化趋势的加强也大大降低了企业交易的搜寻成本，因此全球范围内提供工程技术服务已经成为资源型产业重要的利润增长点。资源型城市以工程技术服务外包行业为主导，信息技术服务外包和业务流程服务外包为补充的产业体系发展趋势日益明晰，为资源型城市经济转型提供了重要的现代服务业产业支撑。资源型城市的区位条件和综合发展水平的差异性较大。地区中资金、技术、劳动力等要素的流动性不同、各资源型产业的技术体系复杂程度不同、工业体系中信息化程度不同、高技术应用和创新的水平不同、产业发展水平和所处阶段不同，都决定了资源型城市发展服务外包业，特别是工程技术服务外包业，必须根据城市的比较优势和产业的技术特征来特色化地选择发展道路。在综合实力较强的资源型城市中例如唐山市、大庆市、东营市、马鞍山市应不断推进以服务外包产业为主导的现代产业体系的建设，优化地区的产业结构和劳动力就业结构。在技术体系复杂的石油产业和冶金产业所在城市，建立以工业技术创新、自动化控制、信息化嵌入、高技术融入为基本点的产业发展模式。以现代化方式改造传统产业的生产方式，以服务外包形式改变传统产业资源配置的方式，大力发展生产性服务外包业，形成某一领域的现代服务业高地，支撑资源型城市产业链条的延伸和资源产品附加值的提高。在地处偏远、产业技术层次低下、劳动力剩余严重的资源型城市中，应以增强企业的活力为转型的重点，不断提高资源型企业到区外承揽工程的能力，鼓励企业在区外开采资源，异地搬迁资源型企业。通过资源型企业的迁移，从全国范围内实现资源型产业专用资源和产业工人的合理配置，存量资源和增量资源的合理利用。

区位型城市则有着突出的交通地位或边境地缘优势，是实现区域沟通的枢纽，在城市群以及全球化不断深入的发展过程中，基于枢纽位置，区位型城市的地位越发凸显，其流通环节服务业发展优势和潜力巨大。在跨地区甚至跨境贸易的深入发展之下，随着产业专业化程度不断提高和信息技术的快速进步，信息技术外包和流程外包需求进一步扩大，作为人口、商品和信息的中转交流地区，区位型城市在产业转型以及产业结构优化的过程中，应挖掘城市优势环节的相关产业成为经济增长点以带动城市的可持续发展。以现代物流和信息的服务外包为主要发展方向，带动关联产业的专业化以提高产品和服务的附加值。

第五章

服务外包业务的运行模式与管理

　　目前，现代产业价值链的可分解性不断提高，价值链的分解越来越细化。而外包也随之扩展到价值链的各个环节。随着外包业务种类增多，外包规模扩大，作为发包企业的大型公司将这些外包业务进行整合，实行"网络化治理"，从而在自己的内部管理体系中，逐步构筑起外包网络。这种外包网络以大企业为中心，以外包合同为纽带，在全球价值链上聚合各类专业公司和机构。同时现代产业的外包网络也是动态的，不仅其边界是可变的，而且随着服务外包功能的扩展升级，处于网络核心的大企业与发包企业的关系可能升级，即从市场交易关系发展到战略联盟和伙伴关系，这种升级将进一步加深基于全球价值链的分工。美国哈佛商学院战略学家迈克尔·波特提出"价值链分析法"，把企业的活动分为基本活动和支持性活动，两者构成企业的价值链。企业的基本活动是指产品生产、销售、售后服务的各种活动；支持性活动即辅助性活动，涉及人力资源、财务管理、制度与计划、研究与开发、采购等活动。波特认为企业并不是每个生产环节都创造价值，只有某些特定的价值活动才能实现价值增值，这些环节就是价值链的"战略环节"。企业要发挥核心竞争力，就是要运用战略环节的优势，组织与配置资源，形成和巩固在行业内的竞争优势和核心价值。而这种企业战略环节的价值活动市场化的运作，能够最优化企业的经济效益。波特认为企业的价值链内嵌于更大的"价值系统"中，即供应商价值链、销售渠道价值链和客户价值链等，研究扩展到产业链层面。随着社会化大分工的细化，生产迂回程度的加深，寻找成本节约生产方式推动下，企业不断利用自己的有限资源加强核心竞争环节的资源配置，全球范围的企业联盟和企业合作，推进制造外包与服务外包产业的深化。从不同类型城市产业类型以及产业价值链的长度、深度以及产业生命周期等问题进行考虑，将其产业链进行分解以探讨适合城市发展的服务外包产业类型。

第一节 综合服务型城市产业发展服务外包业务的运行模式与管理

波特把企业的生产活动分为产业研发、采购等上游环节；制造、生产等中游环节；运输、营销、售后服务等下游环节，综合服务型城市在进行可持续发展的过程中，逐渐将生产制造产业向外转移以实现产业结构的优化升级，因此综合服务型城市的企业多数处于或向价值链高端的研发环节发展，即抓住价值链核心环节进行产业升级以获得更高附加值的效果实现经济发展。而通过服务外包业务的发展尤其是技术含量高的信息技术服务外包以及知识流程服务外包等的发展能够加快综合服务型城市融入全球产业链尤其是进入高端价值链，发展产品收入弹性高的产业以实现产业的持续发展。全球价值链的领导者能够按自己的目的和要求来构建全球价值链从而维持优势竞争地位。大型跨国企业的发展目标就是成为全球价值链的治理者，而我国综合服务型大城市的服务外包产业发展目标就是进入全球价值链高端环节，从而获得话语权和主导权。

一、价值链全球化与服务外包业务

随着全球化的不断深入，在国际产业的变动与发展过程中，全球产业链逐渐形成，在全球产业链当中，内部的各个生产环节和增值过程在全球范围内进行从而实现产业的帕累托最优状态，价值链也开始在全球范围内形成，价值实现的组织形式为全球价值链组织。全球价值链则指的是全球性跨企业网络组织通过产业链上的各种行为进行增值的活动，是分解原先产权集中的垂直一体化内部价值链。其核心在于创新、销售、核心生产和服务等高附加值的活动。综合服务型城市在实现国际化大都市的进程中，必然深入到全球化的经济浪潮当中，而要在全球化经济中获得一席之地，进行价值链高端环节产业的发展尤为关键。服务外包产业的发展能够与传统及新型产业的发展相结合，发展核心竞争力以获得最大的投入产出比。

（一）高端价值链深度分解

综合服务型城市的生产效率较高，并已基本实现将附加值低的生产制造业外移、转型升级或外包给次级城市进行，着重发展服务行业尤其是位于价值链当中中上游的设计、产品研发等附加值高、核心竞争能力强的增值活动。伴随着生产组织方式的变革和专业分工细化的趋势，对价值链进行分解的趋势愈发显著，这些垂直行业高端环节的解体、分割以及再整合是综合服务型城市实现可持续发展的重点。

（二）培育核心竞争力迈向价值链中高端

综合服务型城市的产业链已基本完善，其延长空间已经不大，在这样的背景下，面对不断缩短的产品生命周期以及快速的技术变革，将创新、销售、核心生产和服务等高附加值活动作为城市产业发展的关键以培育核心竞争力实现价值链的提升非常重要。通过中高端价值链环节的发展可以减少其在非核心环节，即一般服务业和生产制造等价值链中下游环节的资金和劳动力等生产要素的投入。中高端价值链行为可以有助于企业实现价值链各环节功能的一体化和协调，提高组织应变能力以及生产能力，获得更高的分工效益并获取互补性资源共享价值创造的更高收益。在价值链中上游环节，创新和发展更高附加值产品来驱动经济的可持续发展。就生产性服务业而言，从标准化的生产性服务向信息和知识密集型的生产性服务业进行调整，通过定制化和创新型的服务提高产品附加值。

（三）价值链和产业链全球化趋势不断深入

在 WTO 框架以及市场经济环境下，以生产和贸易一体化为主要内涵的全球经济一体化趋势日趋明显，随着"一带一路"倡议的不断深入和亚投行的创立发展，我国通过区域经济的发展加深了全球化发展进程，全球制造体系以及相关服务产业的一体化使得价值链的全球化不断深入，全球产业链成为重要趋势。全球产业链的深化使得服务的可贸易性也不断提高，产业链分工涉及的领域也不断扩大，从传统制造业到新型高科技，从一般性服务业到金融保险等行业。全球产业链和价值链的形成为服务外包产业的发展创造了条件，服务外包业成为新一轮产业革命和产业转移中不可逆转的发展趋势。我国综合服务型城市在打造国际化大都市的进程中，必然会更主动地进入到全球化的浪潮中，城市企业也必然积极投入全球化的价值链和产业链环节当中，通过发展核心竞争力在国际分工中占得先机尤为关键。

（四）综合服务型城市服务外包业务选择标准

服务外包项目的选择应该基于城市的发展现状以及未来发展方向与发展模式的考量，并且考虑基于企业核心能力的外包网络的建立。对于综合服务型城市而言，企业开发服务外包项目标准必然是能够保证城市实现可持续发展，定位于在价值链高端环节的高附加值活动，保证城市的整体竞争力，尤其是文化以及创新水平。

综合服务型城市的企业开发服务外包项目可以从企业核心竞争力的评价与定位以及科技创新水平的衡量开始，这些是企业实现竞争优势以及获得高附加值经济利益的来源。尤其是在服务外包业务升级到 2.0（系统解决大方案）和 3.0（价值创造中心）时代后，服务外包更多地开始承载核心功能和核心业务，如技术研发外包、品牌管理和营销外包，即微笑网线两端的高价值部分，可以依据以下标准进行选择。

1. 基于新一代信息技术的外包项目

互联网时代以来，信息技术的发展瞬息万变，随着移动互联、大数据、云计算、3D 打印、物联网、"互联网＋"等新一代信息技术登上历史舞台，并被广泛应用到各个产业当中，这些技术的运用能提高发包企业对瞬息万变的外部环境的应变能力，大大提高企业的服务水平以及产品附加价值，从而提高企业在全球市场环境中的竞争力，加速城市的全球化进程。比如分析和数据挖掘服务。

2. 基于核心业务的设计研发外包项目

生产性服务业的价值链中上游的环节以创新和研发为主，创新研发的水平关系到企业的独特的核心竞争力与其提供产品的附加值空间以及产品弹性，推动服务外包企业提升研发创新水平以及促使其向产业价值链高端延伸，这些新技术的出现拓宽了服务外包领域，催生了新的服务外包业务并且延长了产业生命周期，为服务外包发展乃至其他产业的发展都注入新的活力，为产业结构和经济发展的优化升级提供新的发展动力。

3. 基于组织运营能力和平台建设的服务外包项目

企业能够整合各种资源，调配不同生产要素，应用金融、数据分析、中介、营销等辅助性部门实现客户的价值。也可以通过服务平台的建设连接市场实现项目对接或交易完成。如企业融资、营销推广等。

4. 基于智力和信息需求的知识流程服务外包项目

知识经济时代，知识已然成为激烈的市场环境中企业实现竞争优势的源泉。企业利用第三方专业服务机构整合的信息、资源以及进行分析和决策的帮助，通过全方位的知识保障、系统化的综合知识服务实现资源的最优整合，提高企业效率以及产品和服务的附加值，构建核心竞争力。这种位于产业链中上游的知识密集型的服务外包的发展，能够将企业最具竞争力的内部资源和外部的优秀资源有效结合，从而产生巨大协同效应。如咨询行业等。

5. 基于智慧文化城市发展的服务外包项目

信息化是城市创新发展的宝贵机遇，尤其是以信息技术为代表的高技术的广泛应用将成为提高城市运行能力和可持续发展的重要动力；与此同时，城市文化逐渐成为城市发展的驱动力，体现出很强的社会经济价值。服务外包产业与智慧系统以及文化创意的融合有利于打造城市文化品牌，增强城市的软实力从而提高可持续发展能力。

二、综合服务型城市产业发展服务外包业务的业务模式

基于完善的产业基础和较发达的经济外部环境，处于较高发展水平的综合服务型城市发展方向是可持续的智慧型增长模式，企业的发展方向则是通过创新驱动发展高度专业化水平下生产更高附加值的产品和服务的盈利模式，即发展价值链高端部分的研发、采购等环节，实现价值链的延伸，并在凭借自身的核心竞争力在全球分工中取得优势。

（一）软件与信息服务外包

随着综合服务型城市服务产业以及科学技术水平的迅速发展，其中软件与信息服务外包带来的经济增长效益明显。从业务范围来看，软件与信息服务外包主要包括信息技术外包、业务流程外包，业务完成模式主要是发包公司将非核心的 IT 工作外包给专业性公司完成的服务模式，接包的软件公司整合利用专业化资源，实现成本的降低和效率的提高。其中信息技术外包是许多城市发展服务外包的起点和重点环节，业务流程外包是基于传统 ITO 业务之上更为高端和全面的服务外包产业。它作为一个信息和知识技术密集型的产业，对技术创新能力要求极高，其中大数据和云计算等新兴技术的研发和应用熟练程度发挥着重要作用。综合服务型城市有丰

富的高素质人力资源、创新要素聚集，市场化开放程度高有着建立大数据服务平台的基础优势，这为高端的软件与信息服务外包业务的发展打下基石。由此可见，软件和信息服务外包对信息基础设施、产业基础以及智力资源的要求较高，只有大型综合服务型城市能够满足这些严苛的发展需求，并且在市场化程度高的这些综合服务型城市里，城市内各行业对该产业的需求旺盛，为其提供了有利的市场支撑。城市的软件产业通过走自主开发和创新的道路，发展基础软件、应用软件、嵌入式软件等在内的自主研发型软件产业，减少对国外企业和市场的依赖，为综合服务型城市内以及周边城市群甚至全国范围内的各类企业提供中高端服务，创造更高的产品附加值，这是综合服务型城市经济的重要增长点之一，其发展态势的好坏也是综合服务型大城市进入经济新常态后实现转型的发展重点，有利于城市科技创新的发展下实现产业联动，提升城市的综合水平。

软件与信息服务外包的发展有利于城市信息系统的构建从而打造智能城市。通过信息的整合，基于完善的信息化基础，推动城市管理信息共享，推广网格化管理模式，加快实施智能电网、智能交通等试点示范，引导智慧城市建设健康发展增强民生领域信息服务能力，提升公共服务水平，并推动互联网与政务服务深度融合，大幅提升政务服务智慧化水平，分级分类推进新型智慧城市建设。智慧社区的建设内容和评价体系涉及保障体系、基础设施与建筑环境、社区治理与公共服务、小区管理、便民服务和主题社区等六个领域交通与互联网深度融合，推动交通智能化发展，使综合服务型城市能够更好地运行。从技术层面上看，物联网、3S（GIS，GPS，RS）和云计算是智慧城市建设的重要核心技术，它们的应用将不断壮大新一代信息技术产业，带动创意产业、软件与信息服务业等新兴产业发展，以及智能、生物、纳米等新技术群体集聚，加速重构起以战略性新兴产业为主体的城市现代产业体系。以物联网为例，据美国市场研究机构Forrester 预测，物联网所带来的产业价值要比互联网大 30 倍，将形成下一个超万亿元规模的高科技市场。

（二）金融业务外包

金融业务外包是继软件服务外包之后发展起来的又一行业的服务外包，伴随金融服务业的国际化、网络化发展，金融服务外包依托金融业专业化程度高、技术应用更新快、规范控制要求高的特性快速发展，迅速成为各行业在专业分工精细化进程中的先行者。尤其在金融业服务内容日益丰富、产品日趋复杂的情况下,越来越多的金融机构逐渐将内部流程和业务环节实施外包,以从整体上获取更低成本、更高效率和更多样化的优质服务。全球金融危机后,受金融业竞争加剧、成本控制要求提高等因素的影响,这一发展趋势得到进一步巩固和深化,全球金融服务外包增长加快。金融服务外包主要包括后勤支持服务类业务外包、专有技术性事物外包、银行业务的操作环节外包等。综合服务型城市的金融业发达,其业务辐射着周边地区甚至全国范围,因此,综合服务型城市金融行业的运行效率和安全性对其辐射范围内的所有地区各个产业的发展尤为重要。而随着金融业迅速膨胀,尤其是在中小金融企业低成本的快速扩张下,金融行业业务范围不断扩大,行业对信息数据处理、IT 服务、人力资源和风险控制等领域专业性的要求越来越高。发展金融业务外包,就业务类型来看,金融机构可以将专业性强的事务外包给第三方进行,包括信息技术、法律事务和审计事务等,第三方可以提供更专业以及更高的服务质量;就业务操作环节来看,贸易结算和外汇业务、贷款业务、客户财务数据录入以及业务后台处理等业务可以外包给专门负责外包服务的其他机构集中处理。金融业务外包这个新兴行业金融业务外包的发展能够在电子信息技术细化、金融全球化和市场竞争日益激烈的环境下强化金融机构的核心竞争力,提升其组织效率并在一定程度上规避经营风险以及降低其经营成本,提升城市金融服务的质量,这些不仅适应了综合服务型城市作为区域金融中心的需求,也符合城市国际化的长远需要。

随着金融全球化的加深,越来越多的跨国金融机构将部分业务外包给当地服务商以提高本机构在当地的整体效率并降低成本,我国的经济发展速度和金融发展程度使得我国在金融服务外包产业具有很强的竞争优势和发展前景,我国的服务外包公司通过承接这些离岸业务学习发达国家的先进技术,提高自身水平并逐渐形成完整的外包服务供应链,更好融入金融产业的全球价值链当中,尤其是上海和深圳这样的全国金融中心,更应该通过金融产业服务外包的发展,加速成为全球金融中心的进程。

(三) 生物医疗外包

生物医疗外包包括生物医药和医疗服务等外包业务,基于技术含量高的生物医药研发生产和流通、医疗机构资源管理以及医疗服务及器械生产等领域,主要通过合作开发、技术秘密转让、委托开发和一般性技术服务等几种类型来完成。以生物医药产业为例,它主要包括研发外包组织

（CRO）、生物医药生产服务市场（CMO）和销售外包组织（CSO）。从综合服务型城市发展生物医疗外包的优势来看，由于医药产业发展的研发阶段投入大、临床试验时间长，在综合城市高校、研究机构、医药企业以及医院聚集的基础上，为实现医药产业的研发合作提供专业人才、技术创新和资金投入；在医疗卫生服务较发达体系较为健全技术水平较高的基础上，便于进行临床试验。此外，与发达国家相比，我国受试人群广泛，医疗收费低廉且人工成本相对较低，医药的研发和临床试验有着较大的成本优势。随着我国在生物医疗外包方面研发投入不断增加，国内医药市场逐渐扩张，生物医疗外包的市场容量也不断扩大。

从生物医疗发展的必要性来看，我国综合服务型人口基数大，作为地区核心城市，加之我国老龄化和庞大的人口数量的现状，导致其医疗卫生需求庞大，专业能力和服务水平要求较高。通过发展生物医疗服务外包业务，发包方可以节约资金投入和对高技术的依赖，提高核心竞争力，避免自身由于医疗专业能力不足带来的困扰，满足城市人口的需求并提供更高效的服务。作为知识密集型产业，生物医疗外包具有高技术含量和高附加值的特点，由于药物研究和开发是高技术、高投入和长周期的过程，研发成本不断攀升，这给药企带来了经营压力，而生物医药外包可以凭借高度专业化的研究网络分散新药研发的资金投入和潜在风险，降低研发成本的同时提高上市速度。我国大部分生物医药外包属于初级竞争者，主要通过牺牲环境和消耗资源为国外企业进行简单的委托加工，制药工艺技术附加值低，利润空间小，而中高级形态的生物医疗外包可以抢占国际制药技术制高点，通过技术的创新发展建立高效的绿色经营和可持续的发展模式，为城市可持续性的经济发展模式再增助力。

（四）智力资源外包

智力资源外包主要指的是雇用外界人力来为公司解决问题，达到改进工作和提高经济效益的目的，主要包括研发外包、咨询外包等方式，为发包客户提供咨询、诊断、顾问、分析、决策方案、组织重组和技术改造等专业性较强的服务。这种外包方式的核心在于"人"，即以专业的高素质人才的知识技术为业务载体，具有无消耗、高附加值和可持续发展的特点，是信息和知识密集型行业，作为生产性服务业中的高端环节，通过专业化的能够最大限度提高产品附加值。智力资源服务外包产业的发展能够吸纳综合城市内大量的高素质人才，在一定程度上减少人才外流，实现人才最优化配置。就研发外包来说，创新和研发是许多企业核心竞争力的来源，然而有些技术的研发前期投入资金大且周期长，对于一些企业来说，要对企业中所有热门的新产品都进行创新耗费的人力物力资本太高，将部分业务外包出去能够提高效率。而咨询外包服务的内容十分广泛，包括决策咨询、工程咨询、技术咨询、管理咨询等。综合服务型城市产业类型丰富，经济情况复杂，市场信息繁杂且更新速度极快，而咨询公司在信息系统、专业人才和技术分析方面具有独特优势，能够通过专业的调查研究进行分析，组织横向联合实现信息的无缝对接，最大限度上实现帮助发包企业实现决策和管理的科学化，不仅能为发包客户实现资源配置最优化，还对促进市场经济的健康发展起着重要的作用。我国各大城市的咨询公司以毕马威、高升等知名外企为主，咨询市场不够健全，整体存在咨询队伍素质有待提高，供给不能满足需求的问题，由此可以看出我国的咨询服务外包产业还有着很大的发展空间，植根于综合城市本土化的咨询外包产业将成为未来综合服务型城市推动市场经济健康可持续发展的重要外包模式。

（五）文化创意外包

改革开放以来，我国城市建设取得了举世瞩目的成就，但在城市物质建设实现跨越式进步的同时忽略了城市的文化建设，包括城市记忆的消失、城市面貌的趋同、城市建设的失调、城市形象的低俗、城市环境的恶化、城市精神的衰弱、城市管理的错位和城市文化的沉沦等。城市文化的延续和创新决定了城市未来发展的水平和质量，服务外包的创新性和融合性可以助力传统文化迸发新的时代活力，为文化提供更多载体以发挥其内核驱动的作用。包括动漫、电视、电影、会展、文化活动等文化产业与服务外包公司或者相关企业的服务外包部门的合作，展现城市的文化魅力和形象，挖掘城市的特色文化，城市文化的创新与发展打造城市的文明，通过服务外包将文化资源与时代进行更好融合推动创意文化产业的发展，提高城市发展的内动力。

第二节　资源型城市服务外包业务的运行模式与管理

目前我国资源型产业进行服务外包活动还处于初级的摸索阶段，缺乏相关的理论对资源型产业发展服务外包链条和企业运营服务外包项目的指导。资源型产业运用服务外包的配置方式培育接续和替代产业必须考虑三方面的因素：一是产业发展的外部环境是否适宜资源型企业的外向化发展模式；二是企业的经营管理能力是否能够适应发展方式转变带来的各种冲击和变化；三是企业剥离的生产性服务环节发展外包项目的市场竞争力和国际化交付能力。但是外包的方式涉及委托、代理双方复杂的责任义务关系，存在相当的风险，如业务低端锁定、信息安全、协调困难、交付复杂、核心能力被模仿等问题。因此科学制定服务外包项目规划、合理运用恰当商业模式、有效防控服务外包风险等需要以下几个阶段：一是对资源型产业的价值链进行分解，选择服务外包运作模式阶段；二是结合项目的技术特征和运营特点，对可外包性的环节进行分析和评估阶段；三是服务外包的实施和管理阶段。

一、资源型产业价值链分解与服务外包业务

资源型城市的产业链相对单一，针对开发资源型产业的服务外包项目，首先应该对资源型产业价值链框架进行分解，以此为逻辑起点，探讨可行的服务外包项目。

(一) 资源型产业价值链深度分解

资源型产业尤其是采掘业属于效率低下、创新缓慢、体制僵化的传统产业，但我国尚处于工业化中期阶段，资源型产业仍有着重要的历史任务和长期的发展阶段，这类产业转变经济发展方式必须建立在国际化的宏观经济大背景下，运用现代化的管理运营理念，融合变革性的高技术，共同实现资源型产业的可持续发展。

(二) 生产性服务外包

波特把企业的生产活动分为产业研发、采购等上游环节；制造、生产等中游环节；运输、营销、售后服务等下游环节，可见企业的上下游服务都是生产性服务。生产性服务业的独立运营是社会化分工与专业化深化的必然结果，反映了企业对生产中的服务业务流程进行了分解，选择价值增值性高的环节开发运营为企业新的增长点。

目前，服务外包产业正以生产性服务业为主线向垂直行业渗透，成本的降低、流程的优化、价值的增加推动着企业间的合作与联盟。生产性服

务业能够促进产业的革新与部门的增长，是推动产业升级的"催化剂"，尤其是生产性服务全球化能够迅速缩短企业的信息化、标准化、现代化水平，实现基于经济社会资源发展的新路径。生产性服务作为企业生产的支持性活动，是企业实施差异化战略的关键。目前制造业服务化趋势日趋明显，生产性服务业对企业的贡献率大大提高，成为制造业转型、经济结构调整的关键。而生产性服务全球化的实现必须依托相应的产业模式，服务外包这种资源配置方式的运用就推上了历史的日程。

（三）资源型城市服务外包项目选择标准

企业中服务外包项目的开发不仅能够增加企业新的利润来源，更重要的是这一微观经济活动规模的扩大和种类的增加，能够形成外包网络。产业分工的细化和社会组织化程度的提高将形成基于全球范围的"外包网络"，网络边界是可扩张的，发包与接包企业的关系也是可变的，即从市场交易行为发展成为战略合作伙伴关系。服务外包项目的选择必须考虑基于企业核心能力的外包网络的建立，这依赖于产业价值链的深度分解与组织。价值链分解是通过企业生产的纵向一体化实现服务资源的有效配置，然而如何分解资源型产业价值链，将断裂的生产环节重组整合，进而进行高效的网络化治理，企业开发服务外包项目标准的制定就显得十分重要。

资源型企业开发服务外包项目应首先从企业核心能力的评价与定位开始。核心能力是企业取得竞争优势的来源，因此它的界定应具有价值性、独特性、专用性、延伸性、不可替代和难以模仿性。价值定位是指企业进行的经济活动能够满足客户的需求，是用户价值的重要来源。独特性定位是指企业提供产业和服务的能力是特有的，甚至是独一无二的，能够实现差异化经营。专用性定位是指企业用于特定用途多年投入资源，后被锁定很难再移作他用的资产。延伸性定位是指核心能力能够在产业链中不断衍生出新的价值环节，是企业能够在动态中扩展业务领域。不可替代和难以模仿定位是指企业核心经营活动的垄断性高，竞争对手的模仿非常困难甚至不可复制，如企业地址、技术专利和品牌等。服务外包项目选择的前提条件是企业核心能力的生产环节，然后可以依据以下标准进行选择。

1. 基于共性高技术服务应用的外包项目

信息、通信、云计算、物联网等共性高技术在传统产业中推广应用，能够派生出大量的生产流程改造项目，从而衍生出高技术支撑的外包服务，如生产数字化、网络信息系统安全建设等。

2. 基于高人力资本积累的服务外包项目

企业在生产经营中经过长期投资形成了大量资产，尤其是技术、管理、人力资本等无形资产，表现为企业的品牌价值、客户关系和专业技术能力。这些经济社会资源是可持续利用的生产要素，有助于企业稳定预期，开展长期业务。如专利研发、工艺设计、检验测试等。

3. 基于高增值专用资产的服务外包项目

服务外包项目的开发必须依托稳定的市场需求，专用资产的独特性和累积的核心能力产生高价值增值，能够刺激企业改变资源配置的方式，承担新项目开发所产生的风险。如地震解释、地质数据处理等。

4. 基于组织运营能力和平台建设的服务外包项目

企业能够整合各种资源，调配生产要素，应用金融、中介、营销等辅助性部门实现客户的价值。也可以通过服务平台的建设连接市场实现项目对接或交易完成，如企业融资、营销推广等。

二、资源型产业的价值链与可外包环节

资源型城市是以资源的采掘、加工为支柱和主导产业的区域。确定企业的核心能力，划分产业的价值链，剥离生产性服务流程，才能开发服务外包项目。资源型城市的产业较为集中且专业程度高，可以用资源型产业链来进行概括，本书从采掘业和资源加工业两个层面探讨资源城市中，服务外包产业形成的方式和具体的业务模式。

（一）采掘业价值链分解

按照价值链理论企业的活动分为基本活动和支持性活动，资源型产业上游产业链是采掘业。采掘业的主要活动包括勘探开发、工业设计、原料设备采购、采掘生产、采选分类、物流运输、市场营销等。例如煤炭业的主要活动包括勘探设计、原料设备采购、井下煤炭生产、地面辅助生产、煤炭洗选、运输营销等。采掘业的辅助性活动包括采购管理、流程管理、安全监控、事故处理、人事管理、财务管理等。在采掘业价值链分解中依据服务外包项目选择标准，可开发的业务环节有：勘探设计、采购管理、流程管理、安全监控、人事管理、财务管理、物流营销、事故处理等多个环节（如图 5-1 所示）。

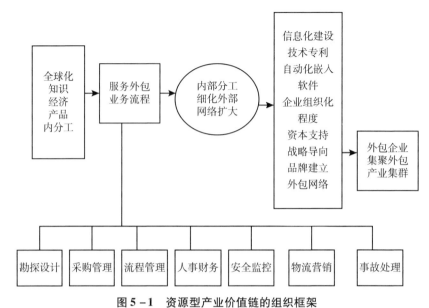

图 5 – 1　资源型产业价值链的组织框架

（二）矿产品加工产业链与生产性服务外包

矿产品加工产业链是与矿产品加工相关的一系列关联性产业集合，是以矿产品深加工与伴生资源的综合利用为目标，追求矿产品增加值所形成的网络关联的动态的链式组织。产业链是由上下游生产环节的供需链、企业链、空间链和价值链这四个维度的相关环节有机组合而形成的链条。如中平能化集团形成了与煤炭产品联系紧密、技术相对成熟的煤炭发电、煤炭炼焦化工、煤化工产业链。西部地区形成了比较典型的产业链——钒钛产业链、天然气化工产业链、湖盐产业链、稀土产业链、煤炭产业链等。资源型企业延伸产业链必须有相应技术链的支撑和组织模式的架构。发达国家磷化工企业通过两种方式组织其全球产业链：一是通过提供技术和设备转移淘汰产业；二是借用国外的资源和技术力量发展精细化工。从上述案例中可知，由于资源型产业对经济增长的基础性支撑作用，发达国家和发展中国家的企业都在积极寻求能源、原材料来源地，资源型产业在全球的价值链正在动态演进。建立在以知识、资本、网络关系为基础路径的产业价值链才具有高的增值潜力和可延展性。

1. 基于知识技术应用的服务外包

目前资源采掘企业面临两个发展趋势，一是产业链延伸进行矿产品深加工；二是资源型产业发展循环经济，实现环境友好型的发展方式。两者的发展都需要技术链的支持和推进，技术的先进程度决定产业链的价值增值程度，从而决定转型的成败。而我国资源型产业创新滞后，大多企业受制于体制约束常年缺乏变革生产方式的动力，因此必须应用服务外包模式，在全球资源型产业技术链框架下寻找产业主导技术、辅助技术和配套技术等技术链支撑产业发展。例如攀枝花市围绕钒钛磁铁矿的综合利用和深加工发展循环经济，需要成熟的技术服务和商业模式。

2. 基于矿业金融的服务外包

"矿业金融"是通过资本与资源的相互置换，达到资源型产业原料供给充足、资产增值、激活机制的目的。目前中国矿业集团主要通过三个运行机制：一是资源激活机制。将矿业企业"资本化""债券化""证券化"，由资源迅速转化为可运作资本。二是产权交易机制。与国际及中国的一些知名产权交易中心进行联网合作，推动中国矿业的产权走向"公开交易""国际交易"的轨道。三是股权置换机制。将各矿业企业的"股权"进行等值置换，为"矿业重组""矿业收购""矿业上市"等提供条件。

3. 基于产业链网络的服务外包

资源型产业从开采到利用是个复杂的产业链条，例如铁矿石原材料开采后，铸造冶炼企业根据工艺流程进行选矿、烧结、焦化、炼铁、炼钢、轧钢等工序，最后生产成品钢。这些过程需要大量的生产性服务支撑，例如在资源加工的上游环节发展采选技术研发、融资服务、工程设计、工艺设计、供应链管理、战略咨询等服务；在生产的中游环节发展流程管理、质量监控、检验测试、安全监管、财务人事管理、信息系统等服务；在下游环节发展运输物流、营销推广、客户管理、售后服务、出口服务等。

三、资源型产业服务外包业务模式

资源型产业在业务流程上具有相同的特点，都有勘探、设计、开采、物流、加工、营销等过程。结合上文中采掘业和矿产品加工业的辅助性经济活动，依据企业的核心能力，运用服务外包的资源配置方式，培育生产性服务业接包项目或者对外发包支持性服务项目，推进资源型产业服务外包产业链与全球化服务网络的形成。由于目前资源型产业的信息化和国际化融合度低，完全建立在信息产业异地交付基础上的服务外包项目开发是脱离发展实际的。尤其是采掘业价值链中各环节基本都是附加工程技术服务的国家劳务合作。如中国石油是全球重要的工程技术服务商之一，有597支队伍分布在海外55个国家和地区开展物探、钻井、测录井、井下作业等工程技术作业和服务。这种工程技术服务并非简单的劳务输出，是附加了最先进的工程技术和现代信息化技术的服务项目，属于高端的劳务合作模式。因此本书应用广义的服务外包的定义，即企业将服务环节交予第三方完成。在此基础上从工程技术流程外包（EPO）、高新技术应用外包（HTO）、共性业务流程外包（BPO）三个角度架构服务外包业务模式。

（一）基于工程技术流程外包（Engineering Process Outsourcing）

资源型产业中石油石化、煤炭冶金、森工等产业的细分行业中都有具体的技术特征和生产流程。从总体上看基于工程技术的工程咨询、工程设计、工程总承包、设备成套、工程监理、整体解决方案、生产技术服务等方向都可开发服务外包项目。

1. 石油石化产业

基于高端技术服务的钻井、物探、测井、录井和井下作业的单项工程作业承包服务。综合一体化的工程技术服务，提供从油气勘探、建设、开发、全流程作业、井下技术咨询和区块整体解决方案等一揽子的工程技术服务。例如中石油测井专业研制出了EILog快速成像、LEAP800等测井系统，形成了复杂储层油气解释评价技术等特色技术，为测井服务提供了重大的支撑。

2. 煤炭、冶金产业

基于专业工程技术的地质找矿、勘探、工程咨询、工程设计、工程总承包、采选冶炼工艺研发、整体解决方案、重大事故处理等工程技术服务。例如煤田地质科技不断发展，钻探、物探综合勘探方法体系日臻成熟，以高分辨三维地震勘探为核心的物探技术得到应用，卫星遥感技术、航空测量及"3s"技术应用为煤炭勘探服务提供支持。

3. 森工产业

服务外包的业务领域主要有林业利用遥感、遥测、地理信息系统，承揽林业管护、防火防虫、承接俄罗斯的印刷外包等。

（二）基于高新技术应用外包（High Technology Outsourcing）

高技术在全社会的广泛应用改变着传统产业的生产流程和工艺流程，

延伸了资源型产业的生命周期,提高了资源产品的价值增值。因此高技术服务平台建设和垂直行业应用催生了大量的服务外包项目。

1. 地理信息技术应用的服务外包项目

地理信息外包是从事工程测量、遥感、行政区域界线测绘、地理信息系统工程,以及各种影像、遥感数据的加工处理、GIS 建库及应用开发、三维景观制作等相关地理信息技术服务。例如大庆油田承接了大量的地震解释、地质制图等服务外包项目。

2. 物联网、云计算应用的服务外包项目

在矿区全面接入感知终端,实现人员、设备、环境等基础数据的智能采集,建设基于云计算技术的综合数据中心,实现安全生产调度指挥的可视化管理与智能化决策支持,达到综合自动化、工程数字化和管理信息化的目标。例如中国矿业大学物联网中心研究的首个"感知矿山"物联网体系构架徐州矿务集团"夹河煤矿物联网示范一期工程",通过国家安全生产监督管理总局的鉴定、验收。

3. 信息技术应用的服务外包项目

①石油石化产业:生产数据采集处理、数据分析、自动化控制、实时数据库分析等为重点的石油石化技术服务。②煤炭、冶金产业:矿业勘探数据处理、现代化采掘嵌入式软件、管理信息系统。③森工业:服务外包的业务领域主要有资源统计数据录入与处理。

4. 基于共性业务的流程外包（Business Process Outsourcing）

企业在生产运营中都会涉及人事管理、财务管理、金融、物流等共性的生产性服务,资源型企业在这些流程中可以开展服务外包业务。企业选择人事管理和财务管理外包时,一般将较低层次的非核心管理职能与操作业务转移,以降低成本提高效率。目前这两个方向的服务外包业务在企业中应用的比较广泛,业务模式和责任归属比较规范。

在资源型产业共性业务外包中有两个方向是发展的重点:一是金融领域,二是物流领域。首先,资源型产业是资本密集型产业,企业扩张生产规模或开发其他地区的矿产资源时,必须是资本先行。因此资源型产业对于资金的需求量较大,必须有灵活的机制处理资本与资源之间的转换问题。发展矿业金融外包业务,通过"资本化""债券化""证券化""股权置换"的业务操作,实现资源资本的转换,推进"矿业重组""矿业收购""矿业上市"。其次,资源产品的物流外包。资源产品的物流量较大,矿产品外包就是通过第三方物流和第四方物流的模式,为矿产企业、贸易商、出口提供一体化的物流服务和运力保障。但鉴于资源型产业受经济周期影响生产的波动性较大，因此打造矿业产运需信息数据处理平台，建设商流物流信息系统，解决资源型产业的供需矛盾的服务流程项目十分重要。

第三节　区位型城市服务外包业务的运行模式与管理

区位型城市在优势产业是处于价值链中下游的生产制造以及运输、营销、售后服务等流通环节，因此区位型城市要发挥枢纽作用，即实现与综合服务型城市以及次级城市的联动，发展生产性服务业中间环节的流通服务业及其服务外包业务，以加强次级城市的生产制造产业与中心城市的销售之间的联系，提升中低端服务外包产业的效率。在发挥区位型城市比较优势的基础上，通过服务外包产业与传统产业的结合，推动位于价值链中下游的传统生产制造业的转型，并在技术创新的发展下同时促进服务外包产业内部的升级优化，从而提升城市产业结构的等级以及可持续发展的能力，通过一定程度的专业化和知识密集型产业，如交通运输业、现代物流业、金融服务业等生产性服务业中流通部门的发展，加强区域的协调发展能力。

一、流通服务业产业类型与服务外包业务

流通服务业是第三产业中重要的组成部分，为生产和生活提供许多便利，是经济活动中商流、物流、客流和信息流等存在的内在联系，具有行业之间高度的相关性。区位型城市作为区域的枢纽城市，在发挥沟通衔接区域联系的功能上具有重要意义，在区位型城市内商品、人员和信息等的有效流通能够促进经济的合理高效运行。在区位型城市发展流通服务外包业务能够加速区域经济的融通，扩大扩散效应，推动区域发展均衡以及"一带一路"沿线城市的交流。

（一）流通服务业价值链深度分解

流通服务业作为联结生产和销售以及各个产业之间的衔接环节，具有把各个产业的生产链交织成网的功能，既有价值链当中的基本活动也有支持性活动，包括进料后勤中的接收、存储和分配相关联的各种活动，发货

后勤中的库存管理、运输，销售中的渠道建设。根据在波特的基础上进行的改进的价值链咨询模型，企业的经营管理被分为三个层次：决策层、管理层和运营层，对于区位型城市，要特别注意在管理层以及运营层的增值。

（二）供应链管理

在价值链全球化以及价值网形成的背景下，外包延伸到了世界上每一个角落以及每一个产业当中，企业在充满机遇的全球市场中也面临着更加激烈的竞争，在这样的环境下，企业必须不断提高自身对供应链管理的能力以维持自身的竞争力并确保在价值链中不可替代的地位。供应链指的是产品生产和流通中涉及的原材料供应商、生产商、批发商、零售商以及最终消费者组成的供求需求网络。供应链既是一条连接供应商到用户的物料链也是增值链，并围绕着核心企业形成了价值网络。对供应链的管理则是对物流、信息流、人员流、资金流、增值流等关系进行计划、组织、协调以及控制，以增强供应链中各个组成环节的竞争力，从而提高整体的效率。

（三）流通服务业的类型与特点

流通服务业主要指的是生产过程的继续环节、交换性服务业和金融服务业，以生产性服务业为主，生活性服务业为辅。其中生产过程的继续环节包括保管、运输和包装等沟通生产和销售的中间流通环节；交换性的环节则包括商业的销售、结算等商业活动服务在内的这类产品和服务的所有权进行转移的过程；金融服务业包括银行、保险、证券和期货等行业。流通服务业具有物质性和行业之间高度的相关性，物质性在于它接近物质生产环节，为物质生产提供相应服务；行业之间高度相关性则在于流通服务业是连接各个行业的重要纽带，具有网络效应的性质，比如商业、交通运输、金融保险与电信业，作为流通服务业的重要组成部分，它们促使社会经济生产的各"流"交织与持续运行。基于这些特性，流通服务业具有很强的外部经济性，能够降低分工成本，推动分工深化和市场的深化，在市场经济背景下扩大交易范围并提高交易的效率。

（四）区位型城市服务外包业务选择标准

服务外包项目的选择应该基于区位型城市的优势以及发展方向，尤其是注意与区域内其他城市或者其他国家合作联系等,以发挥枢纽作用,起到承上启下的沟通效果,并在各"流"充分融通的过程中深化技术创新的作用,推动城市产业层级的提高,在实现经济快速发展的同时把握可持续发展。在区域经济以及跨国贸易不断发展的过程中,服务外包更多地承接流通性产业以及部分技术研发外包、品牌管理和营销外包等,可以依据以下标准进行选择。

1. 基于信息技术的智能服务外包项目

随着移动互联网、大数据、云计算、物联网等新技术广泛应用于各个产业,其应用极大地提高了相关产业的效率和产品的附加值,尤其是信息技术与传统行业的结合能够赋予传统行业新的时代意义,信息技术的发展使生产性服务业的虚拟化和网络化成为现实。对区位型城市来说,信息技术的应用能够加速交通、物流和信息交流,使区位型城市和区域内其他城市乃至其他区域的联系更加紧密,提高区域内商品、人员、信息和资金等的流通效率。

2. 基于组织和辅助的服务外包项目

随着交通、通信等基础设施的不断完善,区域之间以及跨区域的沟通愈发便利,如何在极化效应的影响下同时加大扩散效应值得深思。通过调配生产要素、整合信息数据以提高区域经济、跨区域经济以及跨境贸易中间流通环节的效率,专门性的公司提供专业的产品及服务,通过发挥辅助性部门的作用实现生产过程的继续环节、交换性服务业和金融服务业等的交融,提高区域经济的活跃程度。

3. 基于"贯穿"属性进行资源调配

生产性服务业不仅贯穿于生产的上、中、下游三个阶段,还贯穿于流通、分配、消费等社会在生产环节当中,完整的产业链是发达的市场经济非常必要的软环境。而作为小区域内核心城市和大区域内枢纽城市的区位型城市是形成完整产业链的最佳区域。联结次级城市的下游生产制造产业,沟通上级城市的高科技制造业,通过专业化的中间环节实现更好互动,提高资源在整个社会的调配能力。

二、区位型城市产业发展服务外包业务的业务模式

流通产业主要是依赖完善的基础设施,实现商、物、人员和信息的高效流动与融合。依据企业的核心能力,运用服务外包的资源配置方式,培

育流通服务业接包项目或者对外发包支持性服务项目，推进区域经济或者跨境经济的发展。发展与流通服务产业有关的服务外包产业既可以增强枢纽城市的核心作用，又可以优化资源配置并最大化区位型城市的扩散效应，带动整体经济的可持续健康发展，即发挥枢纽城市的交流和融合作用达到促进区域协调发展的目的。

（一）基于信息技术的流通平台建设服务外包

近年来移动互联网的广泛运用以及大数据和云计算这些高新技术的出现给传统产业注入了新的活力，信息技术在其服务外包业务中的应用更大程度上为发包企业节省了成本提高了效率并扩大了市场规模。包括物流、金融、电商等流通服务行业的平台进行服务外包搭建，可以为客户提供充分的信息传递与接收服务以实现信息对称；通过大数据储存与计算分析，为客户提供平台的技术性服务，实现更高效的市场资源配置，以物流行业为例，它作为流通服务业中的基础支持性环节，在发达的商业社会中其重要性不断提升。以物流行业为例，服务外包企业整合各种物流信息资源，提高物流信息服务专业化程度和智能化水平，提升区域内物流效益和增值服务收益。以金融行业为例，通过专业的金融 IT 服务外包公司搭建区域的金融平台，提高枢纽城市和周边城市的金融互通程度，助力区域城市经济的扩散效应，提高次级城市的融资效率，推动区域金融的高效运转，尤其是边境口岸城市，金融平台的搭建为进出口贸易以及外汇等提供便利，降低了跨境交易的"门槛"，推动边境口岸城市的开放发展。

（二）基于供应链业态的物流服务外包

随着我国电子商务以及跨境电子商务的飞速发展，物流行业的市场规模不断扩大，行业压力也随着增加，传统的物流模式已经不能适应现有的市场需求。依托不断壮大的物流产业，以供应链管理为业态的物流服务外包业务出现，现代物流业迈入供应链管理时代。加之为更好地服务于"一带一路"的建设，物流企业也主动从传统向供应链的管理方向转变发展，使物流产业链的工作流程、管理结构更为合理和高效，提高现代物流产业的核心竞争力。就物流服务外包管理发展模式而言主要包括三大类：一是物流优化设计型，即为客户提供进出口报关、运输、仓储和配送等的物流及设计服务；二是供应链管理型，即向企业内部的生产流通和外部的供需网络的两端不断延伸的供应链管理型，实现信息的互通；三是供应链解决方案型，主要为客户提供货运、仓储、库存优化等方面的解决方案。通过这些方式，在传统物流服务为基础上向供应链两端延伸，形成"微笑"曲线，提升物流产业的层次，提高区位型城市的中转运输能力并优化城市的经济发展模式。

（三）基于智能化的新兴交通经济服务外包

在交通迅速发展的现代化经济中，即交通方式不断升级的境况下，交通现代产业竞争愈发强调连通性、高效性和灵活性，区域化乃至全球化范围内基于时空价值的竞争方式使得时间成本成为影响市场主体决策的重要因素，交通经济尤其是高速交通经济在地区经济发展中起着越来越重要的作用。就交通经济来看，它既包括宏观的交通体系管理，也包括微观的交通运输企业的管理，其中硬件指生产设备、运输工具和各种物质设施，软件则指的是各种经营管理制度和方法。在政府主导下交通的部分领域进行市场化有助于提高交通效率并实现智能交通。比如政府可以将智能交通信息平台的搭建、运营、维修等外包给专业的信息技术公司进行，政府的信息资源以和外包公司的专业水平相结合，便于打造出更完善的交通系统和智能化的交通经济。

第四节　服务流程成熟度评估

随着服务外包市场的扩大，项目的运作越来越复杂，客户对服务供应商的要求也越来越高。供应商必须更好地理解客户需求，结合行业经济的特征提供能够与客户资源协同、业务协调、效果明显的解决方案。客户对外包项目的监管更加严格，要求项目流程清晰完整，进行状态完全可控，尽量降低外包风险，以实现降低成本、优化资源配置、推进企业转型的目标。为达到这些要求，服务外包供应商就必须对承接的业务流程、外包项目进行科学的评价和分析，因此保障服务外包项目成功的关键是建立项目评估的决策模型，在项目立项时就进行客观的论证。

一、成熟度评价指标体系

服务流程外包项目成熟度是指企业生产的价值链中，剥离具有核心能力的服务流程，独立运营为承接市场需求的服务项目，这一项目具备开发条件的完备程度与商业运作的发育程度。企业在服务外包项目立项的阶段，应该建立一套完整的评价指标体系，对项目成熟度进行科学评价。服务流程外包项目成熟度评价代表了一种科学的决策理念，为企业运营与开发服务外包项目提供了评估的框架。企业开发服务外包项目是一个系统工程，不仅要考虑项目运行的外部环境，还要考虑企业的运营能力与服务产品的可外包性，因此本书选取了 3 个一级指标，10 个二级指标，27 个三级指标对服务流程外包项目成熟度进行综合评价，如表 5 - 1 所示。评价企业开发服务外包项目成熟度的因素众多，经过大量文献查阅和实地调研，将这些因素分为运行环境成熟度、经营管理成熟度、服务产品成熟度三个方面。运行环境即企业承接服务项目的外部环境，服务外包项目的接包商所在国的政治和经济状况直接影响到发包企业的外包风险，是首要考虑的问题。经营管理成熟度即企业运营项目的经营管理能力，即使在相同的政治经济环境下，企业经营管理能力的差异，也会导致不同的外包战略实施效果。服务产品成熟度即服务产品进行市场运营的水平，企业是否能够清晰地剥离服务流程，开发服务项目满足客户需求是企业开发服务外包项目的关键。

表 5 - 1　　　　　　服务流程外包项目成熟度评价指标体系

一级指标	二级指标	三级指标	指标说明
运行环境成熟度 B1	政策法规 C1	鼓励扶持政策 D1	地方政府对服务外包的鼓励、支持政策的力度
		配套资金 D2	地方配套资金的比例，已经到位的程度
		知识产权保护 D3	当地知识产权的保护状况
	产业规模 C2	企业集聚度 D4	经营同类服务外包业务的企业数量和集聚程度
		专业化园区 D5	当地政府认定的专业服务外包园区发展水平
		教育与培训 D6	当地服务外包教育与培训机构的发展情况
	市场需求 C3	业务量 D7	当年企业承接服务外包业务的合同执行金额
		业务增长空间 D8	企业从事该业务的增长趋势预测
经营管理成熟度 B2	企业经验 C4	品牌知名度 D9	企业品牌的知名度和美誉度
		国际化战略 D10	以全球化经营为目标配置企业资源
		领域专长 D11	主营业务的核心竞争力和市场份额

续表

一级指标	二级指标	三级指标	指标说明
经营管理成熟度 B2	沟通能力 C5	文化适应性 D12	接包企业对发包国文化的适应能力
		业务处理能力 D13	企业业务谈判与争议处理能力
	人力资源 C6	技术人员的可得性 D14	技术人员的可得性与稳定性
		外语人员的可得性 D15	员工的专业外语应用能力
服务产品成熟度 B3	业务流程 C7	规范与规划 D16	工作制度覆盖业务全流程，业务规划完整
		流程清晰度 D17	业务环节清晰完整，信息化程度高
		业务协同度 D18	服务项目开发与企业资源整合程度
	技术应用 C8	信息化 D19	业务操作流程的数字化与信息的采集度
		高新技术使用 D20	高新技术与 IT 技术应用
		技术创新 D21	企业技术创新能力与创新系统建设
	生产管理 C9	国际标准化认证 D22	产品的质量管理和质量认证
		质量控制 D23	服务产品的质量管理与控制
		成本控制 D24	企业服务产品的成本控制能力
	风险控制 C10	信息风险控制 D25	保密数据的传输、保管、共享与处理
		经营风险控制 D26	经营风险防范与控制
		财务风险控制 D27	财务风险防范与控制

（一）运行环境成熟度评价指标

服务外包产业发展需要稳定的政治经济环境，配套制定相应的政策法规。尤其在产业培育的初期，政府的财政、税收、产业、投资政策的倾斜非常重要。现代服务业尤其是离岸外包服务业在空间上表现为极强的集聚度，因此产业发展规模影响着企业外包的层次和水平。服务外包产业在世界范围内蓬勃发展的基本动因是寻求低成本和经济转型的市场需求，能够迎合市场需求的服务项目才能成功。本书从政策法规、产业规模、市场需求三个层面评价运行环境成熟度。

1. 政策法规

政策法规即国家和地方政府关于服务外包产业制定的相关政策法规。对政府政策法规的评价可从鼓励扶持政策、配套资金、知识产权保护三个层面考虑。鼓励扶持政策即地方政府对服务外包的鼓励、支持政策的力度，如相关文件执行的数量，是否制定产业规划等。配套资金可从上一年地方配套资金的比例，已经到位的程度评价。知识产权保护即当地知识产权的保护程度，包括是否出台对服务外包知识产权的保护政策；当地法院受理知识产权保护的案件数和结案率；政府是否设有知识产权热线等。

2. 产业规模

产业规模即服务外包企业在当地的发展水平与数量。对产业规模的评价可从企业集聚度、专业化园区、教育与培训三个层面考虑。企业集聚度即经营同类服务外包业务的企业数量和集聚程度，包括同类业务的企业数量，转包的便利程度。专业化园区即当地政府认定的专业服务外包园区发展水平，包括入驻企业的数量、水平，园区开发主体及机制的灵活性，园区要素成本的构成等。教育与培训即当地服务外包教育与培训机构的发展情况，包括服务外包培训机构或学校的数量、高等院校开设服务外包课程的情况、服务外包咨询公司的数量等。

3. 市场需求

市场需求即国内外市场对特定服务外包业务的需求量。对市场需求的评价可从业务量、业务增长空间两个层面考虑。业务量是企业从事业务的市场需求量，包括单一合同标的金额、业务需求量、主要发包国构成情况等。业务增长空间是企业从事外包业务的增长空间，包括服务覆盖的行业领域、服务量年增长比例等。

（二）经营管理成熟度评价指标

企业是微观经济运行的主体，企业的经营行为直接关系服务外包项目开发的成败。服务外包是社会分工细化和市场化运营的必然结果，企业融入全球产业链的深度与开拓市场的能力决定着服务外包的产业规模。外包行为形成委托—代理链条，接包方能够交付发包方满意的服务产品，企业的沟通能力也至关重要。服务外包是建立在全球人力资源配置的基础上，企业必须最大限度发挥无形资产与人力资本的作用。本书从企业经验、沟通能力、人力资源三个层面评价经营管理成熟度。

1. 企业经验

企业经验即企业长期积累的组织管理能力与创新能力。对企业经验的评价可从品牌知名度、国际化战略、领域专长三个层面考虑。品牌知名度即企业品牌的知名度和美誉度，包括企业品牌的影响度和价格控制能力。国际化战略即企业以全球化经营为目标配置企业资源的运营模式。领域专长即企业在特定领域的专长，包括企业核心竞争能力、主营业务在市场中的份额、主营业务的创新能力、服务水平的用户评价等。

2. 沟通能力

沟通能力即项目接包过程中的客户关系处理能力。对沟通能力的评价可从文化适应性、业务处理能力等两个层面考虑。文化适应性即接包企业对发包国文化的适应能力，包括语言交流能力、文化适应能力。业务处理能力即企业与客户的业务处理，包括制定规范的合同、及时反馈与改进、业务谈判与争议处理。

3. 人力资源

人力资源即企业可用的服务外包业务人才。对人力资源的评价可从技术人员的可得性和外语人员的可得性等两个层面考虑。技术人员的可得性包括技术人员的比例，从业人员的稳定性，劳动力市场人才招聘的便利性等。外语人员的可得性包括技术人员的外语水平，专业外语的应用能力，外语人才招聘的便利性等。

（三）服务产品成熟度评价

服务外包运营模式的最终实现还是依靠服务产品的交付能力，高质量的品质、灵活的响应度、创新性的服务内容才能获得国际市场的份额。基于垂直行业的业务流程外包，应具有完整的运营模式，能够与发包方企业的运营有序对接。在高技术普遍应用的背景下，基于 IT、物联网、云计算、大数据等的服务项目将具有更广阔的市场空间。服务外包项目的开发同样也离不开严格的生产管理与规范的风险控制。本书从业务流程、技术应用、生产管理、风险控制四个层面评价服务产品成熟度。

1. 业务流程

业务流程即企业生产过程中的某一环节。对业务流程的评价可从规范与规划、流程清晰度、业务协同度等三个层面来考虑。规范与规划即规范与规划的完整性，包括工作制度规范中覆盖业务流程的程度、业务规划的完整性等。流程清晰度即服务环节的清晰度，包括根据业务属性能够清晰描述各环节；每个环节的信息化建设等。业务协同度即服务项目开发与企业资源整合程度，包括技术的协同程度、生产的协同程度、财务的协同程度、市场的协同程度等。

2. 技术应用

技术应用即业务流程中 IT 技术和高新技术应用。对技术应用的评价可从信息化、高新技术使用、技术创新三个层面来考虑。信息化即业务信息化，包括业务操作流程的数字化、信息的可采集性、信息资源采集的程度等。高新技术使用即 IT 技术、物联网、云计算、地理信息技术，包括新技术的使用、新技术与 IT 技术的融合发展、多种技术的融合使用等。技术创新包括企业技术创新能力与创新机制建设等。

3. 生产管理

生产管理即对服务产品生产过程的组织与管理。对生产管理的评价可从国际标准化认证、质量控制、成本控制三个层面来考虑。国际标准化认证即产品的质量管理和质量认证，包括 CMM、CMMI、PCMM、ISO27001/BS7799、SAS70、ISO20000 等产品的质量管理和质量认证标准。质量控制即服务产品的质量管理与控制。成本控制即企业成本控制，包括员工工资及福利、基础设施成本、税收成本等。

4. 风险控制

风险控制即服务项目开发、运营、交付风险防范。对风险控制的评价可从信息风险控制、经营风险控制、财务风险控制三个层面来考虑。信息风险控制包括保密数据的传输、保管、共享与处理；网络传输安全设置等。经营风险控制包括规范合同的签订、执行；责任、义务的划分；外部风险的防范等。财务风险控制即财务风险防范与控制，包括企业财务风险评估、管理与解决方案。

二、层次分析法

层次分析法（AHP）由美国著名运筹学学家萨蒂（T. L. Satty）提出，这一方法的特点是构建一个层次结构模型，对复杂问题的本质、影响因素及内在关系进行深入分析，把决策的思维过程数学化，求解多准则或无结构特性的复杂决策问题。层次分析法的分析步骤为：明确问题，建立层次结构；两两比较，建立判断矩阵；层次单排序及一致性检验；层次总排序及一致性检验；根据计算结果，进行相应决策。

（一）建立层次结构

明确研究问题，建立层次结构，最上面为目标层，最下面为方案层，中间是准则层或指标层。

（二）建立判断矩阵

设某层有 n 个因素，X = {x₁，x₂，…，xₙ}，比较它们对上一层某一指标的影响程度，确定在该层中相对于某一指标所占的比重。比较是两两因素之间进行的比较，用 a_{ij} 表示第 i 个因素相对于第 j 个因素的比较结果取值如表 5 - 2 所示。

表 5 - 2   判断矩阵比率标度及含义

标度	含义
9	两指标相比，前个一指标比后一个指标极端重要
7	两指标相比，前一个指标比后一个指标非常重要
5	两指标相比，前一个指标比后一个指标明显重要
3	两指标相比，前一个指标比后一个指标稍微重要
1	两指标相比，同样重要
倒数	$a_{ij} = 1/a_{ji}$

例：A/B：表示 A 与 B 相比，对资源型企业发展服务外包项目的影响程度 9 表示 A 极端重要；7 表示 A 非常重要；5 表示 A 明显重要；3 表示 A 稍微重要；1 表示 A 与 B 同样重要；1/3 表示 A 稍微不重要；1/5 表示 A 明显不重要；1/7 表示 A 非常不重要；1/9 表示 A 极端不重要。根据比较结果比值建立判断矩阵：

$$A = (a_{ij})_{n \times n} = \begin{pmatrix} a_{11} & a_{12} & \cdots & a_{1n} \\ a_{21} & a_{22} & \cdots & a_{2n} \\ \cdots & \cdots & \cdots & \cdots \\ a_{n1} & a_{n2} & \cdots & a_{nn} \end{pmatrix}$$

（三）层次单排序及一致性检验

层次单排序是确定下层各因素对上层某因素影响程度的过程。层次单排序要计算判断矩阵 A 的特征根和特征向量，W_i 表示下层第 n 个因素对上层某指标影响程度的权值，λ_{max} 表示判断矩阵的最大特征根，需满足 $Aw = \lambda_{max} w$。为检验判断矩阵的一致性，需要计算一致性指标 CI。

$$CI = \frac{\lambda_{max} - n}{n - 1}$$

CI 为一致性指标，取值越小，判断矩阵的一致性越大。此外，考虑一致性偏离有随机的因素，因而还需将 CI 值与平均随机一致性指标 RI 相比，得出随机一致性比率 CR。一般当一致性比率 CR≤0.1 时，即认为判断矩阵具有满意的一致性（见表 5 - 3）。

$$CR = \frac{CI}{RI}$$

表 5 - 3　　　　　　　　随机一致性指标 RI 的数值

阶数	1	2	3	4	5	6	7	8	9	10
RI	0.00	0.00	0.58	0.90	1.12	1.24	1.32	1.41	1.45	1.49

（四）层次总排序及其一致性检验

层次总排序是指确定某层所有因素对于总目标相对重要性的排序权值过程。假设上层指标 A_1，A_2，…，A_n 的总排序为 w_1，w_2，…，w_n，与 A_i 对应的下层指标的单排序结果是：b_1^i，b_2^i，…，b_n^i，b_n^i（$i = 1, 2, …, m$）。显然：

$$\sum_{j=1}^{n} \sum_{i=1}^{m} w_i b_j^i = 1$$

为检验总排序计算结果的一致性，也将计算 CR 值。CI 是该层次总排序一致性指标，RI 是该层次总排序随机一致性指标。

$$CI = \sum_{i=1}^{m} W_i CI_i$$

$$RI = \sum_{i=1}^{m} W_i RI_i$$

CI_i 是 A_i 对应的 B 层中判断矩阵的一致性指标，RI_i 是 A_i 对应的 B 层中判断矩阵的随机一致性指标。计算 CR，当 CR≤0.1 时，即认为该层次总排序的结果具有一致性。

三、评价指标体系权重确定

本书对服务流程外包项目成熟度作为总目标，把运行环境成熟度、经营管理程度、服务产品成熟度作为评价总目标的主要指标，再根据主要指标制定次级指标。通过"服务流程外包项目成熟度"调查问卷（见附录），面向研究机构、政府部门、国内接包企业、中国香港和中国澳门地区企业等20个对象进行咨询（见表5-4），筛选出10份较高质量的有效问卷作为确定指标体系权重的依据。

表5-4 调查专家所在的组织结构及职位

问卷编号	组织名称	专家职位/职称	组织类别
1	香港亚菲特投资有限公司	高层	国内接包企业
2	黑龙江省发改委	中级	政府部门
3	黑龙江瑞驰科技投资有限公司	高层	国内接包企业
4	香港韵利发展集团	高层	国内接包企业
5	黑龙江省工信委	高级	政府部门
6	澳门中桥投资集团	高层	企业
7	华拓数码科技有限公司	中层	国内接包企业
8	黑龙江科学院	高级	科研院所
9	南益中国控股有限公司	中层	国内接包企业
10	哈尔滨商业大学	高级	科研院所

对每份问卷整理确定各层次的判断矩阵，采用 Mathematica 软件进行运算得出层次单排序，并计算出 CR 进行了一致性检验。其结果如下：

（一）B 层的判断矩阵和一致性检验

10 份问卷在 B 层的判断矩阵、最大特征值 λ_{max}、一致性指标 CI、正规化特征向量 W 和随机一致性比率 CR 如表5-5所示。

表5-5 B 层的判断矩阵（$B_1/B_2/B_3$）

编号	判断矩阵	λ_{max}	CI	正规化 W	一致性比率 CR
1	$\begin{bmatrix} 1 & \frac{1}{3} & \frac{1}{5} \\ 3 & 1 & \frac{1}{3} \\ 5 & 3 & 1 \end{bmatrix}$	3.0378	0.019	(0.106, 0.260, 0.633)	0.033

续表

编号	判断矩阵	λ_{max}	CI	正规化 W	一致性比率 CR
2	$\begin{bmatrix} 1 & \frac{1}{5} & \frac{1}{7} \\ 5 & 1 & \frac{1}{3} \\ 7 & 3 & 1 \end{bmatrix}$	3.0655	0.033	(0.074, 0.283, 0.643)	0.056
3	$\begin{bmatrix} 1 & \frac{1}{3} & \frac{1}{5} \\ 3 & 1 & \frac{1}{3} \\ 5 & 3 & 1 \end{bmatrix}$	3.0387	0.019	(0.106, 0.260, 0.633)	0.033
4	$\begin{bmatrix} 1 & \frac{1}{3} & \frac{1}{3} \\ 3 & 1 & 1 \\ 3 & 1 & 1 \end{bmatrix}$	3	0.000	(0.143, 0.429, 0.429)	0.000
5	$\begin{bmatrix} 1 & \frac{1}{3} & \frac{1}{3} \\ 3 & 1 & 1 \\ 3 & 1 & 1 \end{bmatrix}$	3	0.000	(0.143, 0.429, 0.429)	0.000
6	$\begin{bmatrix} 1 & \frac{1}{3} & \frac{1}{5} \\ 3 & 1 & \frac{1}{3} \\ 5 & 3 & 1 \end{bmatrix}$	3.0378	0.019	(0.106, 0.260, 0.633)	0.033
7	$\begin{bmatrix} 1 & \frac{1}{3} & \frac{1}{7} \\ 3 & 1 & \frac{1}{5} \\ 7 & 5 & 1 \end{bmatrix}$	3.0658	0.033	(0.083, 0.193, 0.724)	0.057
8	$\begin{bmatrix} 1 & \frac{1}{3} & \frac{1}{5} \\ 3 & 1 & \frac{1}{3} \\ 5 & 3 & 1 \end{bmatrix}$	3.0387	0.019	(0.106, 0.260, 0.633)	0.033

续表

编号	判断矩阵	λ_{max}	CI	正规化 W	一致性比率 CR
9	$\begin{bmatrix} 1 & 1 & \frac{1}{3} \\ 1 & 1 & 1 \\ 3 & 1 & 1 \end{bmatrix}$	3.1362	0.068	(0.225, 0.321, 0.454)	0.117
10	$\begin{bmatrix} 1 & \frac{1}{3} & \frac{1}{7} \\ 3 & 1 & \frac{1}{5} \\ 7 & 5 & 1 \end{bmatrix}$	3.0658	0.033	(0.083, 0.193, 0.724)	0.057

从表 5-5 中可见 B 层编号为 9 的问卷未通过 B 层的一致性检验，下面 $B_i(i=1, 2, 3)$ 层次的判断矩阵、最大特征值 λ_{max}、一致性指标 CI、正规化特征向量 W 和随机一致性比率 CR，见表 5-6、表 5-7、表 5-8。

表 5-6 B_1 层的判断矩阵（$C_1/C_2/C_3$）

编号	判断矩阵	λ_{max}	CI	正规化 W	一致性比率 CR
1	$\begin{bmatrix} 1 & 7 & 5 \\ \frac{1}{7} & 1 & \frac{1}{5} \\ \frac{1}{5} & 5 & 1 \end{bmatrix}$	3.189	0.094	(0.697, 0.072, 0.232)	0.163
2	$\begin{bmatrix} 1 & 5 & \frac{1}{3} \\ \frac{1}{5} & 1 & \frac{1}{7} \\ 3 & 7 & 1 \end{bmatrix}$	3.0655	0.033	(0.283, 0.074, 0643)	0.056
3	$\begin{bmatrix} 1 & 3 & \frac{1}{5} \\ \frac{1}{3} & 1 & \frac{1}{7} \\ 5 & 7 & 1 \end{bmatrix}$	3.0658	0.033	(0.193, 0.083, 0.724)	0.057

编号	判断矩阵	λ_{max}	CI	正规化 W	一致性比率 CR
4	$\begin{bmatrix} 1 & 5 & \frac{1}{5} \\ \frac{1}{5} & 1 & \frac{1}{7} \\ 5 & 7 & 1 \end{bmatrix}$	3.189	0.094	(0.232, 0.072, 0.697)	0.163
5	$\begin{bmatrix} 1 & 5 & 3 \\ \frac{1}{5} & 1 & \frac{1}{5} \\ \frac{1}{3} & 5 & 1 \end{bmatrix}$	3.1378	0.069	(0.607, 0.090, 0.303)	0.119
6	$\begin{bmatrix} 1 & 5 & \frac{1}{3} \\ \frac{1}{5} & 1 & \frac{1}{5} \\ 3 & 5 & 1 \end{bmatrix}$	3.1378	0.069	(0.303, 0.090, 0.607)	0.119
7	$\begin{bmatrix} 1 & \frac{1}{3} & \frac{1}{5} \\ 3 & 1 & \frac{1}{3} \\ 5 & 3 & 1 \end{bmatrix}$	3.0387	0.019	(0.106, 0.261, 0.633)	0.033
8	$\begin{bmatrix} 1 & 5 & \frac{1}{5} \\ \frac{1}{5} & 1 & \frac{1}{7} \\ 5 & 7 & 1 \end{bmatrix}$	3.189	0.094	(0.232, 0.072, 0.697)	0.163
9	$\begin{bmatrix} 1 & 3 & \frac{1}{3} \\ \frac{1}{3} & 1 & \frac{1}{5} \\ 3 & 5 & 1 \end{bmatrix}$	3.0387	0.019	(0.261, 0.106, 0.633)	0.033
10	$\begin{bmatrix} 1 & \frac{1}{3} & \frac{1}{7} \\ 3 & 1 & \frac{1}{5} \\ 7 & 5 & 1 \end{bmatrix}$	3.0658	0.033	(0.083, 0.193, 0.724)	0.057

从表5-6中可见 B_1 层编号为1，4，5，6，8的问卷未通过一致性检验。

表5-7　　　　　　　　　　 B_2 层的判断矩阵（$C_4/C_5/C_6$）

编号	判断矩阵	λ_{max}	CI	正规化 W	一致性比率 CR
1	$\begin{bmatrix} 1 & 7 & 1 \\ \frac{1}{7} & 1 & \frac{1}{5} \\ 1 & 5 & 1 \end{bmatrix}$	3.0126	0.006	(0.487, 0.078, 0.435)	0.011
2	$\begin{bmatrix} 1 & 7 & 5 \\ \frac{1}{7} & 1 & \frac{1}{5} \\ \frac{1}{5} & 5 & 1 \end{bmatrix}$	3.189	0.094	(0.697, 0.072, 0.232)	0.163
3	$\begin{bmatrix} 1 & 7 & 3 \\ \frac{1}{7} & 1 & \frac{1}{5} \\ \frac{1}{3} & 5 & 1 \end{bmatrix}$	3.0655	0.033	(0.643, 0.074, 0.283)	0.056
4	$\begin{bmatrix} 1 & 7 & 3 \\ \frac{1}{7} & 1 & \frac{1}{5} \\ \frac{1}{3} & 5 & 1 \end{bmatrix}$	3.0655	0.033	(0.643, 0.074, 0.283)	0.056
5	$\begin{bmatrix} 1 & 5 & \frac{1}{3} \\ \frac{1}{5} & 1 & \frac{1}{5} \\ 3 & 5 & 1 \end{bmatrix}$	3.1378	0.069	(0.303, 0.090, 0.607)	0.119
6	$\begin{bmatrix} 1 & 5 & 1 \\ \frac{1}{5} & 1 & \frac{1}{3} \\ 1 & 3 & 1 \end{bmatrix}$	3.0291	0.015	(0.480, 0.115, 0.406)	0.025
7	$\begin{bmatrix} 1 & 7 & 3 \\ \frac{1}{7} & 1 & \frac{1}{5} \\ \frac{1}{3} & 5 & 1 \end{bmatrix}$	3.0655	0.033	(0.643, 0.074, 0.283)	0.056

续表

编号	判断矩阵	λ_{max}	CI	正规化 W	一致性比率 CR
8	$\begin{bmatrix} 1 & 7 & 3 \\ \frac{1}{7} & 1 & \frac{1}{3} \\ \frac{1}{3} & 3 & 1 \end{bmatrix}$	3.007	0.004	(0.669, 0.088, 0.243)	0.006
9	$\begin{bmatrix} 1 & 5 & 3 \\ \frac{1}{5} & 1 & \frac{1}{3} \\ \frac{1}{3} & 3 & 1 \end{bmatrix}$	3.0387	0.019	(0.633, 0.106, 0.261)	0.033
10	$\begin{bmatrix} 1 & 7 & 3 \\ \frac{1}{7} & 1 & \frac{1}{5} \\ \frac{1}{3} & 5 & 1 \end{bmatrix}$	3.0655	0.033	(0.643, 0.074, 0.283)	0.056

从表 5-7 中可见 B_2 层编号为 2，5 的问卷未通过一致性检验。

表 5-8　　　　　　　　B_3 层的判断矩阵（$C_7/C_8/C_9/C_{10}$）

编号	判断矩阵	λ_{max}	CI	正规化 W	一致性比率 CR
1	$\begin{bmatrix} 1 & 3 & 5 & 7 \\ \frac{1}{3} & 1 & 3 & 5 \\ \frac{1}{5} & \frac{1}{3} & 1 & 3 \\ \frac{1}{7} & \frac{1}{5} & \frac{1}{3} & 1 \end{bmatrix}$	4.1185	0.039	(0.558, 0.263, 0.122, 0.057)	0.044
2	$\begin{bmatrix} 1 & \frac{1}{3} & 3 & 5 \\ 3 & 1 & 5 & 7 \\ \frac{1}{3} & \frac{1}{5} & 1 & 3 \\ \frac{1}{5} & \frac{1}{7} & \frac{1}{3} & 1 \end{bmatrix}$	4.1185	0.039	(0.263, 0.558, 0.122, 0.057)	0.044

编号	判断矩阵	λ_{max}	CI	正规化 W	一致性比率 CR
3	$\begin{bmatrix} 1 & \frac{1}{3} & 3 & 5 \\ 3 & 1 & 5 & 7 \\ \frac{1}{3} & \frac{1}{5} & 1 & 3 \\ \frac{1}{5} & \frac{1}{7} & \frac{1}{3} & 1 \end{bmatrix}$	4.1185	0.039	(0.263, 0.558, 0.122, 0.057)	0.044
4	$\begin{bmatrix} 1 & \frac{1}{5} & 3 & 5 \\ 5 & 1 & 5 & 7 \\ \frac{1}{3} & \frac{1}{5} & 1 & 3 \\ \frac{1}{5} & \frac{1}{7} & \frac{1}{3} & 1 \end{bmatrix}$	4.244	0.081	(0.229, 0.597, 0.119, 0.056)	0.091
5	$\begin{bmatrix} 1 & 3 & 5 & 7 \\ \frac{1}{3} & 1 & 3 & 5 \\ \frac{1}{5} & \frac{1}{3} & 1 & 3 \\ \frac{1}{7} & \frac{1}{5} & \frac{1}{3} & 1 \end{bmatrix}$	4.1185	0.039	(0.558, 0.263, 0.122, 0.057)	0.044
6	$\begin{bmatrix} 1 & 1 & 3 & 5 \\ 1 & 1 & 3 & 5 \\ \frac{1}{3} & \frac{1}{3} & 1 & 3 \\ \frac{1}{5} & \frac{1}{5} & \frac{1}{3} & 1 \end{bmatrix}$	4.044	0.015	(0.389, 0.389, 0.154, 0.069)	0.016
7	$\begin{bmatrix} 1 & 1 & 5 & 7 \\ 1 & 1 & 5 & 7 \\ \frac{1}{5} & \frac{1}{5} & 1 & 5 \\ \frac{1}{7} & \frac{1}{7} & \frac{1}{5} & 1 \end{bmatrix}$	4.2194	0.073	(0.413, 0.413, 0.128, 0.048)	0.081

续表

编号	判断矩阵	λ_{max}	CI	正规化 W	一致性比率 CR
8	$\begin{bmatrix} 1 & \frac{1}{3} & 3 & 5 \\ 3 & 1 & 5 & 7 \\ \frac{1}{3} & \frac{1}{5} & 1 & 3 \\ \frac{1}{5} & \frac{1}{7} & \frac{1}{3} & 1 \end{bmatrix}$	4.1185	0.039	(0.263, 0.558, 0.122, 0.057)	0.044
9	$\begin{bmatrix} 1 & \frac{1}{3} & 3 & 5 \\ 3 & 1 & 5 & 7 \\ \frac{1}{3} & \frac{1}{5} & 1 & 3 \\ \frac{1}{5} & \frac{1}{7} & \frac{1}{3} & 1 \end{bmatrix}$	4.1185	0.039	(0.263, 0.558, 0.122, 0.057)	0.044
10	$\begin{bmatrix} 1 & 3 & 5 & 7 \\ \frac{1}{3} & 1 & 3 & 5 \\ \frac{1}{5} & \frac{1}{3} & 1 & 3 \\ \frac{1}{7} & \frac{1}{5} & \frac{1}{3} & 1 \end{bmatrix}$	4.1185	0.039	(0.558, 0.263, 0.122, 0.057)	0.044

从表 5-8 中可见 B_3 层 10 份问卷全部通过一致性检验。

（二）C 层的判断矩阵和一致性检验

由于 C 级的层次较多，设计 10 个指标，在本书正文中仅列明部分 C 层的判断矩阵、最大特征值 λ_{max}、一致性指标 CI、正规化特征向量 W 和随机一致性比率 CR 如表 5-9 所示，其余的见附录。

表 5 – 9　　　　　　　　　　　　C_1 层的判断矩阵（$D_1/D_2/D_3$）

编号	判断矩阵	λ_{max}	CI	正规化 W	一致性比率 CR
1	$\begin{bmatrix} 1 & \frac{1}{5} & 3 \\ 5 & 1 & 5 \\ \frac{1}{3} & \frac{1}{5} & 1 \end{bmatrix}$	3.1389	0.069	(0.211, 0.686, 0.102)	0.120
2	$\begin{bmatrix} 1 & \frac{1}{3} & \frac{1}{5} \\ 3 & 1 & \frac{1}{3} \\ 5 & 3 & 1 \end{bmatrix}$	3.0387	0.019	(0.106, 0.261, 0.633)	0.033
3	$\begin{bmatrix} 1 & \frac{1}{5} & 3 \\ 5 & 1 & 5 \\ \frac{1}{3} & \frac{1}{5} & 1 \end{bmatrix}$	3.1389	0.069	(0.211, 0.686, 0.102)	0.120
4	$\begin{bmatrix} 1 & 1 & \frac{1}{5} \\ 1 & 1 & \frac{1}{5} \\ 5 & 5 & 1 \end{bmatrix}$	3	0.000	(0.143, 0.143, 0.714)	0.000
5	$\begin{bmatrix} 1 & 1 & 3 \\ 1 & 1 & 3 \\ \frac{1}{3} & \frac{1}{3} & 1 \end{bmatrix}$	3	0.000	(0.429, 0.429, 0.143)	0.000
6	$\begin{bmatrix} 1 & 5 & 5 \\ \frac{1}{5} & 1 & 1 \\ \frac{1}{5} & 1 & 1 \end{bmatrix}$	3	0.000	(0.714, 0.143, 0.143)	0.000
7	$\begin{bmatrix} 1 & \frac{1}{5} & 3 \\ 5 & 1 & 5 \\ \frac{1}{3} & \frac{1}{5} & 1 \end{bmatrix}$	3.1389	0.069	(0.211, 0.686, 0.102)	0.120

续表

编号	判断矩阵	λ_{max}	CI	正规化 W	一致性比率 CR
8	$\begin{bmatrix} 1 & 1 & \frac{1}{3} \\ 1 & 1 & \frac{1}{3} \\ 3 & 3 & 1 \end{bmatrix}$	3	0.000	(0.2, 0.2, 0.6)	0.000
9	$\begin{bmatrix} 1 & \frac{1}{5} & \frac{1}{3} \\ 5 & 1 & 3 \\ 3 & \frac{1}{3} & 1 \end{bmatrix}$	3.0387	0.019	(0.106, 0.633, 0.261)	0.033
10	$\begin{bmatrix} 1 & \frac{1}{5} & 3 \\ 5 & 1 & 5 \\ \frac{1}{3} & \frac{1}{5} & 1 \end{bmatrix}$	3.1389	0.069	(0.211, 0.686, 0.102)	0.120

从表 5 - 9 中可见 C_1 层编号为 1，3，7，10 的问卷未通过一致性检验。

表 5 - 10 　　　　　　　　C_4 层的判断矩阵（$D_9/D_{10}/D_{11}$）

编号	判断矩阵	λ_{max}	CI	正规化 W	一致性比率 CR
1	$\begin{bmatrix} 1 & 7 & 3 \\ \frac{1}{7} & 1 & \frac{1}{7} \\ \frac{1}{3} & 7 & 1 \end{bmatrix}$	3.138	0.069	(0.623, 0.066, 0.311)	0.119
2	$\begin{bmatrix} 1 & \frac{1}{3} & 1 \\ 3 & 1 & 3 \\ 1 & \frac{1}{3} & 1 \end{bmatrix}$	3	0	(0.2, 0.6, 0.2)	0
3	$\begin{bmatrix} 1 & 3 & \frac{1}{3} \\ \frac{1}{3} & 1 & \frac{1}{5} \\ 3 & 5 & 1 \end{bmatrix}$	3.0387	0.019	(0.261, 0.106, 0.633)	0.033

续表

编号	判断矩阵	λ_{max}	CI	正规化 W	一致性比率 CR
4	$\begin{bmatrix} 1 & 1 & \frac{1}{5} \\ 1 & 1 & \frac{1}{5} \\ 5 & 5 & 1 \end{bmatrix}$	3	0	(0.143, 0.143, 0.714)	0
5	$\begin{bmatrix} 1 & \frac{1}{3} & \frac{1}{5} \\ 3 & 1 & \frac{1}{3} \\ 5 & 3 & 1 \end{bmatrix}$	3.0387	0.019	(0.106, 0.261, 0.633)	0.033
6	$\begin{bmatrix} 1 & \frac{1}{3} & \frac{1}{3} \\ 3 & 1 & 1 \\ 3 & 1 & 1 \end{bmatrix}$	3	0	(0.143, 0.429, 0.429)	0
7	$\begin{bmatrix} 1 & \frac{1}{3} & \frac{1}{5} \\ 3 & 1 & \frac{1}{3} \\ 5 & 3 & 1 \end{bmatrix}$	3.0387	0.019	(0.106, 0.261, 0.633)	0.033
8	$\begin{bmatrix} 1 & 1 & \frac{1}{5} \\ 1 & 1 & \frac{1}{5} \\ 5 & 5 & 1 \end{bmatrix}$	3	0	(0.143, 0.143, 0.714)	0
9	$\begin{bmatrix} 1 & 1 & \frac{1}{3} \\ 1 & 1 & \frac{1}{3} \\ 3 & 3 & 1 \end{bmatrix}$	3	0	(0.2, 0.2, 0.6)	0
10	$\begin{bmatrix} 1 & 3 & \frac{1}{3} \\ \frac{1}{3} & 1 & \frac{1}{5} \\ 3 & 5 & 1 \end{bmatrix}$	3.0387	0.019	(0.261, 0.106, 0.633)	0.033

从表 5 - 10 中可见 C_4 层编号为 1 的问卷未通过一致性检验。

表 5 – 11　　　　　　　　　C₇ 层的判断矩阵（$D_{16}/D_{17}/D_{18}$）

编号	判断矩阵	$\lambda_{\max}$	CI	正规化 W	一致性比率 CR
1	$\begin{bmatrix} 1 & 3 & 5 \\ \frac{1}{3} & 1 & 3 \\ \frac{1}{5} & \frac{1}{3} & 1 \end{bmatrix}$	3.0387	0.019	(0.633, 0.261, 0.106)	0.033
2	$\begin{bmatrix} 1 & \frac{1}{3} & \frac{1}{3} \\ 3 & 1 & 1 \\ 3 & 1 & 1 \end{bmatrix}$	3	0	(0.143, 0.429, 0.429)	0
3	$\begin{bmatrix} 1 & \frac{1}{3} & 5 \\ 3 & 1 & 7 \\ \frac{1}{5} & \frac{1}{7} & 1 \end{bmatrix}$	3.0655	0.033	(0.283, 0.643, 0.074)	0.056
4	$\begin{bmatrix} 1 & 5 & 5 \\ \frac{1}{5} & 1 & 1 \\ \frac{1}{5} & 1 & 1 \end{bmatrix}$	3	0	(0.714, 0.143, 0.143)	0
5	$\begin{bmatrix} 1 & 1 & 5 \\ 1 & 1 & 5 \\ \frac{1}{5} & \frac{1}{5} & 1 \end{bmatrix}$	3	0	(0.455, 0.455, 0.091)	0
6	$\begin{bmatrix} 1 & \frac{1}{3} & 3 \\ 3 & 1 & 5 \\ \frac{1}{3} & \frac{1}{5} & 1 \end{bmatrix}$	3.0387	0.019	(0.261, 0.633, 0.106)	0.033
7	$\begin{bmatrix} 1 & 5 & 5 \\ \frac{1}{5} & 1 & 1 \\ \frac{1}{5} & 1 & 1 \end{bmatrix}$	3	0	(0.714, 0.143, 0.143)	0

编号	判断矩阵	λ_{max}	CI	正规化 W	一致性比率 CR
8	$\begin{bmatrix} 1 & 1 & 5 \\ 1 & 1 & 5 \\ \frac{1}{5} & \frac{1}{5} & 1 \end{bmatrix}$	3	0	(0.455, 0.455, 0.091)	0
9	$\begin{bmatrix} 1 & 3 & 5 \\ \frac{1}{3} & 1 & 5 \\ \frac{1}{5} & \frac{1}{5} & 1 \end{bmatrix}$	3.0387	0.019	(0.633, 0.261, 0.106)	0.033
10	$\begin{bmatrix} 1 & 1 & 5 \\ 1 & 1 & 5 \\ \frac{1}{5} & \frac{1}{5} & 1 \end{bmatrix}$	3	0	(0.455, 0.455, 0.091)	0

从表 5 - 11 中可见 C_7 层 10 份问卷全部通过一致性检验。

(三) 各评价指标的单层权重

各层评价指标的单层权重是根据通过一致性检验的问卷加权平均计算得出的,下文列明各层次的单层权重表。

1. B 层评价指标的单层权重

从 B 层评价指标的单层权重 (见表 5 - 12) 可见,服务产品成熟度最为重要权重为 60.9%;其次是经营管理成熟度权重为 28.5%;最后是运行环境成熟度权重是 10.6%。

表 5 - 12　　　　　　　　　B 层评价指标的单层权重

编号	加权	B_1	B_2	B_3
1	1/9	0.106	0.260	0.633
2	1/9	0.074	0.283	0.643
3	1/9	0.106	0.260	0.633
4	1/9	0.143	0.429	0.429

续表

编号	加权	B_1	B_2	B_3
5	1/9	0.143	0.429	0.429
6	1/9	0.106	0.260	0.633
7	1/9	0.083	0.193	0.724
8	1/9	0.106	0.260	0.633
10	1/9	0.083	0.193	0.724
单层权重	1	0.106	0.285	0.609

从 B_1 层评价指标的单层权重（表 5 - 13）可见，运行环境成熟度中市场需求最为重要权重为 67.14%；其次是产业规模权重为 14.34%；最后是政策法规权重是 18.52%。

表 5 - 13　　　　　　　　　B_1 层评价指标的单层权重

编号	加权	C_1	C_2	C_3
2	1/5	0.283	0.074	0.643
3	1/5	0.193	0.083	0.724
7	1/5	0.106	0.261	0.633
9	1/5	0.261	0.106	0.633
10	1/5	0.083	0.193	0.724
单层权重	1	0.1852	0.1434	0.6714

从 B_2 层评价指标的单层权重（表 5 - 14）可见，经营管理成熟度中企业经验最为重要权重为 60.51%；其次是人力资源权重为 30.96%；最后是沟通能力权重是 8.53%。

表 5 - 14　　　　　　　　　B_2 层评价指标的单层权重

编号	加权	C_4	C_5	C_6
1	1/8	0.487	0.078	0.435
3	1/8	0.643	0.074	0.283

续表

编号	加权	C_4	C_5	C_6
4	1/8	0.643	0.074	0.283
6	1/8	0.480	0.115	0.406
7	1/8	0.643	0.074	0.283
8	1/8	0.669	0.088	0.243
9	1/8	0.633	0.106	0.261
10	1/8	0.643	0.074	0.283
单层权重	1	0.6051	0.0853	0.3096

从 B_3 层评价指标的单层权重（表 5 - 15）可见，服务产品成熟度中技术应用最为重要权重为 44.2% ；其次是业务流程权重为 37.5% ；再次是生产管理权重为 12.6% ；最后是风险控制权重是 5.7% 。

表 5 - 15 　　　　　　　　　　 B_3 层评价指标的单层权重

编号	加权	C_7	C_8	C_9	C_{10}
1	1/10	0.588	0.263	0.122	0.057
2	1/10	0.263	0.558	0.122	0.057
3	1/10	0.263	0.558	0.122	0.057
4	1/10	0.229	0.597	0.119	0.056
5	1/10	0.588	0.263	0.122	0.057
6	1/10	0.389	0.389	0.154	0.069
7	1/10	0.413	0.413	0.128	0.048
8	1/10	0.263	0.558	0.122	0.057
9	1/10	0.263	0.558	0.122	0.057
10	1/10	0.588	0.263	0.122	0.057
单层权重	1	0.375	0.442	0.126	0.057

2. C 层评价指标的单层权重

从 C_1 层评价指标的单层权重（表 5 - 16）可见，政策法规中知识产权保护最为重要权重为 41.6% ；其次是配套资金权重为 30.1% ；最后是鼓励扶持政策权重是 28.3%。

表 5 – 16　　　　　　　　C_1 层评价指标的单层权重

编号	加权	D_1	D_2	D_3
2	1/6	0.106	0.261	0.633
4	1/6	0.143	0.143	0.714
5	1/6	0.429	0.429	0.143
6	1/6	0.714	0.143	0.143
8	1/6	0.200	0.200	0.600
9	1/6	0.106	0.633	0.261
单层权重	1	0.283	0.301	0.416

从 C_2 层评价指标的单层权重（表 5 – 17）可见，产业规模中教育与培训最为重要权重为 35.2%；其次是专业化园区权重为 34.1%；最后是企业集聚度权重是 30.7%。

表 5 – 17　　　　　　　　C_2 层评价指标的单层权重

编号	加权	D_4	D_5	D_6
1	1/6	0.074	0.283	0.643
2	1/6	0.106	0.633	0.261
4	1/6	0.200	0.200	0.600
5	1/6	0.724	0.193	0.083
9	1/6	0.633	0.106	0.261
10	1/6	0.106	0.633	0.261
单层权重	1	0.307	0.341	0.352

从 C_3 层评价指标的单层权重（表 5 – 18）可见，市场需求中业务量和业务增长空间的重要程度相差无几，市场中现存的业务量稍微重要些。

表 5 – 18　　　　　　　　　C_3 层评价指标的单层权重

编号	加权	D_7	D_8
1	1/10	0.750	0.250
2	1/10	0.250	0.750
3	1/10	0.750	0.250
4	1/10	0.500	0.500
5	1/10	0.833	0.167
6	1/10	0.250	0.750
7	1/10	0.250	0.750
8	1/10	0.750	0.250
9	1/10	0.500	0.500
10	1/10	0.250	0.750
单层权重	1	0.508	0.492

从 C_4 层评价指标的单层权重（表 5 – 19）可见，企业经验中领域专长最为重要权重为 57.6%；其次是国际化战略为 25%；最后是品牌知名度权重是 28.3%。

表 5 – 19　　　　　　　　　C_4 层评价指标的单层权重

编号	加权	D_9	D_{10}	D_{11}
2	1/9	0.200	0.600	0.200
3	1/9	0.261	0.106	0.633
4	1/9	0.143	0.143	0.714
5	1/9	0.106	0.261	0.633
6	1/9	0.143	0.429	0.429
7	1/9	0.106	0.261	0.633
8	1/9	0.143	0.143	0.714
9	1/9	0.200	0.200	0.600
10	1/9	0.261	0.106	0.633
单层权重	1	0.174	0.250	0.576

从 C_5 层评价指标的单层权重（表 5 – 20）可见，沟通能力中文化适应性较为重要权重为 59.5%；其次是业务处理能力权重为 40.5%。

表 5 – 20　　　　　　　　　　　C_5 层评价指标的单层权重

编号	加权	D_{12}	D_{13}
1	1/10	0.833	0.167
2	1/10	0.875	0.125
3	1/10	0.250	0.750
4	1/10	0.500	0.500
5	1/10	0.750	0.250
6	1/10	0.750	0.250
7	1/10	0.500	0.500
8	1/10	0.500	0.500
9	1/10	0.500	0.500
10	1/10	0.500	0.500
单层权重	1	0.595	0.405

从 C_6 层评价指标的单层权重（表 5 – 21）可见，人力资源中技术人员的可得性较为重要权重为 53.3%；其次是外语人员的可得性权重为 46.7%。

表 5 – 21　　　　　　　　　　C_6 层评价指标的单层权重

编号	加权	D_{14}	D_{15}
1	1/10	0.500	0.500
2	1/10	0.750	0.250
3	1/10	0.833	0.167
4	1/10	0.500	0.500
5	1/10	0.500	0.500
6	1/10	0.250	0.750
7	1/10	0.500	0.500

编号	加权	D_{14}	D_{15}
8	1/10	0.500	0.500
9	1/10	0.500	0.500
10	1/10	0.500	0.500
单层权重	1	0.533	0.467

从 C_7 层评价指标的单层权重（表 5 - 22）可见，业务流程中规范与规划最为重要权重为 47.7%；其次是流程清晰度权重为 38.7%；最后是业务协同度权重是 13.8%。

表 5 - 22 　　　　　　　　　　　C_7 层评价指标的单层权重

编号	加权	D_{16}	D_{17}	D_{18}
1	1/10	0.633	0.261	0.106
2	1/10	0.143	0.429	0.429
3	1/10	0.283	0.643	0.074
4	1/10	0.714	0.143	0.143
5	1/10	0.455	0.455	0.091
6	1/10	0.261	0.633	0.106
7	1/10	0.714	0.143	0.143
8	1/10	0.455	0.455	0.091
9	1/10	0.633	0.261	0.106
10	1/10	0.455	0.455	0.091
单层权重	1	0.475	0.387	0.138

从 C_8 层评价指标的单层权重（表 5 - 23）可见，技术应用中信息化最为重要权重为 68.5%；其次是高技术使用权重为 21.7%；最后是技术创新权重是 9.8%。

表 5 – 23　　　　　　　　　　C_8 层评价指标的单层权重

编号	加权	D_{19}	D_{20}	D_{21}
2	1/8	0.633	0.261	0.106
3	1/8	0.633	0.261	0.106
4	1/8	0.633	0.261	0.106
5	1/8	0.724	0.193	0.083
6	1/8	0.724	0.193	0.083
7	1/8	0.778	0.111	0.111
9	1/8	0.633	0.261	0.106
10	1/8	0.724	0.193	0.083
单层权重	1	0.685	0.217	0.098

从 C_9 层评价指标的单层权重（表 5 – 24）可见，生产管理中国际标准化认证最为重要权重为 71.4%；其次是质量控制权重为 15.4%；最后是成本控制权重是 13.2%。

表 5 – 24　　　　　　　　　　C_9 层评价指标的单层权重

编号	加权	D_{22}	D_{23}	D_{24}
1	1/10	0.7978	0.100	0.105
2	1/10	0.7240	0.193	0.083
3	1/10	0.7240	0.193	0.083
4	1/10	0.7780	0.111	0.111
5	1/10	0.7140	0.143	0.143
6	1/10	0.7140	0.143	0.143
7	1/10	0.7780	0.111	0.111
8	1/10	0.7140	0.143	0.143
9	1/10	0.6000	0.200	0.200
10	1/10	0.6000	0.200	0.200
单层权重	1	0.7140	0.154	0.132

从 C_{10} 层评价指标的单层权重（表 5 – 25）可见，信息风险控制最为

重要权重为41.5%；其次是经营风险控制权重为32.4%；最后是财务风险控制权重是26.1%。

表 5 - 25　　　　　　　　　C_{10}层评价指标的单层权重

编号	加权	D_{25}	D_{26}	D_{27}
1	1/10	0.724	0.084	0.193
2	1/10	0.143	0.429	0.429
3	1/10	0.261	0.633	0.106
4	1/10	0.714	0.143	0.143
5	1/10	0.143	0.429	0.429
6	1/10	0.106	0.261	0.633
7	1/10	0.429	0.429	0.143
8	1/10	0.600	0.200	0.200
9	1/10	0.600	0.200	0.200
10	1/10	0.429	0.429	0.143
单层权重	1	0.415	0.324	0.261

(四) 各评价指标的总权重

表 5 - 26 中清晰地列明各层评价指标的总权重，从 C 层 27 个评价指标看，权重前十位的分别是信息化（18.44%）、业务流程的规范与规划（10.85%）、领域专长（9.94%）、流程清晰度（8.84%）、高技术应用（5.84%）、国际标准化认证（5.48%）、技术人员可得性（4.7%）、外向型战略（4.31%）、外语人员可得性（4.12%）、业务量（3.62%）。问卷结果基本能够反映影响服务外包项目开发的各种因素的重要程度，首先服务外包的兴起是 IT 技术发展和全球产业链重新整合的结果，只有各行业信息化才有产生服务外包业的市场需求，也只有企业的信息化才有可能培育和创新基于 IT 的服务产品，实现异地交易。其次，问卷结果也清晰地表明资源型企业基于核心能力发展生产性流程外包必须在领域专长基础上，规范与规划业务流程，明确服务流程的范围和内容。最后，成功的流程外包项目的实施必须有人力资源、企业外向型战略、市场需求的有效支撑。

表 5 – 26 各评价指标的权重

运行环境成熟度	总权重	经营管理成熟度	总权重	服务产品成熟度	总权重
政策法规	0.0196	企业经验	0.1725	业务流程	0.2284
鼓励扶持政策	0.0055	品牌知名度	0.0300	规范与规划	0.1085
配套资金	0.0059	国际化战略	0.0431	流程清晰度	0.0884
知识产权保护	0.0082	领域专长	0.0994	业务协同度	0.0315
产业规模	0.0152	沟通能力	0.0243	技术应用	0.2692
企业集聚度	0.0047	文化适应性	0.0145	信息化	0.1844
专业化园区	0.0052	业务处理能力	0.0098	高新技术使用	0.0584
教育与培训	0.0053	人力资源	0.0882	技术创新	0.0264
市场需求	0.0712	技术人员	0.0470	生产管理	0.0767
业务量	0.0362	外语人员	0.0412	国际标准化认证	0.0548
业务增长空间	0.0350			质量控制	0.0118
				成本控制	0.0101
				风险控制	0.0347
				信息风险控制	0.0144
				经营风险控制	0.0112
				财务风险控制	0.0091
总计	0.106	总计	0.285	总计	0.609

问卷中运行环境成熟度的权重较小为 10.6%，而经营管理成熟度为 28.5%，服务产品成熟度为 60.9%。究其原因从必然性上讲，现代服务业产生和发展的市场化程度高，微观层面上大多体现为市场驱动下的企业行为。从偶然性上讲，是调查问卷咨询专家组成与来源的影响。当然问卷的目标是要评价企业发展服务外包项目的能力与水平，指标体系构成上也偏重于企业具体经营管理行为的评价。

四、服务流程外包项目评价

采用模糊综合评价法对资源型企业发展服务外包项目的能力进行评价。首先评估专家委员会依据实际情况，对 C 层的评价指标进行打分获取评价值，采取百分制。然后计算评估专家委员会对某一因素评价的平均评价值（算术平均或加权平均），将各指标的平均评价值乘上各指标的总权重得出各指标的加权平均评价值。最后，将加权平均评价值求和即可得到综合评价值，综合评价值越高说明企业发展服务外包项目的能力和水平越高。通过对服务流程成熟度的评价和分析，发现问题找出差距，从而推动企业进行科学合理的决策，实现服务外包项目的成功运营。

第五节　服务外包项目的运作与风险管理

企业外包战略的运用是一个系统的工程，它需要企业根据运行环境和行业发展的阶段性特征制定详尽的规划，并进行相应的组织、管理、控制和运营模式的构建。由于服务产品交付的无形性、委托代理双方信息的不对称性、契约履行中交易成本的不确定性，使得服务外包在实际运行中潜在大量风险。因此必须考虑外包的具体运营与风险防范。结合国内外的研究成果，从服务外包项目运营与管理两个方面阐述服务外包实践的基本框架。

一、服务外包项目运作

国外学者对外包运作过程的阶段性划分有六阶段和七阶段。六阶段认为外包运作过程分为战略分析、识别业务、定义需求、选择供应商、转变经营模式和管理外包关系等。七阶段认为外包运作过程分为计划准备、战略研究、分析业绩与成本、选择外包商、协商合同、转换资源和管理外包关系等。无论怎样划分企业运作的阶段，服务外包战略的制定与运作模式的选择是首要解决的问题。

（一）战略制定与实施

服务外包战略的制定与实施是一个系统工程，既需要企业高级管理层根据资源调动能力、风险承受能力和市场需求状况前瞻性地制定战略方向，还需要详细地筹划与运营项目。

1. 战略分析阶段

战略分析阶段是指企业通过相关资料收集和整理分析内外环境，从而能够明确发展方向、制定科学决策。以资源型城市为例，第一，明确资源型产业服务外包的市场供求状况。调查资源型产业细分行业的工程技术服务在国内外市场的需求和发展趋势；目前国内各企业的技术优势和已经开展的服务项目类型；各资源型企业已获得的市场份额、市场结构及竞争格局。第二，分析企业发展服务外包项目的外部环境。必须明晰地方政府对技术应用服务项目的鼓励和限制措施；企业提供服务的目的地国家或地区的相关政策；企业进行项目运营的基础设施状况和各要素成本等。第三，分析企业发展工程技术服务项目的内部条件，客观评价企业的技术能力、市场能力和组织能力。企业的技术能力分析包括企业生产作业部门的技术应用水平和技术开发部门的技术创新能力；企业的市场能力分析包括营销部门和客户服务部门的沟通和扩展能力；企业的组织能力分析包括供应链、生产流程、人事财务管理等能力。对企业发展服务外包项目内外部环境的综合评价可以应用上一节的服务流程成熟度指标体系进行总水平的测度。

2. 战略计划阶段

战略计划阶段重点考虑四个方面，一是业务流程项目如何剥离、重组，相对应的企业经营关系和内部组织结构如何调整。二是处理好企业提供的服务项目与发包商生产流程的对接问题，使两者有效配合、协同运转。三是充分考虑企业发展服务外包项目、调拨资源对原有生产经营的影响，如生产资料的配置、技术人员的调度、采购资源的管理等问题。四是制定详细的计划内容、实施步骤、组织机构设置、监管机制等，并能够根据市场的变化及时响应。

3. 战略实施阶段

在战略实施阶段，第一，企业要把外向型发展战略，通过文化宣传、组织机构调整、员工培训与激励政策制定并行的方式全面推进和实施，营造开发国内外市场的氛围。第二，专设企业技术服务市场部门，充分调动企业内部资源。在企业总部专设工程技术服务市场开发部，在各技术专长的分支机构中分设技术服务管理部门，统一整合企业资源。第三，对开发的服务流程项目进行详细的规划和制度规范的编制。其中企业技术服务和管理的国际标准化认证，运营管理中信息化系统的开发都是十分重要的。第四，明确合作双方业务衔接、机制整合、组织架构、合同签订、争议处理等问题。特别是针对离岸外包的工程技术服务项目，需要人员到目的地国提供技术支持，在与发包方工作人员沟通时常常遇到文化差异、工作方式和工作态度不同的摩擦。需要企业加强工作人员对目标市场当地民族习俗、宗教信仰、文化习惯的了解、熟悉，制定并严格执行外事制度。

（二）服务外包的运作模式选择

从企业发展服务外包项目中，发包方与接包方的关系来看，可以分为三个阶段。第一阶段，发包方仅需要生产人员的补充，通过简单业务合作的劳务供应关系，完成双方的合作。第二阶段，发包方与接包方通过多次业务合作已经形成稳定的业务联系，在多次沟通中能够不断地进行任务的调整，不单纯依赖合同条款的规定。第三阶段，双方建立有效的绩效评估和监控机制，双方对企业价值和文化相互认同，成为长期的战略合作伙伴。由此可见，服务外包业务的运营和发展必须处理好发包方与接包方的关系，根据行业特性、发展阶段、市场需求、企业能力等方面的要求，选择不同的外包伙伴，形成差异化发展的外包模式。

1. 中心依附型运作模式

以专业性要求高的资源型产业为例，资源型产业的开发与运营涉及庞杂的部门和众多的环节，例如石油工程技术服务由物探、钻完井、测录试、油田生产和工程建设等五大部分的三十一种服务组成。这种服务市场是一个寡头市场，由于我国存在资源管理的体制约束，而且资金技术进入门槛过高，生产部门庞杂都使得这一行业呈现出高度的垄断性。因此在这样的体制架构下，发展外向型的服务市场在组织架构上，自然需要有处于核心地位的机构来配置与利用各种资源。例如我国石油产业为海外提供工程技术服务主要是中石油、中石化、中海油三大上下游垂直一体化的集团。集团以法人资格在海外市场承接大型工程项目，再在管辖的各油田系统中调拨人力、物力资源进行生产运营，各油田企业必须服从集团的统一安排。上述这种以拥有核心组织地位的机构为中心，其他企业依附于这一中心进行资源的配置与市场运营的组织模式称为中心依附型的运作模式。

2. 战略协作型运作模式

这种模式是指在独立法人的前提下，发包与接包双方通过合作整合了资源、提升了价值、优化了生产流程，形成了战略性的协作联盟组织。例如上海青鹏冶金工程技术有限公司是宝钢、宝冶集团、江苏平方集团的外包服务商，提供技术研发、设计咨询等服务，经过长期合作双方成为战略型合作伙伴。这种运作模式中合作双方的战略协作关系建立后，将专业的技术资源、市场信息、自然资源结合在一起，发挥各自的核心竞争力，在资源型产业的技术研发、工程设计、施工方案优化、节能减排项目开发等领域创造诸多的利润增长点，推进双方企业的发展方式的变革。

3. 多元网络型运作模式

这种模式是由多个独立的企业形成相对松散、动态变化的外包网络。外包网络的整体不会受到单个企业的影响，企业之间发包、分包、转包的委托—代理链条较长，企业经营灵活，社会分工迂回程度较高，通过网络中各单位的协作与互动，推进整个行业的发展。当然，这是服务外包发展的高级形式，从目前资源型产业发展工程技术服务的现状看，前两种模式比较适应发展的实际。

二、服务外包风险管理

服务外包的风险来源于两大类：一是外部风险，二是内部风险。服务外包的外部风险通常包括自然灾害、经济制度变革、市场环境变化、社会政治动荡等。企业的内部因素通常包括信息风险和经营风险。因此对服务外包项目的风险管理关系到企业战略实施的成败，应该给予高度的重视。外部风险的控制与管理是一个动态的过程，包括对风险的识别、评价和控制。下面主要从资源型企业开发服务外包项目，在各个运行环节中如何管理外包风险的策略进行阐述。

（一）外包决策阶段的风险管理

在资源型企业开发服务外包项目的最初阶段，必须对企业的内外部风险和损失进行有效地评估和识别。例如：可能的外包风险有哪些；风险事故有哪些类型；可能造成的损失如何等。一方面可以通过企业的运营经验或者历史资料来统计总结；另一方面还可以在必要的时候邀请外部专家进行咨询，及时提出控制风险的可行性方案，并及时对外包政策做出调整。

（二）发包商选择阶段的风险管理

服务外包在本质上是社会分工细化的市场行为，由于委托—代理双方信息不对称，资源型企业作为服务供应商，必须对发包商的资质、信誉、资金情况和组织架构进行调查。同时对发包商所在国的经济制度环境、社会文化习俗、资源型产业相关政策进行全面调查和综合分析。为控制外部不可控风险的发生，应该制定灵活的合同附加条款，如遇到大型自然灾害、战争、国家临时政策等情况下，合同双方的责任、义务划分。

（三）签订合同阶段的风险管理

在合同签订过程中尽可能地明确企业所需提供的服务内容，承、发包双方的责任义务关系和相关费用的收取方法。首先，根据发展趋势估算可能发生的各项成本，在合同中列明，以预防或减少可能造成的损失。其次，制定出一系列双方认同的服务标准，以便对企业提供的服务产品进行客观评价，避免对服务质量所产生的争议。另外，需明确承接企业是否具有分包的权利以及对分包人的付款、管理等责任认定。应妥善保管好往来函件、会议纪要等原始书面的证明材料，明确提出争端解决程序，以完善合同机制。

（四）合同执行阶段的风险管理

企业应建立风险评价指标体系、风险预警机制和应急管理系统，在合同执行过程中进行动态监控和实时追踪。要设立专门的机构对外包风险进行识别、评价与管理。承包企业与发包企业间需建立良好的沟通方式和信息反馈机制，一旦发生纠纷和争议，能够通过良好的沟通渠道，不断调整外包方案，妥善解决问题。由于风险具有很大的不确定性，可以通过识别、评估以及控制等过程加以有效管理，并采取相应的措施。可以这样说，服务外包风险的管理依赖于完整的控制体系的建立。

（五）信息安全的风险管理

在知识经济时代里信息和数据的集中表现出明显的马太效应，数据安全问题危及企业的生存以及个人的隐私和财产安全。在这样的环境下，数据和信息等的泄露或者知识产权等的盗窃引发的信息安全问题尤为重要。在商业信息化的时代里，信息安全威胁主要来源于技术缺陷和管理漏洞，尤其是后者。由于外包业务的具体操作过程的监控存在难度，信息安全的管理在一定程度上也有显得力不从心，服务外包是一个业务委托的关系过程，发包方和接包方分享着机密商业信息，在合作过程中如果接包方不能对知识产权等重要信息进行有效保护会对企业核心业务带来致命创伤。首先，避免这些风险首先需要发包双方完善严格而系统的管理系统，防止由于管理的漏洞引发危机；其次，政府制定相关的知识产权保护的法律法规进行强有力的保护，政府、科研机构、企业等协调一致保护信息的安全。

本 章 小 结

　　现代的产业依托长期积累的技术、管理、人力资本等优势要素发展，再加上城市化过程中日趋完善和先进的基础设施，服务外包有其先天的条件。从目前国内外的服务外包产业来看，知识流程服务外包和信息技术服务外包带来的高额产品附加值已经成为重要的经济增长点，尤其是创新水平高，智力水平要求高的相关服务外包行业既能够催生新兴行业，还能结合传统行业实现优化升级带来更多发展。即服务外包产业的发展为可持续发展注入了更多活力。以资源型产业工程技术类服务项目的发展实际看，技术复杂程度越高、业务流程环节越多、信息化程度越高的行业发展服务外包项目的附加值和市场开拓能力越强，例如石油石化行业海外业务的大量扩展，中石油规划中石油海外油气作业当量将达到公司"半壁江山"。自然资源的枯竭是不可逆转的，但基于经济社会资源组织生产的发展模式应该成为资源型企业的战略选择。由此可见，服务外包的发展能够推进产业的优化升级，转变一些传统行业的发展模式，除此之外，还能创造新的生产、发展方式。

　　现代企业培育服务外包承接项目的路径主要是通过专业技术、高新科技水平和业务流程等进行，以资源型产业为例，就其服务外包承接项目的路径来看，一是基于工程技术的流程外包业务，资源型产业生产中基本都涉及工程技术的工程咨询、工程设计、工程总承包、设备成套、工程监理、整体解决方案、生产技术服务等流程环节。哪个企业在某一环节的技术领域创新能力强、研发水平高，都极易形成基于特定工程技术的服务外包项目，因此技术密集型的石油石化和冶金行业的工程技术服务的市场规模最大。二是基于高新技术应用的服务外包业务。高技术在社会生产中的作用是变革性的，并不针对哪一个特定的行业。资源型产业中越多的使用高技术，越能够给企业带来管理上的便利和效率的提升。而这种基于高技术的服务，通过市场的运作，就会引致出大量的有效需求，从而带来服务外包业务增长。例如信息技术、物联网和云计算的联合使用能够实现煤炭安全生产的可视化和智能化，变革了整个行业的生产运营方式。三是基于共性业务流程的服务外包业务。矿业金融、矿业资讯、矿业物流服务的市场需求量较大，是重点发展的领域。对于综合服务型城市和区位型城市来说，服务外包的发展路径也是大同小异，在信息时代下的科技的创新以及智力的运用是核心要点。

服务外包的开发与运营是一个系统的工程，首先必须对企业发展外包项目的内外部因素进行全面的考量。本书建立了服务流程成熟度评价指标体系，通过专家咨询与调查问卷的形式确定了各评价指标的权重。当然，针对不同的行业特点和技术特征，企业在使用中可以增减指标，重新修正指标和权重。模糊综合评价法，可以将专家的定性评价与定量分析有机结合，促进企业进行科学合理的决策。此外，项目开发中战略的制定与实施、运作模式的选择和风险的管理都是必不可少的环节，尤其是运作模式的选择，决定着发包与接包企业双方战略性合作关系的建立和长期竞争优势的保持。

第六章

现代城市服务外包产业
发展的对策措施

现代城市发展服务外包产业是在国家经济发展进入新常态，寻求转变经济发展方式以及建立资源节约型、可持续发展型社会的大背景下展开的，这是"以人为本"的科学发展观在城市转型和传统产业转型中的创新性应用，是有形投入为主导到技术进步为主导的经济增长方式的重大变革。通过服务外包产业的发展，转变要素投入结构，形成人力资本积累的内生性发展方式；通过高端生产性服务业外包发展与传统产业协同演化，形成知识型经济体系的跨越；通过产业链在全球范围的治理，形成高附加值和国际化运营的价值链条；通过现代服务业的发展，优化区域空间经济结构，增强要素集聚与辐射的能力。因此不同类型的城市要立足于优势产业的比较优势并确定未来发展方向，加速产业的信息化和现代化建设，强化科技创新、技术应用和人力资本在发展方式转变中的作用，把业务外包与业务承包作为提升核心竞争力的基本形式，通过服务业外包发展推动城市功能的全面转型。现代城市的服务外包业是建立在社会化大分工和市场需求的基础上的，因此这一产业的培育是一个系统的工程，在政府政策层面、企业运营层面、空间承载层面都要发挥相应的作用，共同支撑服务外包产业的发展。

第一节　服务外包产业发展的政策导向

经济全球化发展背景下，开放经济国家的产业都要在市场化进程中参与全球产业链的治理，不断锁定与提升某些生产链条在特定领域的优势地位。"服务外包"的前提条件高技术应用、先进流程管理、现代化生产方式、知识智力的应用等整体服务输出，不能单纯看作劳务的输出，更应该研究资源型产业全链条中高技术资源与经济社会资源的利用问题。因此要加大社会大分工程度，城市中大力发展相应的服务业，全力推进城市发展方式的转型和城市功能的转型。

一、大力发展服务外包业

将服务外包业的发展与传统产业相结合，促进传统产业的转型升级，提高其创造价值的能力；通过大力发展科技创新提升城市服务外包产业的能级并扩大其服务领域，催生高附加值的新产业。鼓励企业"主辅分离"，其中生产性企业可以大力推进其工业化与信息化建设，加快新型工业化步伐，发展技术服务业延长产业链条；发展嵌入式系统、自动化控制、高技术物化等高端服务业推进配套装备制造业的形成和发展；发展行业领域数据处理、软件开发、安全监控、工业控制、人力资源管理等流程的专业化服务业，推进生产制造企业的转型。对于提高生产性或生活性服务业的企业来说，进行企业的业务"瘦身"，专注于企业核心业务的创新研发，维持或提高企业在行业中的优势地位，挖深产业链；提升数字化、信息化以及专业化知识的应用程度，加快高端型服务外包业的发展并扩展其服务的相关产业的生产附加值空间。

针对传统创业中存在产业链短、能源消耗高、产品附加值低等问题，把发展生产性和生活性服务业作为实现传统产业转型的重要路径，能够不断提升企业的现代化生产和信息化管理水平，推进传统产业价值链的整合和重构。以产业转型升级为基本动力，实现相关服务业的发展和集聚，对于产业转型意义重大。

二、强化资源共享与协作创新

加大服务外包企业与发包企业、服务外包企业之间的资源共享与优势互补。通过政府专业服务平台、协会联盟、专业化咨询服务公司等载体，积极推动服务外包产业战略联盟建设。根据不同类型企业生产性服务、生活性服务等服务领域的业务需求，服务企业与制造企业积极展开业务合作，通过联合承接业务量较大的订单，实现技术服务与生产流程管理、技术应用与特种装备制造、信息服务与市场开发有机结合，并通过资源的共享和生产服务的合作加速信息的流动，随着经济全球化和价值链、产业链全球化的深入，大力发展离岸服务外包业务，在与国外大型跨国企业合作的过程中，学习和引进国外先进的知识技术和管理经验，推动创新的发展从而共同推进产业链的整体升级。

三、建立多层次的人才孵化、管理体系

科学、系统的人才培养和人才管理对于加速服务外包产业的发展有着很深刻的意义，就服务外包产业的高质量人力资源的来源来说，一是内培，首先应该加强教育基础的设施建设，架构人才孵育的摇篮，并调整人才的培养结构以及建立"服务外包人才培养基地"，从而加强实践性和创新型人才的培养。采用多元化的人才培训体系，鼓励大学、职业学校、专业培训机构、服务外包企业培养不同层次的服务外包人才，打造企业培训和实训的基地，此外，建立完善的人才选拔、培训、保留机制也非常重要。除了内培，人才的外引是全球化发展过程中，人才来源的一大渠道，外引有利于扩大人力资源的选择范围，也能够推动国外先进专业知识与技术的内流。不同类型城市的结合其不同产业优势及发展需求培养不同层次的专业性人才，并重视人力资源的组合。以综合服务型城市为例，在教育资源和研发机构丰富的基础上，培养 IT 人才和知识流程的高知识型人才，加强专业知识与咨询、金融等行业的实践结合能力，扩大实现高端产业人才的辐射范围。对于工业城市，尤其是资源型城市，则可以利用部分城市在矿业工程领域的专业优势，培养外向型的矿业复合人才，政府对资源行业的服务外包企业给予人才培训的资助，对新上岗员工技能培训、人才定制培训进行补贴并在落户、居住、就医、子女就学等方面，提供全方位的服务。就人才管理方面，则应该注重对服务外包管理人才的科学管理、合理开发、有效利用和沟通协调等方面进行，包括注重人才个人自身价值的实现以及从企业战略的角度进行人才管理，建立创新和个人绩效评估的激励机制等。

四、多渠道解决企业融资问题

引导各类金融机构、投资机构和民营资本以各种融资方式支持服务外

包产业的发展，政府和企业联合搭建金融融资平台，拉近企业之间在金融方面的合作关系，尤其是风投公司与新兴小微企业的合作。如综合服务型城市加大力度发展新兴高科技公司，放宽融资限制，设立"高新 IT 行业发展专项基金"等，扶持新兴的小微 IT 企业的发展，助力研发创新的进行；资源城市加大资源型服务外包产业的发展，明确提出支持大中型资源型企业利用资金和技术优势，开发外部市场的矿产资源，简化各种手续，支持企业"走出去"。设立"资源型服务外包产业发展专项基金"，以低息贷款的形式扶持矿业高新技术服务企业发展，建立有效的担保机制，对已经形成一定规模的服务外包企业，允许其用自主知识产权产品进行抵押贷款以资本为纽带，大力推动资源型服务外包产业的发展；区位型城市加大信息技术以及流通服务外包产业的培育力度，在简化资程序和给予一定的政府补贴。

五、建设专业园区促进企业集聚

以城市已建有的高新技术产业区、软件园区和服务外包园区为基础，采取政府扶持、开发商运营、企业合作自建等多种形式的服务外包园区建设模式，结合产业优势、发展方向和城市自身的功能定位，发展具有差异的服务外包专业园区。遵循"政府导向、市场化运作"原则，鼓励各方参与园区基础设施建设，通过园区企业的信息交流和合作，实现外溢效应，推动外包企业并带动其他产业创新能力的提升。在完善园区生产基础设施的同时，考虑园区工作人员居住与生活设施的配套问题，打造智慧"城中城"。根据不同的服务外包产业发展重点，细分招商引资的潜在客户，制定有针对性的政策措施，促进服务外包企业集聚。

六、建立服务外包行业协会

鼓励服务外包企业采取产业联盟的方式建立专业领域的行业协会。行业协会作为服务外包企业的代表，能够利用整体的实力处理协调好政府与企业之间，行业之间的相互关系。加强行业协会整合资源的能力，推动企业联合承接大型服务外包项目。发挥行业协会信息平台的作用，协助政府管理决策，帮助企业解读相关政策，提供行业发展最新动态。强化行业协会龙头企业的作用，加快产业的聚集升级，打造特定领域的品牌形象。不断健全行业协会的内部组织管理机构，扩展技术交流、咨询评估、政策研究和投资促进等服务功能，成为服务外包产业发展的桥梁和纽带。

第二节　政府推动产业发展的政策措施

对于现代城市来说，服务外包型产业属于新兴产业部门，还面临许多政策法规不完善的问题，尤其是对于创新属性显著以及存在未来不稳定性的信息技术的知识产权和核心竞争力等问题，迫切需要政府出台相关法律法规进行保护，以推动行业的健康有序发展。而资源型城市发展服务外包产业在实践中尚处于初级阶段，虽然大庆市、马鞍山市在资源型城市中率先大规模发展面向矿业生产、加工、装备制造等产业的生产性服务外包业，实现了资源型企业在本土发包、在外部市场接包的良性互动局面，为资源型产业升级和资源型城市转型创出了一条崭新的路径。但在大部分城市，面向矿业生产的服务外包产业尚处于萌芽状态，发展仅限于为数不多的工程技术服务企业的现状。因此要以高技术改造传统产业、以服务外包发展新兴产业、以现代服务业转型城市功能的战略构想，必须通过政府政策的大力支持和相应制度的建立实施。

一、编制服务外包发展规划

根据现代城市的优势和特点，对行业门类重点编制服务外包产业发展规划，深入研究相关产业信息服务外包、业务流程外包、知识流程外包业等细分业务的类型、业务模式、发展特点，明确城市服务外包产业的发展目标、主要任务、发展重点、规划布局。结合先进地区服务外包产业发展经验，有针对性地出台行业发展政策，设计具体的行动方案，制定招商引资的措施，实现城市服务外包产业的专业化和特色化发展。

二、"一带一路"背景下支持企业"走出去"

进一步推进"一带一路"倡议的实施，国家相关部门加大对服务外包企业"走出去"的支持力度，简化手续、缩短审批周期、提供政策支持。政府搭建相关企业在"一带一路"沿线投资及合作的公共信息服务平台，推动不同系统之间的信息整合,建立"一带一路"沿线投资预警机制。进一步完善"一带一路"投资的融资体系,拓宽企业的融资渠道,形成国家专项资金、金融机构贷款、风险基金投资、资本市场融资等多渠道的资金来源。建立和完善"一带一路"投资的保险体系,有效防范企业投资风险。

三、优化服务外包制度环境

建立服务外包产业领导和协调推进机制,政府部门应成立专项工作领导小组,制定服务外包发展规划、组织协调相关部门、研究重大问题决策、跟踪国家政策动向、做好政策衔接工作。建设服务外包政策法规信息平台,形成政府多部门的信息共享机制,将服务外包产业发展的内容纳入各部门的产业、科技、人才等年度工作计划。注重新政策、新法规相互衔接,形成财政、投资、金融、土地、人才引进等相互配套的政策体系。建立服务外包统计制度,界定服务外包企业的认定标准,积极向国家有关部门申报服务外包示范园区、服务外包示范城市,争取各种优惠政策。

四、制定招商引资策略

建立服务外包企业审批、登记的"一站式服务",为企业及时提供透明的政策信息,加强与企业的沟通。策划服务外包企业招商计划,结合服务外包产业规划,明确重点招商领域。积极承办大型活动、国际会议,举办招商会、推介会,宣传城市特色服务外包产业发展优势和市场潜力,加大对外推介、宣传和招商力度。创新服务外包企业招商方式,采取产业招商、网上招商、代理招商等多种招商形式,聘请行业内知名的服务外包企业家和国际知名咨询机构成为城市发展的高级经济顾问,实现以商引商。

五、建设公共信息平台

由相关部门牵头策划服务外包公共信息平台的建设和运营方案,在提供配套资金的基础上,采用市场化运作的方式建设网站和移动端 App,面向服务外包企业提供多元化的服务。平台应设计信息展示和检索、外包项目管理、产业链管理、投资合作管理、知识产权服务、企业诚信评价、法律政策咨询服务等内容。平台建成后，通过电视、报纸、移动客户端、各大搜索引擎、行业协会进行宣传推广。加强政府对服务外包公共信息平台的管理工作，发挥平台在服务外包产业发展中的重要作用。

六、打造创新的外部环境

在变动的数字时代中，随着通信和网络技术的高速发展，市场竞争和变化纷至沓来，尤其是对于提供信息或流程等服务的服务外包企业来说，要适应剧烈变动的外部市场环境的关键在于通过创新来提高产品的质量以及服务水平。政府应努力为推动企业创新打造合理的外部环境，包括加大研发资金的投入，搭建平台加强产、学、研的联系，提高知识产权保护力度来推动创新的进步以及通过资金、政策等扶持企业的创新研发，尤其是在企业成立初期的发展关键阶段，外部环境直接影响了企业的创新动力以及创新的可持续能力。

七、加强知识产权保护力度

政府部门应进一步完善保护知识产权的相关制度和建立相关机构，保护作为重要生产要素和财富资源的产权化的知识。在创新和研发决定服务外包附加值以及核心竞争力的信息时代，必须强力制定和实施国家知识产权战略和政策法规，保护服务外包中各利益方的商业秘密，为创新企业的核心竞争力提供法律保障。此外，政府还可以与科研机构、企业合作设立专门的机构实施统一的知识产权的各项工作，改进现行的市场实施机制，推动保护知识密集型的产业的发展。

八、完善资源补偿机制　加强城市管理

对于资源型城市来说，改革资源税费制度，调整资源开发收益在中央与地方的分配，完善市场为基础的资源产品价格机制是建立资源补偿机制的关键。将资源开发中的收益分配适当向资源型城市倾斜，增强资源型区域财政支付能力，用于生态环境补偿、基础设施建设和城市改造。发展服务外包产业，不仅是单个园区或企业的行为，在很大程度上取决于本土资源型企业的品牌价值和城市整体的形象和环境。通过资源补偿机制的完

善，增强地方政府的财政能力，大力优化城市环境，加强城市管理，改变资源型城市形象，为服务外包产业发展创造良好外部环境。

第三节　现代企业承接服务外包的对策

现代城市的转型必须与城市的传统产业的转型以及优势产业、主导产业的升级发展有机地结合。以生产性服务业外包集聚发展的黏合和引领作用，以其中的流通环节服务业外包将产业链促进各个产业链交织成网状，帮助上下游产业链不断延伸与深化，生产和服务方式向现代化、自动化、集约化方向发展，推进接续和替代产业的形成和发展。要形成服务外包产业的集聚，必须有足够规模的市场需求支撑，因此现代企业"走出去"开发外部市场资源，是企业延伸生命周期，将无形资产投入作为企业竞争优势，产生持续的技术创新、管理创新、运营创新的服务外包产业发展需求的基础。原有的传统企业不再是物质资源输出的车间，而是提供信息技术研发、技术创新、工程设计、现代管理、国际化运营等服务供应商。这一转型可以在"一带一路"倡议下，通过产业行政管理体制机制的创新和企业坚定不移的实践。而针对位于不同类型和发展程度的城市下的服务外包企业，其发展服务外包的方向和层次也应有针对性地实现差异化和专业化。

一、实施服务外包战略

现代城市，不管是综合服务型城市、资源型城市还是区位型城市，在进行城市转型的过程中，都应从产业的转型升级出发，大力实施服务外包战略，坚持先承接国内服务外包项目，再发展国际市场循序渐进地"走出去"，以成本优势为起点到将创新技术和先进文化作为引领，成为具有强劲竞争力和发展活力的资源开发服务供应商。企业应充分发挥技术和品牌优势，建立完善的制度体系和有效的激励机制，调动企业的各种资源，全力推进服务外包战略的实施。

（一）明确主体理顺运行机制

不同类型的发包企业在开拓外部市场业务之前，必须先明确开发主体。对于专门的服务外包企业来说，它们没有完整的生产产业链，是为产业链当中的一个或几个环节提供专业性的支持，因此它们有着灵活的经营和管理机制，可以根据市场的不同需要调整主体的服务类型与方式。而对于非专业的服务外包型企业，比如资源型企业，它们开拓外部市场业务，必须先明确开发主体。一些资源型企业只是生产经营单位，而不是具有独立产权的经济实体。企业经营机制不灵活，主体不明确，缺乏开发外部市场的动力。因此必须明确开发主体，以企业为投资主体，地勘单位为依托，市场为导向，进行外部市场的开发。同时向有关部门进行申请，获得相应的经营资质。

（二）　制定服务外包战略

服务外包企业应从自身提供的服务与公司定位出发，明确其在价值链中的地位，与此同时进行深入的市场调研从而更好地掌握变动的市场环境进行技术水平和创新能力的提高，以调整企业提供的服务类型和层次。通过深入的市场调研，多渠道了解和掌握市场信息，有针对性地进行组织调研，实现可持续发展的战略高度，应用科学的战略决策分析方法，结合专业化技术优势并整合市场信息，制定出市场开发的服务外包战略。

（三）　建立市场开发组织模式

随着市场经济的进一步深化，一些传统企业全面宣传与深入理解服务外包战略对企业发展的重大意义，专设市场开发部，由其牵头组织各部门、各单位提供人员、物资与技术的支持。统一规范资格审查材料编制，组织专业商务人才和领域专家参与投标设计，派遣专业人员现场考察和实地调研，掌握了市场开发的主动权。

（四）　创建市场开发体系

目前，一些传统的生产制造企业，如资源型企业的生产型、封闭型和层级型的企业组织结构没有得到根本的改变，从本质上说，还不是一个真正意义上的市场主体。必须在适应内部生产的组织体系和运行机制的基础上，探索再造新的管理组织体制。例如通过建立区外机构，设立代理和建立合作伙伴关系等市场开发的有效途径，多渠道形成市场开发体系。

（五）　建立区域市场开发经理负责制

采用区域市场开发经理负责制，有利于调动积极性，便于管理和业绩考核。这也符合现代化企业的组织管理方式，能够进行市场有效的开发和专业化的管理，提升企业项目运作的能力和对外部市场变化的适应能力。

二、加大高技术创新和应用

服务外包的高端产业是知识流程外包业，这种产业的特征是多种技术融合发展，如信息技术、物联网、大数据、云计算和智能技术等在各垂直行业中应用的项目。在经济全球化、信息化、市场化的背景下，承接服务项目的企业必须具备现代化生产或服务和国际规范化的运营特征，增强企业的核心竞争力，因此加大高技术的创新和应用十分重要。

（一）推进"数字化"建设

鼓励服务外包企业加快高新技术在开发、生产、管理、物流等方面的应用，大力推进"数字化"的建设。综合利用物联网技术、通信技术、信息技术、自动化控制技术，对市场的相关信息和资源等进行网络化、数字化、信息化管理。整合要素资源，开发具有知识产权的信息管理系统和嵌入式系统等，发展数字化的服务外包产业，以提高接包效率和专业化程度。

（二）发展专业化特色优势技术

随着科学技术的发展，服务外包企业发展服务外包项目的基础从劳动密集型逐渐转移到了专业化的技术水平和创新研发能力，某些生产环节上具有核心的技术竞争能力是服务外包产业进入市场的关键因素，特色优势技术发展完善和整理加强了企业进入产业链环节的可能性并提高了其所处价值链的等级。在服务外包市场逐渐完善的过程中，差异化的专业化水平和核心创造力是服务外包企业维持或扩大市场优势、避免服务同质化并提高服务附加值的关键所在。

（三）培养自主创新能力

随着科技水平的不断提高以及市场竞争愈加激烈，服务外包企业迫切需要新理论和新技术的突破来保证对瞬息万变的外部市场的适应能力，必须加大科技攻关力度，提高信息化对企业生产的支撑作用，努力提高生产效率，培养自主创新能力。高素质的服务外包专业人才是实现创新的重要源泉，因此必须调动科研人员的积极性和创造性，不断优化科技创新组织体系。制订相应的政策措施，加大科技投入，加强技术有形化集成，完善科技创新保障体系。

三、提高服务项目交付能力

随着服务外包产业在全球的繁荣，承接服务业务的供应商也越来越多，发包商的外包需求越来越多样化，对服务供应商的业务能力、技术能力、管理能力、信息处理能力、资源整合能力、沟通协商能力都有综合的考察和严格的要求。只有以现代化、自动化、信息化的生产方式，国际化标准认证的服务水平，与发包商良好的合作关系、领域内美誉度较高的品牌效应、持续不断的创新应用能力的承接商才能不断拓展业务的层次和水平。

（一）发展服务外包高端市场

"一流企业卖标准、二流企业卖技术、三流企业卖产品、四流企业卖劳务"，这体现了企业服务在不同层次的基本运营模式。在快速发展的信息时代下，服务外包企业要形成核心竞争力和持续的业务来源，必须加强创新研发能力，向技术咨询和信息智能的知识密集型的高端市场发展，提高服务的能级以及服务的附加值满足知识经济的需要。

（二）文本化管理工作流程

由于服务外包工作需要与国际接轨，管理标准达到国际规范，规章制度、绩效考核细则、安全管理规范等都需要以文本呈现和执行。尤其是结合服务外包的市场开发工作，完善规章制度。推动市场开发战略规划、机会识别、信息收集、项目评估四个阶段的市场开发工作流程表单化；服务外包工作的流程表单化；涉外法律合同评审签约、授权等合同管理工作流程表单化等。

（三）执行国际化标准体系推广认证

国际矿业标准化管理体系已初步建立，资源型企业全面执行国际标准化体系有利于企业转型为专业化、标准化、程序化、现代化、国际化的服务供应商。矿业目前推广的是质量、安全、环境及职业健康等多指标为一体的标准体系（如 QHSE 管理体系），通过标准化认证的企业能够保证企业安全生产与高效运营,同时也是企业市场开发中必备的资质。

四、加强复合人才培养与培训

服务外包产业运营的基础就是人力资源,服务外包企业开发外部市场必须有人才队伍的支撑。首先应建立激励人才的制度。例如重点制定完善有关劳资及财务上的管理规定、筹建外派劳务培训中心、采取岗位轮训等方式完善制度建设。其次要结合行业特点加强人员培训。培养适应开发国内外市场需要的,既懂专业技术,通晓现代市场营销理念和技巧、又熟练掌握外语的复合型人才队伍。最后,组建服务外包项目研究评价队伍、高标准的项目管理队伍和符合国际标准的施工作业队伍,保证业务流程服务系统的高效运转。

五、增强企业风险防范能力

由于我国市场经济的不够健全,现代企业在发展过程中往往面临着经济制度变革、市场环境变化、企业经营管理、社会政治动荡、自然环境变化等多方面的风险。首先,企业经营风险的管理。提升项目决策与管理水平,从项目的可行性研究、项目的风险性评价、项目的财务经济评价、项目的投标管理、合同管理、目标与质量控制管理、项目经理制、项目组织管理、项目后评价等方面入手,建立起一整套与国际接轨的项目决策、管理流程和规范。第二,合理规避契约风险。在外部市场,单个企业抵御风险的能力是微不足道的。因此要同分包商、供应商乃至竞争对手建立战略合作伙伴关系,实现风险共担、利益共享。第三,承担必要的社会责任。资源型企业既要开发当地的自然资源,还要注意承担安全保障、环境保护、解决就业等相应的社会责任,提升企业在外部市场的品牌形象。在与外籍人员接触时尊重当地的文化、宗教与风俗习惯,对在外工作人员进行体统的文化与礼仪培训。

本 章 小 结

随着经济水平以及城市化水平的不断提高,我国不同城市的发展水平存在着很大的差异,服务外包产业的柔韧性和延展性使得不同的服务外包企业能够为不同的产业提供不同类型和不同等级的服务，其无污染和高附加值的特性适合现代不同类型城市的可持续发展以及城市产业结构的转型升级。

综合型服务城市的产业链完整、经济发展水平高且服务业发达，与此同时还有着较为广阔的海外市场。而经历了经济的高速增长期之后，这类城市面临着经济发展动力不足的危机，而服务外包尤其是高端服务外包的信息化、智能化、创新化的特点能够推动综合型服务城市在"新常态"更好地实现经济转型，为城市经济的稳定增长和城市的全面发展提供内向动力。

资源型城市专业领域服务外包产业形成的基础是资源采掘、加工，以及专业装备制造的生产性服务需求。只限于城市本土资源型企业的市场需求，远远不能满足现代服务业产生的规模"门槛"，因此必须走"服务外包"的路径，承接来自外部市场的服务需求。资源型企业"走出去"是这一战略实施的必要条件，国有大型资源型企业在本质上说还不是真正意义上的市场主体，因此必须在适应原有组织体系的基础上，探索新的组织管理体制，理顺运营机制进行外部市场开发。

区位型城市发展服务外包产业的优势基于其地理位置和交通环境，在区域经济成为发展主流方向后，区位型城市的地位也不断提高，迎来了更多的发展机会。服务外包产业的发展能为区位型城市产业的更替和市场的扩大带来更多可能性，尤其随着"一带一路"倡议的不断深化，区位型城市通过服务外包产业发展流通服务业以及承接部分综合服务型城市转移的产业等进一步加强了城市经济活力。

全面实施服务外包战略是现代传统企业转型的重要抉择，也是许多新兴小微企业萌芽出现的关键时期，加大高技术创新和应用是开发服务高端市场的必要条件，提高服务项目的交付能力是打造企业品牌的核心基础，加强复合人才培养是战略实施成败的关键因素，增强风险防范能力是战略实现的重要保障。现代城市延伸产业链和发展新兴产业，必须依托以高技术为基础的知识密集型服务业。大力发展生产性服务外包业、强化资源共享与协作创新、建立多层次的人才培训体系、多渠道解决企业融资问题、建设专业园区促进企业集聚、建立服务外包行业协会等都是引导产业发展的政策导向。由于服务外包产业是新兴产业，在一些城市的产业链中处于力量薄弱的地位，亟须政府建立相应的运行机制和管理机制进行产业扶持。在此基础上，不断加强城市管理，改善生态环境，优化服务外包制度环境，制定招商引资策略，建设公共信息平台，全面推进服务外包产业发展规划的实施。

第七章

城市发展服务外包产业
促进城市转型的实证研究

第一节 上海市发展服务外包产业促进综合
服务型城市转型的实证研究

创新与文化的推进和城市功能的转型是综合型服务城市升级的重点目标，上海市作为我国经济体量最大的综合型城市，有着完善的产业结构和强大的经济基础。2009 年 1 月，上海市被国务院办公厅下发的《关于促进服务外包产业发展问题的复函》批复成为中国服务外包示范城市，深入开展承接国际服务外包业务，近年来，上海市的服务外包产业发展也一直位于全国示范城市前列。2015 年，上海市离岸服务外包执行金额接近 60亿美元，其中，知识流程外包 KPO 执行金额为 14.28 亿美元，同比增长25%，在三大业务结构中占比提升至 23%，由此可以看出上海服务外包正逐步从依靠低成本竞争向以智力投入和知识经济的发展转变，其科技含量和附加值不断提高，业务结构不断升级。

一、上海市服务外包产业发展

基于强大的经济实力和较开放的市场环境，上海市服务外包产业一直保持着快速的发展态势，上海服务外包产业以软件出口为特色，是国家首批认定的国家级软件出口基地之一。截至 2016 年底，上海共有服务外包企业 1876 家，吸纳就业人员 39.5 万人，重点发展服务外包产业上游以及软件服务外包产业。根据 2016 年国家统计年鉴数据显示，2016 年，上海市软件和信息技术服务业收入达到 3815.9 亿元，约占全国的 8%，体量仅次于北京排名全国第二。除了软件与信息服务外（统计口径为主营业务收入 500 万元以上的软件与信息技术服务业等企业），上海的服务外包产业还涉足金融信息、人力资源、动漫设计等多个服务领域，并逐步向高端的业务管理和流程再造、生物医药研发和应用"云计算"的信息技术外包等领域扩展。

为了加快发展速度，上海市设立了浦东新区、漕河泾新兴技术开发区、长宁区、闸北区和黄浦区五大服务外包示范区，它们集中上海市 79.5% 的服务外包执行金额。上海有 7 家企业跻身 2015 年度的我国"跨国二十强服务外包企业"榜单，由此可以看出上海服务外包产业的成熟程度。上海市服务外包产业的对外开放程度也较高，为上海大力发展总部经济创造了较好的市场条件。截至 2017 年 7 月，外商在上海累计设立跨国公司地区总部和总部型机构已突破 600 家，达 605 家（其中亚太区总部 64 家），投资性公司 339 家、研发中心 416 家，上海是中国内地吸引跨国公司地区总部最多的城市，世界五百强企业多数在上海建立其数据处理以及财务流程共享中心。就离岸服务外包业务来看，上海市的离岸服务外包业务主要面向日韩两国，其中日本是上海离岸服务外包业务最大来源国。

二、上海市服务外包产业重点领域

目前上海市服务外包产业重点聚焦软件和信息服务外包的业务流程、知识流程外包等高端软件外包三大领域，主要聚集于数字媒体外包、金融信息服务外包等业务，并逐渐扩散到了人力资源、动漫设计、业务管理和流程再造、生物医药研发等中高端服务外包领域，种类齐全且离岸业务发展活跃。

（一）软件与信息技术服务外包

上海市的服务外包产业以软件与信息技术服务外包为主，并有着较广阔的离岸外包市场。2016 年上海软件出口额达到 36.86 亿美元，出口方式以信息技术外包为主。上海的软件与信息技术服务外包已经形成了产业集聚的规模效应，目前上海具有一定规模的信息服务产业基地逾 50 个，目前上海在不少细分领域拥有领军企业，并有 7 家入选 2016 年中国软件百强榜的企业。在新兴技术的引领下,上海市软件服务外包的新业态蓬勃发展,在工业软件、人工智能、移动互联网、云计算等领域形成一定特色优势(见图7-1)。

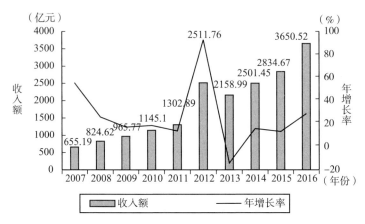

图7-1　上海市软件和信息服务技术服务业收入

资料来源:历年上海市统计年鉴。

1. 工业软件服务外包

信息技术的快速发展为传统产业的优化升级带来了更多可能性,为传统行业注入了新的生命力,这首先体现在工业软件的发展上。工业软件是指应用于在工业领域内的,系统、应用、中间件、嵌入式等软件。工业软件围绕上海市支柱和优势产业,大力发展钢铁、轨道交通、装备制造行业工业软件和行业解决方案,支撑传统产业突破核心和关键技术,提高产业的技术水平。如宝信软件通过改变传统的软件产品开发模式和架构,使原有的产品适应工业互联网的运行环境;上汽互联网汽车融合了新一代的云科技;欧冶云商打造钢铁行业全产业链的生态型服务平台。这些工业软件服务外包的发展有利于维持或加大上海的工业,尤其是其优势产业的地位和优势。

2. 云计算和大数据服务外包

上海云计算聚焦政策资源并实现了继续快速增长,在有效结合上海特色的基础上形成了差异化的优势。2016年上海的云计算相关软件和信息服务业产值达780亿元,同比增长15%。IaaS平台的规模和数量上迅速发展并呈现出多样化竞争局面,IDC厂商、传统电信运营商以及IT厂商逐渐形成了自己的生态系统。一些云计算企业在发展成为细分行业的领军企业，如大数据技术研究、产品研发与模式创新等领域。如华存数据、华院数据以及云储存领域的七牛等企业微软着分布式存储、分布式内存计算等大数据的关键核心技术以及面向行业应用的数据模型等技术方面形成领先优势。

3. 人工智能服务外包

上海的人工智能的发展也值得关注，中科院上海分院、复旦大学等在类脑智能、机器视觉、机器学习等领域实现一定发展，汇聚了科大讯飞、IBM Watson 这些前沿人工智能技术企业，并逐渐实现了产业化应用。

4. 互联网服务外包

互联网以及移动互联网的快速发展为平台的服务外包的发展提供了技术支撑。运用互联网技术搭建云储存、大数据等方面的平台推动网络游戏、网络视听行业的创新与发展；以上海市网络视听行业为例，领域优势资源不断汇集，推动了视听行业内容制作、跨屏流通发布、高清播控等领域的专业服务外包的发展，并涌现出了适应市场多元化需求的创新产品。随着移动互联网的发展，也开辟了服务外包新领域，在商贸流通、金融、餐饮、汽车等优势行业基础上，服务外包公司整合相关资源和信息并为移动旅游、移动餐饮、移动娱乐、移动生活等 App 的搭建和运营提供专业服务，由此汇集了一批全国领先、与国际接轨并代表新兴互联网业态的 O2O 服务平台，推动了具有上海特色的移动互联网的产业集聚。

（二）金融服务外包

新一代 IT 技术发展及互联网金融等新业态的蓬勃兴起，为金融服务外包的业务内容、商务模式创新注入了新的发展活力，同时进一步增加了IT 技术与金融业的黏合度。上海作为全国性金融中心和国家服务外包示范城市，是我国最早开办金融服务外包业务的城市汇聚大量的国内外金融机构和相关服务企业。2005 年 7 月，上海市银行卡产业园被授牌为"上海市金融信息服务产业基地"，成为全国第一个金融服务外包示范基地。金融服务外包是上海重要特色产业之一。

上海以金融中心作为城市的基本发展定位，已经成为国内外金融机构的密集汇聚地，其金融服务外包服务的特点是国际化、高端化、前沿化，走打造跨国金融机构的亚太总部和服务全球的后台部门的到来。截至 2016年底，上海已拥有金融机构 622 家，其中外资金融机构 242 家。此外，随着互联网金融的发展，金融资讯服务、第三方支付、网络融资中介服务、互联网小贷等主要互联网金融业态蓬勃发展并初具规模。互联网信息服务外包的发展还推动了互联网金融区块链技术的产生，并引发了金融业数字化转型，为互联网金融带来新的增长点。

（三）咨询服务外包

咨询服务业处在价值链的中高端，是社会进步的动力引擎。现代的咨询服务业是主要依靠信息、知识和智慧资源与先进科技手段，发挥集体智慧的优势并通过周密的调查和科学的方法作为咨询的依据进行服务。随着企业规模的不断扩大，外部影响因素变得复杂多变，包括顾客需求差异化的特点愈发显著、产品生命周期不断缩短、市场竞争日趋激烈，这给企业的持续发展带来一定挑战。而提供咨询业务的专业外包公司则可以根据自身专业和优势进行信息整合，弥补企业的薄弱环节。

现代咨询服务业主要密集于发达的中心城市，尤其是智力、人才资源丰富且对于国家和地区的政治经济决策具有重要影响的枢纽城市。上海作为我国的经济中心城市，各种大中型企业遍布于此，对于不同行业、不同层次的咨询服务有着很大的需求。比如安永这类会计咨询公司，如 IBM 这类通过自身行业优势进入 IT 和电信咨询服务业的公司，麦肯锡、高盛这类大型知名的跨国咨询公司，君创业、华嘉机构、理实、北大纵横这类有 10 年以上从业历史并有良好客户群的比较持续稳定发展的独立咨询公司，还有一些保险精算、认证公司、以商学院名义从事管理咨询行业的这些咨询公司。随着上海市场经济的不断加深以及社会分工的不断细化，各层次和各行业的咨询公司纷纷入驻上海，包括大型的麦肯锡、高盛等国际知名咨询公司的进驻以及一些本土中小型咨询公司不断成长。咨询服务行业的发展推动了上海服务业向高端化转型，提高了生产性服务业的生产效率，对城市第三产业的升级起着重要作用。

（四）研发设计服务外包

研发设计服务是处于生产链和价值链中上游的核心环节，研发高度和创新力度决定了其相关产业和产品的市场竞争力及附加值空间，它对于发包方所在垂直行业有较强的带动和溢出效应，有助于提升企业和城市的创新能力和国际竞争力。上海研发服务外包这一新兴领域的发展程度和竞争力处于全国领先地位，在软件研发外包和生物医药研发外包等领域得到了蓬勃发展，优秀企业较为集中。上海的研发设计服务依托于城市完善的产业链、发达的经济水平以及大量的高校、科研院所。上海市 R&D（研究与试验发展）投入总量与强度稳步增长，全社会的 R&D 投入强度从 2000年的 1.61% 增长到 2016 年的 3.72%，已超过创新型国家 3% 的投入水平。截至 2016 年底，上海拥有 211 工程重点建设高校 10 所、科技型企业15314 个，研究机构 296 个，是全国科研人才和机构比较集中的城市之一。软件研发和生物医药跨国公司的研发中心以及本土研发企业是上海研发外包的重要组成部分。

1. 软件研发设计服务外包

上海市的软件与信息技术服务外包较为发达，其研发设计水平处于全国领先地位。跨国企业的研发中心入驻上海推动了软件研发设计服务外包的发展，如 HP、IBM、微软、EMC、INFOSYS、WIPRO 和 SAP 等国际知名 IT 企业软件研发中心均落户上海；此外，随着本土软件企业规模不断扩大，上海的产品结构进一步优化，形成了操作系统、中间件、嵌入式软件、应用软件共同发展的局面，并开发出了一批具有自主知识产权且在国内外具有广泛影响的特色产品。张江高科技园区已经成为我国软件研发外包的核心基地，集聚了包括 IBM、微软、英特尔、惠普、花旗等近 5100家承接软件研发外包的技术研发中心和接发包中心。

2. 生物医药服务外包

生物医药研发服务业是应用生物医药研发所涉及相关的技术和知识，为生物医药研发提供研发策划、技术支撑和成果转化等服务的产业，处于生物医药生产链的中上游。上海作为研发外包最活跃的地区，在生物医药研发服务外包领域已形成完整的产业链，涵盖药物靶点研究、化合物合成筛选、药代动力学、提取与工艺研发、原料药研究、临床前药理毒理研究、临床研究、政策法规咨询和注册报批等细分领域。上海聚集了生物医药服务外包以及辉瑞、诺华、罗氏、默沙东、赛诺菲、阿斯利康等全球知名医药企业的研发中心和药明康德、尚华医药和科文斯等 CRO 企业。上海研发外包产业有本土研发外包企业（如药明康德、睿智化学等）、跨国研发外包企业在华分支机构（如科文斯中国等）、跨国公司中国研发中心（如罗氏、礼来的中国研发中心）等多种类型。其中药明康德和睿智化学等公司可以提供一站式新药研发专业服务；合全药业、新生源和美迪西等聚焦药物毒理、代谢和临床等服务。截至 2015 年底，上海市的生物医药服务外包达到 197.33 亿元，研发外包服务项目数占全国医药领域登记合同总数比重超过 20%，在全国的生物医药研发服务外包中占据重要地位。

三、上海市服务外包产业布局

根据上海经济和信息化委员会的资料可知，截至 2016 年底，上海具有一定规模的信息服务产业基地已超过 50 个，规划用地面积 47 平方千米，建筑面积 1270 万平方米。其中经认定的市级信息服务产业基地有 41 个，全市信息服务产业基地聚集了本市 70% 以上的软件和信息服务企业，60% 以上的经营收入来自信息服务产业基地。信息服务产业基地单位土地产出水平达到 130 亿元/平方千米。服务外包产业发展带动区域经济。浦东、长宁、徐汇位列前三强，占本市软件和信息技术服务收入比重超过 60%。其中浦东 2016 年收入突破 2000 亿元；有 11 个区的软件和信息技术服务收入超过百亿元。

除了浦东新区、漕河泾新兴技术开发区、长宁区、闸北区和黄浦区五大服务外包示范区之外（2015 年上海市改区前），上海还设立了张江金融信息、南汇生物医药、浦东软件园信息技术、陆家嘴信息技术等 12 个服务外包专业园区。基本形成了点面结合、覆盖全市的格局。上海市集中发展建立了五个综合性的对外服务外包示范区，以及 12 个专业的产业园，同时配套建立了由财经大学主导的专业的金融服务园区，并且在此过程中培育了一大批骨干型的服务外包企业和集中优势技术的高科技企业。形成了"5 + 12 + N"的梯度发展格局。其中，5 个服务外包示范区集聚了全市 67% 的服务外包合同，示范区和专业园区成为集聚企业、人才、资源的服务外包重要承载区。

（一）浦东新区服务外包示范区

浦东新区的服务外包的发展已实现了产业的集群，信息技术服务外包已形成张江、陆家嘴、金桥、外高桥"1 + 3"的发展格局，包括国家级软件产业基地、软件出口基地、信息安全基地和软件服务平台；研发设计外包服务已形成以张江生物医药产业基地、集成电路产业基地、金桥研发设计基地为主的三大群体；现代物流服务已形成外高桥物流园区、浦东空港物流园区和金、张地区物流中心"二园区一中心"的海陆空联动发展格局。

1. 浦东软件园

浦东软件园是国家软件产业基地、国家软件出口基地，于 2000 年 3

月 18 日建成开园，由郭守敬园、祖冲之园、三林世博分园和昆山浦东软件园四个园区组成。园区企业生产及提供近千种软件产品与服务，包括芯片设计、金融信息、移动通信、信息安全、企业管理、电子政务等各个方面。园区的数百家企业中，从事应用软件开发的企业占一半以上，达到 62%，从事软件外包与研发、芯片设计的企业数分列第二、第三位，比重分别达到 24% 和 7%，走"软件 + 服务 + 内容"的特色发展之路。企业的集聚效应使园区产业经济规模大幅增长，自主创新能力迅速增强，实现了快速发展的目标。

2. 张江药谷

作为浦东国家生物医药基地的张江生物医药基地位于上海张江高新技术产业开发区的核心园张江高科技园区，张江药谷是上海国家生物产业基地、国家科技兴贸创新基地、国家医药出口基地的核心区。园区内聚集了上百家生物科学和现代医药产业企业以及许多科研院所和配套服务机构，园区内形成了药物的发现、开发、生产、市场销售到商业发展及服务的完整生物医药价值链。在此基础上，张江药谷发展成为完善的生物医药创新体系和产业集群，并成为国内生物医药领域研发机构最集中、创新实力最强、新药创制成果最突出的基地之一。

3. 上海市银行卡产业园（张江卡园）

张江卡园成立于 2002 年 3 月，又称作上海市金融信息服务产业基地、张江互联网金融园，简称为张江卡园。2005 年被授牌为"上海市金融信息服务产业基地"，是全国第一个金融服务外包示范基地。园区重点发展具有技术密集和资本密集特征的金融信息服务和互联网金融业务。如今张江卡园已发展成为国内金融中后台项目聚集度最高的专业园区，现有包括中国人民银行三大运营中心、中国银联、中国平安、中国银行、上海期货交易所、东亚银行、国泰君安证券、中国金融期货交易所等二十五家国内外重量级金融机构的中后台项目，此外，以通联科技、快钱、富友等为代表的第三方支付企业也纷纷入驻园区。

（二）漕河泾新兴技术开发区服务外包基地

漕河泾新兴技术开发区现规划面积 14.28 平方千米，汇聚了 2500 多家中外高科技企业，其中外商投资企业 500 余家。漕河泾新兴技术开发区是国务院批准设立的经济技术开发区、高新技术产业开发区和出口加工区，于 2006 年被批准为"中国服务外包基地上海示范区"，是上海市首批

4 家获得认定的"服务外包示范区"之一，2015 年荣获"上海国际服务贸易示范基地"，被上海市商务委员会认定为计算机和信息服务类示范基地。开发区内聚集了华东电脑、万达信息、英特耐特、北京青鸟、清华宇信、携程、爱普生等具有一定规模和市场竞争力的软件骨干企业和 IC 设计企业，并形成了以高科技服务为特色，集总部经济、设计开发、创新创业、综合服务四大功能为一体的服务外包基地。截至 2016 年底，漕河泾开发区高新技术企业总数达到 390 家，在信息技术、生物医药、互联网服务、集成电路芯片等高科技领域表现突出，很多企业自主研发的创新成果在国内处于先进水平。

(三) 长宁服务外包示范区

长宁服务外包示范区核心区域为"长宁信息园""上海多媒体产业园"和"虹桥临空经济园区"。整体呈现信息技术离岸服务外包发展加快、金融后台外包服务特色纷呈、法律服务外包稳步发展等特点，服务外包业务主要集中于系统集成、软件设计、多媒体制作、系统服务、金融后台服务和法律事务咨询等领域。

1. 上海多媒体产业园

上海多媒体产业园是上海首个以数字媒体产业为特色的高科技园区，2005 年和 2006 年先后被国家科技部和国家文化部授予数字媒体技术产业化基地"和"国家文化产业示范基地"称号，以数字媒体产业为专业发展方向，聚集了国内外影视动画、多媒体应用等领域的多家重点企业，园区内有 DELL、埃森哲、LG 等世界五百强企业，上海市多媒体行业协会、亚洲艺术科学学会等行业机构也位于园区内。

2. 虹桥临空经济园区

虹桥临空经济园区位于长宁区西侧，毗邻虹桥综合交通枢纽，规划总面积为 5.14 平方千米，集聚了众多著名企业总部的产业优势。园区在 2002 年 5 月荣获"上海市市级科技园区"称号，2005 年 9 月成为国际科技园协会（IASP）会员单位，2008 年 10 月成为上海首批知识产权试点园区，2010 年获批上海市高新技术产业化（软件和信息服务业）产业基地。园区现已初步形成高端企业总部、信息服务业、现代物流业三大产业集聚，主要发展信息服务业、专业服务业、金融服务业和大宗商品平台交易服务业等。虹桥临空经济园区现已入驻近 2000 家企业，其中总部型企业 300 多家。联合利华、德国博世、美国伊顿等国内外知名企业总部，爱立信、携程网等知名信息服务业企业以及联邦快递、扬子江快运等知名现代物流企业均聚集于该园区。园区内上千家 IT 和多媒体企业的聚集及发展推动园区成为科技创新和 IT 产业的先导区。

3. 嘉定智慧国际服务外包产业园

2017 年 6 月 22 日上午，上海嘉定智慧国际服务外包产业园在嘉定工业区成立。园区总面积 22 万平方米，产业核心区块 15 万平方米，投资总额近 50 亿元。开园仪式上，毕马威企业咨询（中国）有限公司、上海三伏智能科技有限公司、中国中小企业协会等 18 个项目现场签约入驻。园区定位为智慧国际服务外包产业园，是以服务外包产业的升级业态——智慧服务外包产业为核心，以大数据、云计算、物联网、互联网＋等新兴技术为载体的智慧型发展模式，通过和国内外企业联合搭建智能化和信息化的运营及管理平台，向入驻园区的企业、机构和人员提供合理舒适的服务及成熟的产业环境。

四、上海市发展服务外包产业举措

除了在空间上加快集聚服务外包产业，以实现服务外包产业的集群之外，上海市还通过提供公共服务和政策支持等推动服务外包产业的发展以及产业内结构的升级。

（一）为产业发展提供公共服务

上海相关政府部门通过设立研究中心和搭建相关平台，积极为研发外包企业提供政策宣传、人才培训、技术信息、交易对接、投融资支持等一系列公共服务。

1. 中国服务外包研究中心

中国服务外包研究中心于 2008 年落户浦东金桥，以现代服务业、服务外包、服务贸易研究为核心，以产业咨询和合作交流为重点，为国家决策、上海的地方发展和区域规划以及地区行业企业需求提供专业化咨询与服务。

2. 建设研发公共服务平台

基于经济发展和高教科研的优势，上海集中发展位于价值链中上游的知识密集型研发设计服务外包产业，上海通过建设相关公共服务平台，给服务外包产业的研发和创新提供更好的环境。在软件研发外包方面，上海建设的研发公共服务平台包含科学数据共享、科技文献服务、仪器设施共用、资源条件保障、试验基地协作、专业技术服务等十大系统；在医药研发外包领域则设有上海市生物医药产业技术创新平台、张江药谷公共服务平台等数十个公共技术和服务平台。

3. 建设服务外包交易对接平台

为了降低服务外包的发包与接包两端的搜寻成本并提高行业的接包效率，上海市搭建了服务外包交易对接平台以实现两端的高度对接。上海服务外包交易促进中心2013年落户浦东，经过五年的发展现已建成一个集线上交易和线下服务于一体的综合性服务外包产业促进交易平台，2016年荣获上海市国际服务贸易（服务外包类）示范项目称号。平台整合了全球的外包资源，助力中国企业走向世界，帮助优秀的企业直接与优质项目进行对接，极大提高了服务外包的效率。线上平台搭建的大量服务外包项目实时更新，帮助企业撮合交易并开拓市场，汇聚国内外的服务外包数据资源，为发包方、接包方、专业服务机构等提供信息交流、协议签署、合约执行、质量控制、人才培训、资金支持等服务，为企业发展战略的制定、服务外包产业研究以及政府产业的制定提供数据支持。此外，平台还提供包括在线法律咨询、汇智人事代理服务、ViaControl内网安全管理和致融全面风险管理系统等一系列提高外包增值服务，为平台的服务外包项目打造了完善的交易环境。截至2018年4月，平台的线上项目累计金额已超过10亿元人民币。除了服务外包交易促进中心，上海软件服务贸易电子商务平台的建设也加速了上海服务外包的交易对接。

（二）在国家政策指导下发展服务外包产业

1. 制定服务外产业的重点发展领域

上海市服务外包的发展紧跟国家政策，根据《国务院关于促进服务外包产业加快发展的意见》有关要求，上海市政府以及相关部门于2015年和2016年均制定了《上海服务外包产业重点发展领域指导目录》。

首先是作为优势产业的信息技术外包，大力发展软件研发和开发服务、集成电路和电子电路设计、测试外包服务，具体要求是不断提升IT咨询服务、IT解决方案、信息系统运营和维护服务的占比并加快培育电子商务平台服务领域。此外，鼓励企业从事研发设计和系统运维等软件和信息技术的高端业务，支持软件和信息技术在垂直行业，如金融、保险、旅游、教育、运输、影视、广告等国民经济领域的应用；重点培育取得相关领域国际认证且上年度信息技术外包出口额达 1000 万美元以上的企业。业务流程方面，大力发展共享中心服务（包括财务与会计管理外包、人力资源管理外包、客户服务、供应链管理外包和采购外包等）以及多语种呼叫中心服务，加快培育互联网营销推广服务领域；打造一批能够提供基于 IT 技术的业务流程优化和再造方案的服务外包企业；大力发展医药和生物技术研发外包、动漫及网游设计研发外包及管理咨询服务等知识流程服务；不断提升数据分析服务、基因测序和分析服务的占比；加快培育工业设计外包、检验检测服务及法律流程外包等领域；鼓励服务外包企业对自主研发的发明创造申请专利，逐步从单纯接包走向研发拥有自主知识产权的产品，培育一批具有核心竞争力和广泛市场影响的中国服务外包领军企业。2015 年，上海市商务委员会为促进服务外包创新发展，还出台了《2015 年上海市促进服务外包产业发展专项资金申报工作》，亮点包括提高支持服务外包企业人员培训的标准、关注企业并购、对列入《上海服务外包产业重点发展领域指导目录》的企业的研发费用给予补贴支持等。

2. 政策大力支持研发外包发展

在"上海自贸区""四新建设""打造科技创新中心"等政策契机下，上海市大力落实中央相关政策，基于地区经济发展和高教科研的优势，聚焦知识密集型的研发外包。从制度创新、金融支持、知识产权保护等方面出台相关配套政策（见表 7 - 1）。

表 7 - 1　　　　　　　　　　相关配套政策列表

名称	内容
做好政策延续工作	《国务院办公厅关于进一步促进服务外包产业发展的复函》下发后，有关部门有针对性地做服务外包政策延续工作，进一步完善服务外包企业税收优惠以及财政支持政策
贯彻落实财政支持政策	落实《关于做好 2013 年度支持承接国际服务外包业务发展资金管理工作的通知》，积极组织企业申报国家服务外包专项资金，实施促进服务外包发展专项资金政策
实行税收支持政策	落实《关于示范城市离岸服务外包业务免征营业税的通知》。进一步完善地区总部和投资性公司申报共享中心外包服务的流程。做好技术先进型企业的认定及所得税减免工作

续表

名称	内容
加大金融支持力度	在外汇结算方面，由上海市商务委认定的服务外包重点企业可以按照《关于上海市境内机构对外支付服务贸易项下代垫、分摊费用有关问题的通知》享受外汇便利措施；简化服务贸易等项目售付汇手续；设立"服务外包外汇业务绿色通道"；允许从事人力资源外包、金融服务外包的重点企业开设外汇专用账户，进一步简化外汇收支手续，方便外汇结算；将服务外包企业纳入本市人民币计价结算试点范围
提供知识产权保护	出台《关于加强本市服务外包产业知识产权工作的若干意见》，对服务外包知识产权保护工作给予全方位指导和支持，增强本市服务外包企业的知识产权保护意识，培育良好的接发包环境
推进人力资源保障	落实《关于进一步做好促进服务外包产业发展有关工作的通知》，鼓励符合国家服务外包资金支持条件的企业实施特殊工时制度
推动贸易便利化	贯彻《关于开展国际服务外包业务进口货物保税监管试点工作的公告》和《关于全面推广实施国际服务外包业务进口货物保税监管模式的通知》，推广实施服务外包保税监管，实施服务外包的贸易便利化

资料来源：上海市商务委员会。

五、小结

上海作为中国服务外包产业的发祥地，总体来说一直保持着快速发展的竞争力，尤其在软件外包、生物医药外包和金融外包等领域的发展上卓有成效。在优势的软件外包上已基本形成了系统化的软件外包产业链，并正在逐步向知识流程外包和业务流程外包过渡；生物医药外包也逐渐向高端的研发环节进行升级；基于国际化大都市的定位，上海市不断发展总部经济，通过跨国企业在华总部以及研发中心的设立，已逐渐成为许多跨国公司的亚太总部和服务全球的后台部门。由于国际环境的不确定性，上海市在发展离岸服务外包的同时，也有着辐射长三角地区甚至全国市场的能力，这也为上海服务外包产业的持续发展提供了足够的市场支撑。上海市注重服务外包产业的空间布局，大力建设服务外包示范园区，推动产业的集聚，加速服务外包产业集群的形成。上海市政府一直高度关注城市服务外包产业的发展，力求通过服务外包高端环节的突破来带动城市经济发展模式的改变，为了实现这一目标，上海市在科技研发上的投入、服务外包产业公共平台的搭建、相关政策的制定等方面的努力值得关注。上海市在发展服务外包产业的过程中，不断从劳动密集型、资金密集型向知识密集型和人才密集型过渡，通过产业升级来带动城市发展模式转变的举措值得我国其他综合型服务城市借鉴。

第二节 大庆市发展服务外包产业促进资源型城市转型的实证研究

经济结构的调整和接续替代产业的培育是资源型城市转型的重点内容，大庆市作为资源型城市，在石油石化产业发展的基础上，现代服务业也发展迅猛。2007 年 12 月，大庆服务外包产业园被国家商务部、信息产业部、科技部批准为"中国服务外包示范区"。2009 年 1 月大庆市被国务院批准为中国服务外包示范城市。2016 年大庆服务外包业实现主营业务收入 65.3 亿元，从业人员超过了 23700 人，企业数量达到了 427 家。大庆市服务外包产业的发展为资源型城市转型树立了标杆，下文中将从城市和企业两个层面介绍服务外包的发展情况。

一、大庆市服务外包产业发展

大庆市从 2007 年开始，在政府层面大力推进服务外包产业的发展，通过政策的推动和园区的建设集中了大量的生产要素和资源，服务外包产业整体发展进入了新的阶段。根据大庆市服务外包"十二五"发展规划，到 2015 年大庆服务外包园区营业收入达到 250 亿元，企业数量 1000 家，从业人员达到 8 万人，成为拉动经济增长的重要引擎和推动产业结构升级的重要力量。

大庆市服务外包企业数量扩大速度较快，从最初的 23 家发展到现在的 400 余家，营业收入从 2 亿多元发展到 60 多亿元，基本上形成了从信息技术外包到业务流程和知识流程外包业的全覆盖服务产业体系。石油石化行业外包、嵌入式系统服务外包、金融服务外包、软件开发服务外包、动漫制作服务外包、呼叫中心服务外包、数据加工服务外包、基于云计算和物联网的高端服务等细分行业全面发展。服务外包企业的能力不断拓展，涌现出大量在垂直行业扩展空间的生产性服务供应商。如德瑞克软件公司从勘探开发绘图软件制作，向石油行业下游产业链数字化采油延伸，不断拓展石油行业纵向产业链的信息化服务。英辰科技公司从保险行业应用软件开发，向医疗、燃气等行业应用软件方向扩展，并积极利用物联网技术开拓新的服务领域。锦华联、庆联科技等一批企业加大投入，向数字油田、云计算、物联网等方向发展，产业价值链层次不断提升。大庆市服务外包产业发展的鲜明特点是现代服务业与传统资源型产业的良性互动，服务外包产业的发展已经深入到石油化工、装备制造等主导产业领域，推动着传统产业的升级改造，同时也为服务外包业的发展提供了广阔的市场空间。如百呼百应呼叫公司为大庆市的制造业企业提供销售和售后的呼叫服务，极大地提高了企业的市场扩展能力，也为自身带来了巨大的市场空间。可见，现代服务引领经济发展的作用开始显现，高端的科技管理人才逐渐积聚，以人力资本运营配置资源的发展方式初见端倪。如大庆服务外包产业从业人员 2 万余人，其中高级职业技术人才 4000 人，创新创业企业（如纳奇网络、华拓数码）不断出现，国内外知名服务供应商（如用友软件、惠普软件、北大青鸟）也接踵而至。2011 年 3 月投资 114 亿元的联想科技城落户大庆高新区"创智岛"，新华社也将在大庆建设全球石油资讯采集加工中心和新华 08 研发基地，这些重大项目的引入为大庆市服务外包产业的繁荣展开新的篇章。

二、大庆市服务外包产业发展重点领域

目前大庆市已经初步形成了以石油工程技术服务为主导，IT、物联网等高技术服务和垂直行业服务为两翼的发展格局。从 2007 年的刚刚起步到现在的发展规模，服务外包产业的发展离不开大庆油田这个资源型产业的基础支撑。由于服务业的集聚性较强，行业间扩展速度快，因此在众多领域内都形成了服务外包产业。

（一）石油石化行业外包

石油行业的工程技术服务业的发展由来已久，目前大庆油田共有 132 支队伍，在 23 个国家和地区，覆盖中亚、东南亚和非洲三大区域，开展油气开发、工程技术服务等业务。大庆油田 2011 年一季度在国际市场就实现收入 5.66 亿元，同比增长 62.93%；国际市场签约额 16.63 亿元，比上年同期翻了两番。国内外市场的不断拓展也推动着服务水平的不断跃升，大庆油田开始向"勘探开发、工程建设、装备制造"等一体化综合服

务转变，由低端向高端业务转变。企业规划"到 2020 年，油田经营总收入达 3000 亿元以上，其中海外市场收入达到非油业务的 50% 以上。"随着外部市场的不断扩张，石油企业利润空间大，在科技研发、数字化油田方面的投入逐年增加，因此派生出大量的石油石化产业的生产性服务业。

1. 石油石化应用软件

油田信息化、智能化和低碳发展，以及"云计算""物联网"等技术在石油领域的应用，产生大量服务外包业务。地震解释、勘探开发、地质制图、生产数据分析、实时数据库管理等领域业务规模较大。如德瑞克软件公司的勘探开发绘图软件，拓普科技的油藏描述、勘探开发绘图、录井、测井等软件、明达韦尔公司的录井软件等。其中，金桥公司的实时数据库及监控软件、行业流程控制及生产管理软件占据国内化工领域 60% 的市场份额。

2. 工程领域服务

以石油勘探开发、石化生产数据采集处理、工程设计、自动化控制等为重点内容的服务体系基本形成。油田开发咨询服务、制定油田开发规划、油气勘探开发、工程技术服务、采油技术应用，大庆油田在海外市场正在努力实现由低端到高端，由局部生产环节的工程技术服务到油田开发一体化服务转型。

3. 嵌入式系统

即监视或者辅助装置、机器和设备正常运行的硬件和软件结合的系统。嵌入式系统重点应用于石油石化行业的仪器仪表及控制系统，以保证生产的安全运营与高效率运转。华创电子的硫黄回收装置控制系统等项目的开发和实施，大大提高了石化企业的生产效率。三维公司的监控组态软件成功应用于"神五"和"神六"飞船的燃料注入系统。朗墨光电公司的远距离激光夜视仪技术市场前景广阔。

（二）研发设计服务外包

大庆市正在加快城市转型的步伐，石油产业也在大力转变生产方式，石化产业和装备制造业处于发展的关键期，需要大量的研发设计服务。大庆将依托工业产业基础，利用高校及科研院所的科研优势，大力发展技术研发设计服务外包。大庆隆格石油技术有限公司、大庆百米马流体控制系统有限公司的多项专利技术已应用于油田生产；北方建筑设计院、黑龙江省建筑标准设计研究院有限公司、大连六环景观设计有限公司等设计企业也落户大庆。

(三) 资讯咨询服务

石油是重要的能源物资，石油价格的波动影响国民经济的稳定性，因此在国家战略层面上必须建设石油石化等大宗商品交易市场。在市场交易过程中，专业化的资讯服务就特别重要。新华社在大庆建设新华08国际石油资讯中心项目，这一项目是新华社自主研发的综合金融信息服务系统，是集历史数据、实时资讯、行情报价、分析模型、研究工具和交易功能于一体的工作平台，将在维护国家能源安全和提高中国石油国际话语权方面发挥巨大的作用。大庆依托新华社等知名媒体，积极发展石油石化的资讯服务，同时引进了金蝶软件等一批专业咨询机构，打造全方位的信息咨询和电子商务服务平台。

(四) 信息技术服务外包

大庆是国家首批5个信息化试点城市之一，交换机总容量56.5万门。依托信息和通信基础设施的强大优势，重点发展软件开发、信息数据加工、系统运营维护等业务，目前信息技术服务企业有100余家。翼开信息的GPS/GPRS/GTS卫星定位系统和车辆调度指挥系统；华创公司的Smart Audit审计系列软件；呈大电子的智能车辆管理系统；红光科技公司的多维汉语教学系统；金卫兆通公司的心脏综合数字化医疗系统等市场前景广阔。佳维科技、龙跃科技开发运营了大庆人才网、大庆房产网，科铼数字、久久网络等企业参与电子政务建设等，都提高了城市的信息化水平。大庆华拓数码科技有限公司在国内外承接数据加工外包，涉及金融、保险、物流等8大行业。

(五) 文化创意服务外包

大庆市颁布《动漫企业认定管理办法（试行）》政策、规划大庆文化创意产业园，促进文化创意产业的发展，重点发展动漫制作、数字媒体和出版、艺术创作与交易等业务，目前文化创意服务外包企业有100余家。盛源文化传播公司开发的新媒体国学动漫作品，即将在中央电视台播出；纳奇网络公司自主研发的游戏，已打入日韩和欧洲市场，其逐鹿中原游戏和休闲棋牌游戏实际使用用户已达200余万。

（六）金融服务外包

金融服务外包是指金融企业持续地利用外部服务商来完成以前由自身承担的业务活动，目前金融数据处理、现金业务、银行卡业务、档案管理和微缩处理等后台业务较多。全国金融系统发展速度较快，形成了庞大的市场需求，目前大庆服务外包龙头企业华拓数码已经重新定位为专业的金融服务外包商，全面进军高端金融服务领域。

（七）呼叫中心

呼叫中心广泛地应用在市政、电信、金融、IT 等行业以及需要利用电话进行产品营销服务与支持的企业。大庆百呼百应呼叫中心是东北三省第一家专业从事呼叫服务外包的企业，是集呼叫人才培训、呼叫软件开发、呼叫项目外包于一体的服务企业。呼叫人才的储备已达到 2000 人，年呼入呼出次数将达 1000 万次，可为近百家企业提供服务。

三、大庆市服务外包产业布局

大庆市依托哈大齐工业走廊，按照东、西两个城区布局服务外包产业。东城区依托大庆高新技术产业开发区，建设大庆软件园、黑龙江软件园和服务外包产业园；西城依托大庆经济开发区，建设石油工程技术服务园。大庆市以建设专业园区为物理载体，创新机制体制，积极引进和培育龙头企业，打造具有大庆特色服务外包品牌。

（一）大庆软件园

大庆软件园位于市高新区主体区，2002 年开工建设，建筑面积 5 万平方米，毗邻东北石油大学、黑龙江八一农垦大学、大庆应用技术研究院等教育机构。2004 年被国家科技部批准为黑龙江省唯一的"国家级火炬计划软件产业基地"，承担着国家 863 计划 3 项，实施火炬计划项目 17 项。软件园共进驻企业 180 多家，其中高新技术企业 51 家，大庆三维集团、大庆开发区华创电子有限公司、大庆金桥信息工程技术有限公司等 3 家企业被科技部认定为国家火炬计划软件产业基地骨干企业。大庆软件园设立软件园管理办公室，为企业提供项目申报、网络服务、商务设施、房屋物业、资源共享等服务。

（二）黑龙江软件园

黑龙江软件园位于大庆市萨尔图空港经济园区，毗邻大连—哈尔滨—大庆—齐齐哈尔城际铁路，紧靠建设中的大庆东站，是黑龙江省2008年重点推进的200个重大项目之一。园区规划软件服务外包基地、创意产业基地、教学培训基地、创业孵化器和生活配套服务区五部分。黑龙江软件园主要提供人员培训、软件认证、公共服务、行政办公服务和生活配套设施服务等。

（三）大庆服务外包产业园

大庆服务外包产业园位于大庆高新区主体区，分为产业区、教育科研区、生态休闲区、文体娱乐区等功能区，占地50万平方米，2007年12月3日被商务部、信息产业部、科技部联合认定为中国服务外包示范区。经过十年的发展，截至2017年初，园区已有入驻企业630家，外包企业450家，营业收入从最初的2亿元增长到超百亿元，并连续四年被国家工信部、中国软件与信息服务外包产业联盟评为最具发展潜力园区和智慧园区。大庆服务外包产业园在行业应用软件、嵌入式系统、信息技术服务业、业务流程服务外包等领域发展迅速，产业集群初具规模。2016年园区服务外包企业总收入达到50亿元，在"服务外包与软件出口管理信息系统"中录入并通过审核的服务外包合同金额为3.754亿美元，同比增长51.24%。离岸业务以石油石化技术服务领域为主，以伊拉克、蒙古、日本、印度尼西亚、苏丹和沙特阿拉伯等国家市场为主。大庆服务外包产业园在人才培训、税收减免、资金补贴、工时制度、外汇结算、融资信贷、电信服务等方面享有特殊扶持政策。

（四）石油工程技术服务园

石油工程技术服务园，位于大庆市西城区，规划占地200万平方米，重点发展油田开发规划、勘察设计、工程设计以及地球物理勘探、钻井、测井、完井、采油等工艺设计、数据处理和技术服务。依托大庆油田等中直企业建成的石油工程技术服务园，将打造成国际化的石油石化服务外包基地，为资源型企业现代化、信息化改造提供全方位的生产性服务支撑体系。

四、大庆油田"走出去"战略实施

大庆市围绕石油石化行业发展生产性服务外包业，如石油石化应用软件、工程技术服务、嵌入式系统、研发设计、资讯咨询服务等，形成了城市服务外包产业的主要组成部分。研究其形成的原因不难发现，大庆油田实施"走出去"的国际能源战略，使大庆的石油开采业务遍及中亚、美洲、中东、北非等 30 多个国家和地区，因此对石油石化生产性服务的需求量很大，形成了足够的市场规模。并且经过多年国际市场的发展，油田运营模式从工程作业型向工程作业和工程技术服务并举的方向发展，逐步从劳务输出的低端市场到工程技术输出的高端市场转型。油田企业内部的技术创新和研发的投入加大，国际化人才培训的范围不断扩大，企业激励在岗员工考取各种专业资质证书，油田下属各单位积极开发信息系统管理软件，企业把一线职工的技术改造和重大创新作为业绩考核和晋级的重要标准等一系列制度和规范的制定，才使得大庆油田依然保持着经济活力，支撑着地方经济的发展。从大庆油田"走出去"战略的实施过程中，我们就能总结出一个以技术创新为驱动力、以人力资本积累为发展基础、以国际化市场化运作为根本的企业，才能保持长久的竞争能力。

（一）市场开发阶段

大庆油田开拓国际市场始于 1998 年大庆钻探系统物探一公司中标委内瑞拉 CARACOLES 三维地震勘探采集项目，2000 年以后大庆钻探先后有钻井、测井等专业队伍进入苏丹和印度尼西亚等市场。大庆油田 2002 年实现外部市场产值及海外合同额双双突破亿元，其中，国内合同额达 15874.28 万元，完成产值 14614.07 万元；国际市场合同额 10875.92 万元，完成产值 1511.8 万元；对外服务的市场由 15 个增加到 22 个，其中国内市场由 11 个增加到 18 个；国际市场由 2 个增加到 4 个；对外服务队伍由 58 支增加到 92 支，其中国内对外服务队伍由 65 支增加到 83 支；国际服务队伍由 2 支增加到 9 支。从 1998 年到 2002 年的发展来看，这是企业开发国内外石油资源，实现服务输出的最初阶段，实质上是企业发展方式的重大转型。大庆油田公司总经理王永春说："只有'走出去'，才能在新时期继续做出高水平贡献；只有'走出去'，才能破解油田可持续发展的难题。"可见，外部市场的开发是资源型企业谋划长远发展的重大战略举措。围绕开发外部市场的战略，企业开展了如下的重点工作：

（二）建立海外市场开发的组织模式

2001 年油田公司建立了由市场开发部牵头组织、协调，有关单位、部门提供技术支持，项目部具体运作的国际化经营组织模式。2002 年在此基础上，共组建 7 个项目部，同时针对项目部在具体运行中出现的各种问题，及时地提出各种解决方案。

（三）完善了市场开发管理体系

2001 年油田公司出台七个有关市场开发管理办法，初步建立了油田公司市场开发管理体系。2002 年为了进一步规范化管理市场开发工作，市场开发部配合财务资产部出台了《大庆油田有限责任公司市场开发财务资产管理暂行办法》，配合人事部出台了海外工作人员的工资福利待遇标准，配合财务资产部出台外派人员的财务管理规定，充分调动各方面积极性，建立国际化经营的管理体系。

（四）应用市场开发信息平台

2001 年为缩小与国际大石油公司和服务公司的差距，大庆油田引进、试用了市场开发工作平台。2002 年全面应用市场开发平台，国际市场区域在规划、项目初步评估等方面，提高了规划水平；信息平台提供了大量的市场开发信息，为各级领导决策提供了依据。

（五）完善了市场开发网络体系建设

2001 年油田公司提出了以合作伙伴、代理、机构、网络、刊物以及油田公司驻外机构等为主要渠道的市场开发网络，初步建立了市场开发网络体系。一是先后与多家能源代理公司签订了协议，在主要目标市场建立了代理关系；二是派出市场开发团组，与目标市场的业主和政府建立联系，扩大沟通渠道；三是充分发挥国内驻外机构的作用，积极开展走访及交流，及时准确掌握市场动态。四是通过大规模的技术交流，建立稳定的合作关系。

（六）加强文本化管理　实现规范运作

为加强文本化管理，油田公司首先制定了国内市场、国际市场、涉外合同、国际采办、外事、海外事务等油田公司涉外工作管理流程和相关工作规范，初步实现了各项业务的程式化、文本化的规范化运作。其次，做好涉外合同范本制定工作，探索一套符合国际惯例、维护公司最大利益的合同管理模式。

（七）创造良好的外部环境

油田建立和理顺了与政府有关部门的业务联系，如商检、海关、招标局、外经贸部门和机电办等，加强了与中油股份上级单位的业务关系。通过申请，国家外经贸部批准了油田公司外经贸权，批准大庆油田成立外派劳务中心。

（八）开展涉外服务培训工作

一是加强涉外队伍培训，市场开发部按照整建制培训和个性化培训相结合的原则，加大了涉外队伍的培训力度。对有关人员进行高级项目管理培训、出国管理软件培训、石油勘探开发工程英语培训、商务英语培训、西班牙语培训、石油工程技术培训、市场开发软件平台及国际招投标等培训；二是积极鼓励从事国际商务人员、合同法律人员、储运商检报关人员和国际项目管理人员参加国际或国家的资格水平考试，执证上岗；三是选派人员出国培训，形成一支熟悉国际商务、国际采办储运、涉外合同法律、国际市场营销、国际金融财务的国际化服务队伍。

五、大庆市服务外包市场发展阶段

（一）市场规模稳定阶段

2003年以后，大庆油田开展的对外服务项目规模扩张速度较快，市场开发产值大幅度增长，2005年实现6.49亿元，与2004年相比将近翻了一番。这一阶段主要按照"积极、稳妥、扎实、安全"的市场开发原则，强化生产管理、开拓技术服务领域、稳步开拓新市场领域。这一时期出现了一些特点：一是大庆油田不但关注国际油气市场的开拓，还积极开发国内市场，形成了西部以长庆、延长为主，东部以吉林、大港为主，覆盖中石油、中石化和中海油22个主要目标市场的市场开发格局。二是以特色技术为手段，拓展新的服务领域。聚驱提高采收率、螺杆泵采油和油气混输管道设计等项目在哈萨克斯坦和印度尼西亚等国市场成功的运作，标志着大庆油田公司具有自主知识产权的科技成果得到了世界同行的认可，初步形成了"以技术换市场"的局面。三是进入国外油田的勘探开发市场。油田公司成功收购了英国 SOCO 国际股份公司在蒙古塔木察格盆地 19、21及 22 区块 94.443% 的股份，形成了技术服务市场和勘探开发市场共同发展的局面，为大庆油田的资源接替开辟了新的空间。四是加强了生产的监督管理。海外项目进行全过程管理，从可行性报告、前期准备、工程设计、施工到项目验收都按照甲方的要求和 QHSE 标准。五是精心谋划开拓市场。对新市场和新项目，在多渠道收集信息和进行充分市场调研的基础上，对项目的要素投入、效益和风险，都进行严格的论证，市场开发由分散发展的粗放式经营向优势整合的集约化经营、由规模型向效益型转变。

（二）市场结构调整阶段

2007 年后，大庆油田外部市场业务不断取得新进展新成果。2008 年外部市场签约额 197.2 亿元，2009 年实现签约额 167.41 亿元，2010 年新项目签约额同比增长 32.44%，外部市场收入同比增长 5.66%，刷新了历史纪录。随着市场规模的不断扩张，对外服务更注重质量的提升和竞争能力的提高，无论是业务构成还是运营模式都面临着迫切转型的需求。大庆油田形成了勘探开发、工程技术服务、工程建设等业务门类齐全、专业集成配套的石油工业生产业务链条，依靠综合一体化优势，能够不断提升油田的核心竞争力。因此在业务上按照如下方式进行转型：一是项目运作由单纯设计、施工向 EPC 总承包和 BOT 模式转变。市场战略区域由国内向中亚、中东和亚太扩张，扩大海外市场规模。二是利用技术体系优势，规模发展工程服务业务。发挥规模化作业优势，大力发展和推广核心技术、特色技术，扩大辅助技术作业量，迅速形成规模效益。三是完善网络，协调发展石油装备销售和维修服务。借助品牌优势，加强石油装备网络建设，发挥维修服务中心作用，在主导产品的带动下，形成从井下完井设备、举升设备到地面井口设备销售和服务一体化经营。四是发展高效油田开发的一体化增产服务。积极参与开发项目竞标，及时提供钻井设计、采油工程方案设计等技术服务保障，拓展方案设计和咨询业务。

随着"一带一路"的深入发展，在巩固原有产业形态的基础上，大庆市紧密围绕着国家的"一带一路"倡议，全面深入实施石油石化技术服务外包战略，开展面向全世界的服务外包业务。

通过上述业务领域的不断拓展，可以总结出大庆油田从 1998 年最初"走出去"战略中单项业务的工程作业到现在的"勘探开发、工程技术服务、工程建设、配套装备"等一体化服务，对整个石油产业链结构的优化升级发挥了重要的作用，在生产方式和经营方式上实现了重要的变化。一是实现从单项业务拉动向多项业务协同拉动的转变。大庆油田发挥钻探优势业务在核心业务链中的关键作用，通过钻机捆绑带动测录井、固井等辅助技术服务，积极探索开发技术的商务模式，巩固和扩大工程技术业务市场。二是实现从主要依托中石油项目向市场多元化方向发展的转变。借助中石油国际化战略平台，推动更多的技术、产品和服务"走出去"。在完成国内外市场布局的基础上，优化市场结构，发挥现有项目的辐射作用，依托政策、体制、技术和品牌优势，扩大市场规模、增加企业效益。三是从重点项目突破向建立重点客户关系的转变。多年来油田公司在鲁迈拉项目、苏丹项目、库尔德项目取得实质性进展，已经建立了良好市场信誉。在此基础上，积极发展与 BP、PERTAMINA、威德福、斯伦贝谢等国际知名公司的战略伙伴关系，进一步细分市场和业务链，通过战略联盟和合作，放大市场开发效应，扩大市场发展空间。四是实现从推进项目成功运作向市场开发全过程管理的转变。以鲁迈拉项目成功运作为标志，油田公司完成了独立参与国际市场投标的转型，提升了商务运作水平，积累了项目运作经验。通过整体商务策划，对市场开发链条实施全过程管理，既要统筹市场开发、设备资产、人员培训、境外财务等各路工作，又要充分考虑从前期筹备、商务策划到项目运行、支持保障各个环节，还要追求与竞争对手、合作伙伴关系的最优化，实现市场开发整体利益的最大化。

大庆市作为一座资源型城市，能够成为全国服务外包示范城市，在 2011 年国家工信部举办的第二届中国软件与信息服务外包产业年会上，大庆服务外包产业园在全国同类 92 家园区中脱颖而出，荣获"最具发展潜力园区奖"，这样的发展成就确实是令人瞩目。当我们剖析大庆服务外包产业体系的构成时，发现石油石化行业的外包占据产业的主导地位，围绕着油田信息化、智能化建设产生了行业软件和信息技术服务外包业；围绕着石油勘探开发、工程建设等生产流程，派生出大量的数据采集处理、工程设计、自动化控制等生产性服务业；围绕着石油开采炼化带动石油现代装备制造发展的方向，形成了设计、开发、安装、调试、销售，技术咨询、嵌入式系统等一系列的服务产业需求；围绕着能源安全和中国石油国际话语权提升的方向，将石油资讯与金融有机结合，形成信息资讯和电子商务服务市场。

但资源型城市的服务外包业形成规模，成为城市经济的先导产业必须要有足够的市场需求，这些需求主要来源于其他产业在业务模式和生产方式转型中派生出的生产性服务需求。那么资源型城市产业中占绝对比重的资源型产业，加深生产迂回程度和社会化分工程度就非常重要。服务外包这一资源配置方式的利用，在中国现阶段转变经济发展方式的大背景下，就成为摆脱原有路径依赖、寻求新的经济增长点的重要突破口。另一方面，资源型产业要从资源依赖向依靠自身的科技和人力资本积累的发展方式转型，使资源型企业长期积累的专用性无形资产成为发展的原动力，所以"走出去"寻求外部市场的资源开发成为重要的发展路径。从大庆油田"走出去"的过程中，可以发现这一战略的实施是一个从国家、地方到企业的系统工程，必须有国家战略层面的支持，更需要企业灵活的运营与坚定的实施。企业在外向型发展过程中，用科技创新提升竞争力，用产业链集成优势扩大市场空间，大庆油田十几年"走出去"的历程，为资源型企业开发外部市场树立了样板。

第三节　郑州市发展服务外包产业促进区位型城市转型的实证研究

郑州市是我国重要的交通枢纽城市，海陆空交通便利，基于出色的地理位置，郑州市还入选了我国十大中心城市，是标准的区位型城市。完善的产业基础和出众的区位优势是郑州市发展服务外包产业的坚实基础。郑州市 2016 年入选国家级服务外包示范城市，并且在 2016 全球服务外包大会上被评为服务外包最具潜力城市。

在交通区位的优势下，郑州入选了"三纵五横"国家级流通节点城市，除了陆上交通外，郑州市的空中运输在航空港经济综合试验区的快速发展下也实现了突破。交通优势助力郑州市现代物流业的发展，从而拥有采购、物流和供应链管理等服务外包业务的优势。

一、郑州市服务外包产业

截至 2017 年底，根据商务部服务外包系统注册统计，郑州有 828 家

服务外包企业，服务外包合同金额累计达 26.24 亿美元，执行金额 19.43
亿美元。2017 年全年服务外包接包合同执行额 3.14 亿美元，同比增长
37.06%。2016 年 5 月，郑州市获批成为中国服务外包示范城市，已初步
形成了以软件、物流、跨境电子商务、金融、业务流程、通信服务和教育
软件等为特色的外包产业发展格局。郑州市拥有 5 个省级服务外包示范园
区。郑州市的服务外包业务立足于优越的交通环境和低廉的成本价格，在
开展服务外包产业的发展过程中发挥其比较优势，并通过承接产业转移等
方式推动服务外包产业的发展。

　　郑州充分发挥区位和成本等优势，承接东部沿海地区由于生产成本过
高需要进行转移的服务外包产业，尤其是业务流程外包，成本优势吸引了
富士康等知名服务外包企业入驻郑州，推动了郑州市离岸外包交易规模的
增长；此外，利用发达的交通区位优势，郑州市在"多式联运、四港一
体"的现代物流产业链以及国内电子商务商品集散中心的基础上，发展采
购、物流和供应链管理等服务外包业务；郑州市正着力建设航空港经济综
合实验区，发展航空物流以及具有航空偏好的高端制造业、现代服务业，
将人力成本优势转化为业务流程再造咨询能力及依托专有服务技术的服务
外包，推动郑州市的服务外包向产业价值链高端延伸，打造郑州市特色服
务外包产业。

二、郑州市服务外包产业发展重点领域

（一）基础业务流程外包

　　郑州市发展服务外包产业基于其廉价的成本以及发达交通网络等比较
优势，基础业务流程外包包括工程项目承包、物流运输等劳动密集型低端
服务外包业务。

　　尤其是在"一带一路"的深入发展下，位于欧亚大陆桥重要节点的郑
州加大发展对外工程项目服务外包的力度。此外，郑州市交通与物流发
达，物流服务外包已成为郑州市的重点发展领域。郑州不仅有着发达的交
通网络，也具有完善的区域物流平台，郑州已有多个物流园区，包括中豫
物流园区、河南华盛物流园区、河南创新物流园区和郑州国际物流园区
等；除了物流园区，郑州市也大力搭建信息平台，已建设郑州物流网，郑
州物流信息网、郑州货运信息网和郑州现代物流信息公共服务平台网等多

个信息服务平台；除了发展区域物流，郑州也不断引进国内外知名物流企业和物流管理咨询公司等多家第三方、第四方物流企业，推动在岸和离岸物流服务外包共同发展。

（二）软件服务外包

郑州市的软件服务外包产业发展基于基础平台搭建、便利的交通区位以及廉价的成本等优势，其中郑州市的信息安全服务外包发展较为快速。这得益于坐落于郑州市高新技术开发区的解放军信息工程大学，其为郑州发展信息安全外包提供了技术和人才的资源。解放军信息工程大学研究成果直接在郑州市转化，由此带动了一批企业的发展。郑州市已有数十家软件企业从事信息安全研究，其中包括郑州信大捷安信息技术有限公司、河南省数字证书有限责任公司、郑州金惠计算机系统工程有限公司等一大批优秀骨干企业。这些企业也推出了"绿色上网过滤软件""安全计算机""网络防火墙""高等级安全操作系统"等国内领先的产品。

（三）游戏动漫服务外包

动漫制作位于动漫服务外包的中低端环节，属于劳动密集型产业，郑州具有发展动漫制作低成本优势。在技术人员方面，郑州市盛大传承设计师培训学校、清新教育等职业院校为动漫制作提供了大量中低技术人员；在动漫产业基地方面，郑州已有郑州高新区的国家动漫产业发展基地（河南基地）、位于惠济区郑州信息创意产业园内的郑州动漫产业基地。郑州市吸引了越来越多的动漫企业，形成集群效应，并在动漫制作的基础上，向包括动漫设计及其他衍生领域、处于中高端领域的动漫产业进行发展，打造国家动漫产业发展基地（河南基地）和郑州动漫产业基地。

（四）医疗卫生服务外包

郑州市的医疗卫生服务外包有较好的产业基础，这主要体现在良好医疗卫生技术条件方面。郑州市有较多企业从事医疗卫生方面软件开发的业务，包括河南省好友软件开发有限公司、郑州新益华医学科技有限公司、河南华南医电科技有限公司等。这些企业在发展过程中也取得了包括"专家远程会诊系统""数字式多道心电图""多道生理参数分析记录系统"等在内的多项技术成果。

三、郑州市服务外包产业布局

郑州市将服务外包产业建设与郑州承载的中原经济区核心区、郑州航空港经济综合实验区、中国（河南）自由贸易试验区郑州片区、中国（郑州）跨境电子商务综合试验区、郑洛新国家自主创新示范区核心区等国家战略相结合，推进国家服务外包示范城市建设。在产业的空间布局上，郑州市通过推动经济技术开发区、高新技术开发区、产业集聚区、电子商务园区等园区建设发展服务外包产业，其中郑州金水科教园区、国家知识产权创意产业试点园区、国家 863 中部软件园、河南省电子商务产业园、郑州国际物流园区、河南省国家大学科技园等服务外包园区汇集了全市 70% 以上的服务外包企业，其中有 5 家园区获省级服务外包示范园区称号。推动实现服务外包产业的进一步转型发展，从而推进服务外包示范工程建设，形成服务外包产业集群，通过集群效应进行知识技术的产生与传播，从而推动郑州市发展现代高端服务业产生与发展。

（一）郑州金水科教园区

郑州金水科教新城位于郑州东北部，园区包括杨金产业园区、金水北区、沿黄生态旅游带三大功能板块。园区主导产业为新兴电子信息、生物产业等战略新兴产业以及相应的高端服务外包业。园区于 2015 年被认定为省级服务外包示范园区。

2013 年 10 月，园区召开了以"智慧中原，创新服务"为主题的第一届河南外包服务外包大会，从此拉开了园区一年一度河南服务外包大会的序幕。2013 年 12 月正式建成运营河南外包产业园一期，之后西亚斯亚美迪国际软件园、郑州启迪科技城、北大国际创业孵化中心以及中科院过程工程研究所等项目陆续与金水科教园区签约。在此基础上，园区进行了高端软件园、以色列科技城、国际创业孵化中心以及科技创新城等项目的建设。诸多科技企业的入驻推动郑州金水科教园成为省级高新技术产业园区，并于 2016 年被认定为国家自主创新示范区（郑州片区），逐渐成长为了集研发创新成果策源地、科技成果转化和产业化平台、高科技创业企业发展高地及全球创新资源配置中心为一体的国际科技城。

（二）郑州国际物流园区

郑州国际物流园区成立于 2010 年 9 月，园区在河南自贸区、郑州经开综保区、郑州跨境电子商务综合试验区"三区叠加"发展机遇下按"四港联动、多式联运"的思路，推动郑州航空港、国际陆港联动发展，并打造以"国际物流、区域分拨、城市配送"为主要功能的产城融合智慧物流新城，引领河南大物流发展，成为全国乃至全球的物流中心。截至2016年底，园区累计完成固定资产投资695亿元，年均增长47%；累计完成主营业务收入1580亿元，年均增长76%；建成投产项目49个，入区运营企业416家。园区成功获批筹建全国电子商务物流产业知名品牌创建示范区，成为省级服务外包示范区和省级示范物流园区。

（三）国家知识产权创意产业试点园区

国家知识产权创意产业试点园区于2011年批准建设，是经国家知识产权局批准建设的全国唯一的创意产业园区。园区建设以知识产权经济为引领，为电子科技、汽车制造、医疗器械、服务外包等产业提供专业服务，实行产业化、一体化、集聚化的运营模式，对接上下游的产业链以及科技制造业。建设至今，园区已逐步发展成为设计创意企业、人才聚集中心和外包中心等创意成果产业化示范区，带动郑州市乃至河南省制造业转型升级，引领区域内现代服务业的高端化发展，对郑州市的城市发展转型具有重要意义。

四、郑州市发展服务外包产业举措

（一）政策支持

郑州市于2016年入选国家级服务外包示范城市，享有所得税优惠的福利，同时离岸服务外包业务免征营业税，此外，中央财政还将每年下拨500万元的专项资金用于服务外包公共平台建设。为更好实现经济的转型和发展，河南省从2007年开始就鼓励和支持服务外包产业的发展，2016年省政府还出台了《关于促进服务外包产业加快发展的实施意见》，从目标任务、工作重点、扶持政策、保障措施四个方面提出意见，旨在更好地推动服务外包产业的发展，使之成为新的经济增长点，使郑州市成为我国在岸外包交易和离岸外包交付重点城市。推动批发零售、教育、文化、医疗、旅游、金融和保险机构等服务领域的业务外包；此外，着力培育、培训服务外包人才，以高校为依托，推动服务外包人才培养机构建设用于培养服务外包人才。

（二）郑州航空港经济综合实验区建设

郑州航空港经济综合实验区简称郑州航空港区，也称郑州新郑综合保税区，是我国首个上升为国家战略、目前唯一由国务院批准设立的航空经济先行区。试验区集航空、高铁、城际铁路、地铁、高速公路于一体，是我国重要的立体综合交通枢纽。试验区定位包括国际航空物流中心、以航空经济为引领的现代产业基地、中国内陆地区对外开放重要门户等，是郑州市发展现代服务产业并推动郑州市实现产业转型升级的重要区域。

郑州市通过建设郑州国际航空货运机场，进一步加强郑州与世界重要枢纽机场的航空物流通道连接，完善多位一体的现代综合运输体系，提升货运中转和集散疏通能力，将郑州市发展成为我国重要的国际航空物流中心，巩固郑州市物流运输服务外包产业的基础。在空港建设下发展航空运输，加快高端要素的集聚，从而发展航空指向性的高端制造、服务产业，提高服务外包产业等级。与此同时，通过推进综合保税区、保税物流中心发展和陆空口岸建设，提升郑州市参与国际产业分工层次并扩展面向周边区域的产业和服务链，从而提高郑州市基础服务外包产业的效率，巩固传统业务流程外包产业优势的同时扩大信息软件服务外包产业市场，推动高端服务外包产业的发展。

（三）三区叠加建设

通过河南自贸区、郑州经开综保区、郑州跨境电子商务综合试验区三区叠加的建设与发展，并按"四港联动、多式联运"的整体思路，郑州航空港与国际陆港实现联动发展，打造以"国际物流、区域分拨、城市配送"为主要功能的产城融合智慧物流新城，引领河南大物流发展，使之成为全国乃至全球的物流中心，进一步巩固郑州市发展基础业务流程外包的优势以及加速其转型，并推动郑州市高端服务外包产业的发展。

（四）抢抓"一带一路"先机

作为亚欧大陆桥上的重要节点城市，在"一带一路"倡议的背景下，郑州市将有更好的机会与沿线国家和地区进行合作，包括工程项目承包、物流运输等基础业务流程外包以及 ITO 业务等各领域的服务外包，发挥郑州的地缘优势。尤其是在建设郑州航空港经济综合实验区的同时，拓展"一带一路"国家和地区航线布局，加快推进国际陆港建设，并将其与"一带一路"倡议相结合，全面增强郑州市对外开放的空间和能力。郑州市必须通过与"一带一路"的全面对接，综合考虑资源配置和产业项目对接，在新常态下秉持可持续发展理念，创新开放发展的体制机制以实现产业布局的改善。通过与"一带一路"沿线国家和地区的合作，获得广阔的国际市场，加大离岸服务外包业务的发展力度，占得国际服务外包市场一席之地。

这类业务流程服务供应商的形成可以通过以下两种方式：一是制造企业内部剥离生产性服务业，对既成的传统结构进行改造和优化，调整经济的存量，形成新的价值链。二是选择外部的生产性服务供应商，通过契约关系形成经济的增量，使得企业原有价值链比例关系协调、合理发展。业务流程外包的生产模式加深了分工的细化程度，尤其是运用信息通信技术、国际规范化运作的方式能够摆脱企业的资源限制和路径依赖，使经济转型和结构调整成为可能。针对不同行业转型，需要政府应用多种手段来培育服务供应商的创新能力，如搭建共性技术创新平台、建设生产性服务基地、政府特定技术产品的垄断性采购、构筑多元化创新服务体系等等。国内大多数服务外包园区依托于软件园和高新技术开发区形成发展，因此在产业构成上主要以信息服务外包为主，如重庆缙云山软件园、深圳软件园、天河软件园、齐鲁软件园、大庆软件园等等。但随着要素成本的上升，低端数据加工和呼叫中心业务竞争加剧，尤其长三角、珠三角的服务外包企业都在积极探寻业务转型与价值链攀升。因而基于制造业信息化与特定行业技术的业务流程外包和知识流程外包的发展速度很快，在园区发展上体现为细分行业的企业集聚，如研发设计中心园区、动漫创意园区、地理信息产业园区、工业设计园区的涌现与发展。印度外包产业最初的形式是向海外派遣技术人员参与 IT 服务，在 20 世纪 80 年代后随着电信基础设施的改善，尤其是专业化园区的建设，吸引了越来越多的欧美企业关注，以美国通用公司在印度设立咨询公司为契机，掀起了服务外包的热潮。因此从某种角度讲，印度服务外包产业从产生开始就植入着生产要素的国际化流动与全球化运营。大量的跨国企业在班加罗尔设立了全球产品交付中心与技术研发中心，同时印度本土的企业也在国外多个城市设置交付中心。例如印度维布络公司在全球 70 多个国家拥有 10 余万名员工，在

55 个国家建立了全球交付中心。印度政府注重推广国际标准化认证，提供不超过 50% 的资金补助企业认证费用，印度通过 CMM5 级认证的软件企业占全球认证企业总数的 50% 以上，因此印度的软件产品在国际市场具有很强的竞争力。

第八章

结　　论

中国经济受资源环境等客观因素的制约，物质投入、投资驱动型的增长模式不可为继，迫切需要转变经济发展方式。现代城市发展服务外包产业的战略构想是在国家转变经济发展方式，建立资源节约型社会的大背景下提出的，这是"以人为本"的科学发展观在城市转型和传统产业升级中的创新性应用，是有形投入为主导到技术创新为主导的经济发展方式的重大变革。

综合型服务城市、区位型城市以及资源型城市等要实现经济转型，都需要从追求数量转变到依靠质量的经济发展方式上；从劳动密集型和资金密集型产业主导向技术和知识密集型的现代产业体系协同增长的发展方式转型；从粗放式、高耗能、高污染的经济增长方式向节能型、集约型、低碳化的方向转型。

现代城市转型面临重要的战略机遇期，IT、物联网、云计算等高技术行业对传统产业的冲击和改造将释放大量的生产性服务需求。我国坚持走中国特色新型工业化道路，推进"结构优化、技术先进、清洁安全、附加值高、吸纳就业能力强的现代产业体系"的建设。新时期世界经济环境已经发生了深刻变化，工业化、信息化、城镇化、市场化、国际化深入发展，后金融危机时代全球经济格局将发生重大调整，服务外包作为世界经济的新引擎，引领全球新一轮产业的转移浪潮。现代城市必须依据科技进步的新趋势，在国内外经济环境的大背景中，寻找符合自身发展条件和比较优势的转型路径。

不可忽视的是，现代各城市长期积累的产业队伍、技术力量和管理经验等经济社会资源是城市转变发展方式的重要基础，在此基础上进行社会资源如知识、技术、信息、管理、文化为主的输出。因此适应市场的需要，发挥城市的比较优势，发展基于城市经济和产业基础的服务外包模式。如综合服务型城市发展以信息技术服务外包、高端咨询服务外包和智能服务外包等为主的高端服务外包模式，而资源型城市发展以工程技术服务外包为主，信息技术服务外包、业务流程服务外包并存的服务外包产业体系。这种发展模式既符合区域主导产业的发展方向，有助于提高优势支柱产业的核心竞争力，又能够推动区域产业结构升级，形成新的经济增长点。从要素投入结构上，实现了人力资本积累的内生型增长；从产业组织方式上，加深了专业化分工程度，形成产业集群；从区域空间结构上，完善了城市功能，增强了集聚和辐射能力。

不同类型的城市有着不同的发展条件和客观基础。对所有城市都进行统一模式发展服务外包产业体系的思路是不符合客观实际的，这一战略思路应该在不同层次的城市中、不同类型的城市中差异化定位和实施，即使是同一类型的城市，也应根据城市之间经济水平等的差异进行差别化处理。比如对于资源型城市来说，在综合实力较强的资源型城市中，例如唐山市、大庆市、东营市、马鞍山市应不断推进以服务外包产业为主导的现代产业体系的建设，优化地区的产业结构、技术结构和劳动力就业结构。在技术体系复杂的石油产业和冶金产业所在城市，通过信息化、现代化方式改造传统产业的生产方式，大力发展生产性服务外包业务，形成某一领域的现代服务业高地，支撑资源型城市产业链条延伸和接续替代产业培育。在地处偏远、产业技术层次低下、劳动力剩余严重的资源型城市中，应以增强企业的活力为转型的重点，不断提高资源型企业到区外承揽工程的能力，鼓励企业在区外开采资源，异地搬迁资源型企业。通过资源型企业的迁移，从全国范围内实现资源型产业专用资源和产业工人的合理配置，存量资源和增量资源的合理利用。

服务外包产业是新兴产业，科技水平日新月异的发展也赋予其不同的时代内涵，这也亟须政府进行机制体制的创新，制定配套的优惠政策，大力扶持产业的发展。与此同时，服务外包产业也不能过分地依赖政府的扶持和外部力量的推动，应该自主的寻找产业发展空间，因此相关企业"走出去"就是非常重要的发展路径，尤其是需要通过科技创新占领全球价值链高端环节，只有应用行业领域最先进的技术、使用国际化标准进行管理、熟悉国际运作模式的企业才能够在世界市场立足。服务外包企业在"走出去"的过程中，通过世界市场需求的引导，派生出大量的垂直行业高端的生产性服务需求，这为企业总部所在城市的服务外包产业发展创造了广阔的市场空间。

本书的选题是来源于国家社会科学基金一般项目"资源型城市经济转型与服务外包产业结构优化与创新研究"（10BJY082），但对于这一问题的理论研究，在国内尚属空白，这为本书的写作提出了很高的创新性要求。作者在国家级服务外包示范城市大庆市进行了长达两周的走访调查，搜集了大量的第一手资料与现场专家咨询意见，才形成了对资源型城市发展服务外包产业的基本认识。本书研究的成果对于实现资源型城市经济跨越式发展，推动我国能源及重工业城市转型、制定全国服务外包发展战略与政策都有重要的理论价值和现实意义。下一步的研究工作主要从两个方向展开：一是针对不同资源型城市的客观条件，制定服务外包发展战略，展开具有实践应用价值的研究；二是运用服务流程成熟度评价指标体系，结合服务外包企业实际，对企业开展资源型产业的服务外包业务进行评价和指导。

参 考 文 献

［1］白柠．推进政府 IT 外包需要制度变迁［J］．信息化建设，2007（2）：33－35.

［2］蔡付龄，廖豾武，陈刚．离岸服务外包承接地的分类决策方法［J］．系统管理学报，2011（5）：520－526，532.

［3］柴志贤，何伟财．城市功能、专业化分工与产业效率［J］．财经论丛（浙江财经学院学报），2016（11）：11－19.

［4］车晓翠，张平宇．基于 AHP 的资源型城市经济转型绩效的测度与评价［J］．安徽农业科学，2011，39（1）：622.

［5］陈菲．服务外包动因、对象及企业绩效之互动关系研究［J］．经济师，2007（1）：212－214.

［6］陈菲．服务外包动因机制分析及发展趋势预测［J］．中国工业经济，2005（6）：67－73.

［7］陈宪，程大忠．国际服务贸易［M］．北京：立信会计出版社，2008：29－42.

［8］崔雷．印度生物医药去年规模 35 亿美元年增速将达 20%．http：//chinasourcing. mofcom. gov. cn/c/2011～11～23/105644. shtml.

［9］大庆服务外包产业园网站．http：//www. few. can/yqgk_dy. asp-dy＝园区简介 &mid＝1.

［10］杜吉明，于渤，姚西龙．资源型城市经济转型期的全要素生产率研究［J］．情报科学，2010，28（10）：64－69.

［11］樊杰．我国煤矿城市产业结构转换问题研究［J］．地理学报，1993（3）：218－226.

［12］冯云廷．资源型城市产业转型过程中产业链网络的衍生［J］．现代城市研究，2009（3）：74－78.

［13］戈银庆．中国西部资源型城市反锁定安排与接续产业的发展［J］．兰州大学学报（社会科学版），2004，32（1）：120－123.

[14] 顾朝林，辛章平，贺鼎．服务经济下北京城市空间结构的转型 [J]．城市问题，2011 (9)：2-7.

[15] 关凤峻．资源型城市的转型与发展：文献综述 [J]．江汉论坛，2005 (3)：40-41.

[16] 郭克莎．工业化新时期新兴主导产业的选择 [J]．中国工业经济，2003 (2)：5-14.

[17] 郭丕斌，张复明，聂锋．通过产业转型实现资源型城市可持续发展——以太原市为例 [J]．科学管理研究，2004 (2)：22-23.

[18] 韩一波．FDI 与我国服务贸易发展的实证分析 [J]．重庆工商大学学报，2005 (6)：17-19.

[19] 何骏．我国发展服务外包的动因、优势和建议 [J]．当代经济管理，2006 (6)：24-28.

[20] 黄烨菁．跨国服务外包中的知识转移：以软件外包为对象 [J]．科研管理，2012 (6)：40-47.

[21] 黄烨菁，权衡，黎晓寅．印度 IT 服务外包产业的可持续发展——产业价值链为视角的分析 [J]．世界经济研究，2014 (5)：67-68.

[22] 霍景东，夏杰长．离岸服务外包的影响因素：理论模型、实证研究与政策建议——基于 20 国面板数据的分析 [J]．财贸经济，2013 (1)：44.

[23] 纪玉山，赵天石，贾成中．国外石油城市的经济转型及经验借鉴 [J]．经济纵横，2006 (1)：41-45.

[24] 江暮红．我国离岸服务外包业务的发展现状与升级途径 [J]．对外经贸实务，2018 (4)：28-31.

[25] 江小涓．服务全球化与服务外包：现状、趋势及理论分析 [M]．北京：人民出版社，2008，78.

[26] 江小涓．服务外包：合约形态变革及其理论 [J]．经济研究，2008 (7)：4-10.

[27] 姜传军，吕洁华．林业资源型城市经济转型评价指标体系研究 [J]．林业经济，2008 (11)：61.

[28] 姜荣春．印度、菲律宾服务外包产业发展模式比较研究及启示 [J]．南亚研究季刊，2012 (12)：45-52.

[29] 金芳．产品内国际分工及其三维分析 [J]．世界经济研究，2006 (6)：4-9.

[30] 金凤君, 陆大道. 东北老工业基地振兴与资源型城市发展 [J].科技导报, 2004 (10): 4-6.

[31] 金浩然, 戚伟, 刘振, 刘盛和. 国内外城市转型的研究进展及展望 [J]. 世界地理研究, 2016, 25 (6): 48-56.

[32] 景瑞琴, 邱伟华. 金融服务外包的利益与风险分析 [J]. 商业时代, 2007 (5): 75-78.

[33] 科斯, 哈特, 斯蒂格利茨等. 契约经济学 [M]. 北京: 经济科学出版社, 1999: 19-20.

[34] 李秉强. 中国服务外包发展的国际比较与对策分析 [J]. 经济与管理, 2010 (4): 69-74.

[35] 李超. 我国发展服务外包的现状及对策思考 [J]. 国际贸易, 2009 (9): 34-37.

[36] 李程骅. 服务业推动城市转型的"中国路径" [J]. 经济学动态, 2012 (4): 73-79.

[37] 李丹丹. 基于因子分析法的服务外包产业竞争力评价研究 [D].苏州大学, 2012.

[38] 李文彦. 煤矿城市的工业发展与城市规划问题 [J]. 地理学报, 1978 (1): 63-77.

[39] 李文彦. 我国矿产资源与地理位置的地区差异——工业布局若干条件的经济地理分析 [J]. 地理研究, 1982 (1): 19-30.

[40] 李元旭, 吴晨. 银行业务外包问题初析 [J]. 国际金融研究, 2000 (12): 62-64.

[41] 李岳云, 席庆高. 国际服务外包趋势与我国服务外包的发展 [J]. 南京农业大学学报: 社会科学版, 2007 (3): 33-36.

[42] 李志群, 朱晓明. 中国服务外包发展报告 (2007) [M]. 上海: 上海交通大学出版社, 2007: 20-35.

[43] 刘高. 我国城市服务外包产业发展策略研究 [J]. 现代经济信息, 2011 (8): 212, 215.

[44] 刘继承. 企业信息系统与服务外包风险管理研究 [J]. 情报理论与实践, 2005 (2): 180-183.

[45] 刘倩. 金融服务外包及其风险研究 [M]. 大连: 东北财经大学, 2007.

[46] 刘涛, 赵峰. 城市绿色转型与服务业发展关系的思考 [J]. 学

习与探索，2016（4）：93 - 96.

［47］刘祥，孟浩. 创新集成：矿业城市可持续发展的有效途径［J］. 城市问题，2003（4）：33 - 36.

［48］刘晓峰. 基于博弈的服务外包供应商选择的信任机制［J］. 商业研究，2008（2）：42 - 43.

［49］刘晓. 供应商选择模型与方法综述［J］. 中国管理科学，2004，12（1）：139 - 148.

［50］刘玉劲，陈凡等. 我国资源型城市产业转型的分析框架［J］. 东北大学学报（社会科学版），2004（6）：184 - 187.

［51］刘云刚. 新时期东北区资源型城市的发展与转型［J］. 经济地理，2002，22（5）：594 - 597.

［52］卢锋. 服务外包的经济学分析：产品内分工视角［M］. 北京：北京大学出版社，2007：154 - 161.

［53］罗浩. 自然资源与经济增长：资源瓶颈及其解决途径［J］. 经济研究，2007（6）：19 - 30.

［54］马卫红，张娟. 我国发展服务外包的制约因素及对策思考［J］. 对外经贸实务，2007（12）：56 - 59.

［55］毛才盛. 服务外包产业集群创新能力的量化评价［J］. 科技管理研究，2017（17）：93 - 98.

［56］［美］迈克尔·波特著；孙小悦译. 竞争优势［M］. 北京：华夏出版社，1997：26 - 30.

［57］宁靓，赵立波. 基于模糊综合评价法的公共服务外包风险因素研究［J］. 行政论坛，2016，23（4）：36 - 41.

［58］欧新黔. 服务业将是中国的主导产业［J］. 中外管理，2008（1）：39 - 41.

［59］钱勇. 国外资源型城市产业转型的实践、理论与启示［J］. 财经问题研究，2005（12）：23 - 25.

［60］曲玲年. 印度 IT - BPO2010 年回顾与 2020 年目标——读 NASS-COM2011 年产业报告 http：//chinasourcing. mofcom. gov. cn/c/2011 ~ 06 ~ 07/95364. shtml.

［61］曲艺，李鲲，张建蕊. 生产性服务业在资源型城市转型中的作用机制及对策［J］. 对外经贸，2013（10）：81 - 83.

［62］尚庆琛. 上海研发外包融合发展的战略思考：必要性、可行性

和策略 [J]. 中国科技论坛, 2016 (6): 62 - 68.

[63] 尚庆琛. 中国金融服务外包发展研究: 现状、趋势和对策 [J]. 经济与管理研究, 2017, 38 (1): 65 - 71.

[64] 邵帅, 齐中英. 西部地区的能源开发与经济增长——基于"资源诅咒"假说的实证分析 [J]. 经济研究, 2008 (4): 147 - 160.

[65] 申朴, 刘康兵, 尹翔硕. 产业集聚对我国服务外包生产率的影响: 理论模型与经验证据 [J]. 产业经济研究, 2015 (1): 57 - 63.

[66] 沈镭, 程静. 论矿业城市经济发展中的优势转换战略 [J]. 经济地理, 1998, 18 (2): 41 - 45.

[67] 沈镭. 我国资源型城市转型的理论与案例研究 [D]. 中国科学院研究生院硕士学位论文, 2005: 4.

[68] 沈培. 供应链管理环境下的业务外包模式探析 [J]. 商场现代化, 2006 (7): 6 - 7.

[69] 施竟澄. 服务外包及其在新形势下的发展趋势分析 [J]. 中国市场, 2018 (17): 69 - 70.

[70] 宋丹霞. 基于服务外包视角的生产性服务供应链模式构建及其形成动因分析 [J]. 工业工程, 2009 (2): 37 - 41.

[71] 孙俊通. 跨国投资与服务贸易比较优势 [J]. 国际贸易问题, 2002 (9): 45 - 53.

[72] 孙晓春. 大庆服务外包产业发展面临的问题及对策 [J]. 中国市场, 2011 (6): 34 - 36.

[73] 谭力文, 刘青林等. 跨国公司制造和服务外包发展趋势与中国相关政策研究 [M]. 北京: 人民出版社, 2008, 54.

[74] 田霍卿. 资源型中小城市乡镇企业发展战略的思考 [J]. 理论探索, 1993 (3): 41 - 44.

[75] 托马斯·弗里德曼. 世界是平的 [M]. 长沙: 湖南科学技术出版社, 2006: 58.

[76] 万会, 孙玉建, 王珏, 成彦惠. 我国矿业城市研究 [J]. 中国矿业, 2006 (12): 1 - 4.

[77] 王宏霞. 我国服务外包纵深发展的阻滞因素及实现高端化转型的对策 [J]. 对外经贸实务, 2018 (1): 86 - 89.

[78] 王丽丽, 姚海明. 印度服务外包发展的经验和教训对我国的启示 [J]. 中国商贸, 2011 (10): 197 - 198.

[79] 王青云. 资源型城市经济结构转型的问题和对策 [J]. 今日国土, 2004 (3): 21-24.

[80] 王青云. 资源型城市经济转型研究 [M]. 北京: 中国经济出版社, 2003.

[81] 王庆喜. 新巴塞尔协议可能导致新的风险 [J]. 华东经济管理, 2005 (19): 35-38.

[82] 王述英, 周密. 国际服务外包市场的总体评估与趋势考察 [J]. 国际经贸探索, 2007 (11): 29-33.

[83] 王铁山, 郭根龙, 冯宗宪. 金融服务外包的发展趋势与承接策略 [J]. 国际经济合作, 2007 (8): 22-27.

[84] 王晓红. 全球服务外包发展现状及最新趋势 [J]. 国际贸易, 2011 (9): 27-34.

[85] 王燕妮, 李华. 论服务外包产业领域的分类及发展方向 [J]. 商业时代, 2012 (13).

[86] 王瀛, 赵鹏大. 基于风险控制的金融服务外包策略 [J]. 江西社会科学, 2008 (8): 46-52.

[87] 王子先. 积极承接国际服务外包的政策建议 [J]. 宏观经济研究, 2007 (12): 11-16.

[88] 魏后凯, 时慧娜. 中国资源型城市国家援助政策 [J]. 资源型城市可持续发展高层论坛暨2011年中国区域经济学会年会论文集, 2011 (7): 4-12.

[89] 吴奇修. 资源型城市产业转型研究 [J]. 求索, 2005 (6): 49-56.

[90] 吴奇修. 资源型城市竞争力的重塑与提升 [M]. 北京: 北京大学出版社, 2008: 5.

[91] 肖金成. 资源型城市的特征和转型的方向 [J]. 资源型城市可持续发展高层论坛暨2011年中国区域经济学会年会论文集, 2011 (7): 1-3.

[92] 徐畅, 李九斤, 杨金保. 双重转型驱动下资源型城市服务外包产业的发展路径 [J]. 学术交流, 2014 (8): 122-126.

[93] 徐一博. 今年菲律宾服务外包业收入预计达110亿美元. http://chinasourcing.mofcom.gov.cn/c/2011~10~14/103177.shtml.

[94] 杨梅. 新形势下中印服务外包产业发展阶段比较分析 [J]. 上海经济研究, 2015 (4): 66-70.

[95] 杨小凯, 黄有光. 专业化与经济组织——一种新兴古典微观经济学框架 [J]. 北京: 经济管理出版社, 1999: 53.

[96] 杨英. 企业信息技术资源外包及其风险分析 [J]. 中国软科学, 2001 (3): 31-38.

[97] 杨志琴, 祖强. 承接服务外包: 新开放观下, 中国提升国际分工地位的有效途径 [J]. 世界经济研究, 2007 (11): 3-6.

[98] 于立新, 陈昭, 江皎. 中国服务外包产业竞争力研究——基于部分试点城市的分析 [J]. 财贸经济, 2010 (9): 87-92.

[99] 余建辉, 张文忠, 王岱. 中国资源枯竭城市的转型效果评价 [J]. 自然资源学报, 2011 (1): 11.

[100] 袁永娜. 外商直接投资与中国服务贸易关系的实证分析 [J]. 世界经济研究, 2007 (9): 56-62.

[101] 袁永友. 服务外包与示范城市差异化发展 [J]. 国际贸易, 2009 (9): 38-41.

[102] 臧淑英, 李丹, 韩冬冰. 资源型城市转型与循环经济发展 [J]. 经济地理, 2006 (1): 78-82.

[103] 查贵勇, 顾诚通. 中国服务业 FDI 与服务贸易发展关系实证分析 [J]. 上海金融学院学报, 2006 (2): 45-49.

[104] 曾德明, 秦吉波, 周青, 陈立勇. 高新技术企业 R&D 管理 [M]. 北京: 清华大学出版社, 2006: 162-192.

[105] 曾康霖, 余保福. 金融服务外包的风险控制及其监管研究 [J]. 金融论坛, 2006 (6): 20-25.

[106] 张磊, 徐琳. 服务外包 (BPO) 的兴起及其在中国的发展 [J]. 世界经济研究, 2006 (5): 33-38.

[107] 张米尔, 孔令伟. 资源型城市产业转型的模式选择 [J]. 西安交通大学学报 (社会科学版), 2003 (3): 29-31.

[108] 张米尔. 市场化进程中的资源型城市产业转型 [M]. 北京: 机械工业出版社, 2004: 151-153.

[109] 张敏. 服务外包理论研究的现状与发展趋势——基于 SSCI 数据库 (1990—2013) 的科学计量分析 [J]. 经济学家, 2014 (10): 17-25.

[110] 张然. 杭州着力打造国际金融服务外包交付中心. http://www.eeo.com.cn/Politics/by_region/2010/06/15/172766.shtml.

［111］张锐昕，陈丹.促进东北地区国际服务外包产业发展的个案研究［J］.经济纵横，2018（3）：67－74.

［112］张耀军等.全球化背景下源型城市可持续发展探讨［J］.地理科学进展，2002，21（3）：249－258.

［113］赵晶，王根蓓，朱磊.中国服务外包基地城市竞争优势的实证研究——基于主成分方法与聚类方法的分析［J］.经济理论与经济管理，2010（6）：49－57.

［114］赵秀峰.从比较优势探索自银市发展特色经济的新途径［J］.中国国土资源经济，2004，17（4）：21－24.

［115］郑锦荣.服务外包内涵的重新诠释［J］.国际经济合作，2017（3）：49－52.

［116］郑志国.我国单一资源城市产业转轨模式初探［J］.经济纵横，2002（2）：11.

［117］中国服务外包研究中心.杭州市服务外包发展战略与产业规划.杭州市政府专项规划，2009：94－99.

［118］中国广播网.大庆积极发展服务外包产业.http：//www.cnr.cn/hlj/zxdb/201010/t20101018_507188485.html.

［119］周欢，等.金融服务外包模式：风险与控制［J］.现代管理科学，2007（4）：39－42.

［120］周敏，闫士浩.资源型城市产业转型的研究［J］.商业研究，2008（3）：38－41.

［121］周正柱.上海服务外包发展现状及路径研究［J］.国际商务（对外经济贸易大学学报），2010（2）：31－39.

［122］周正柱，吴国新.上海服务外包示范区发展现状与思路研究［J］.上海经济研究，2008（12）：76－82.

［123］朱福林，张波，王娜，袁俊亮.基于熵权灰色关联度的印度服务外包竞争力影响因素实证研究［J］.管理评论，2017（1）：45－48.

［124］朱训.21世纪中国矿业城市形势与发展战略思考［J］.中国矿业，2002（1）：1－9.

［125］Alchain. A，Demesets. H. Production，Information Cost and Economic Organization. *American Economic Review*，1972（62）：775－793.

［126］Alpar，P. A.，Saharia. Outsourcing Information System Functions an Organization Economics Perspective. *Journal of Organizational Computing*，

1995, 5 (3): 197 – 217.

［127］ Antras Pol, Helpman Elhanan. Global Sourcing. *CEPR Discussion Papers*, No. 4170, 2004.

［128］ Atheye, Suma. , 2005, "The Indian Software and its Evolving Service Capability", *Industrial and Corporate Change*, Vol. 14, 2005.

［129］ B. Admass. *Green Development: Environmental Sustainability in the Third World.* N. Y: Routledge: 1990.

［130］ Barney, J. , Wright, M. , David, J. and Kitchen, Jr. The Resource-based View of the Firm: Ten Years after 1991. *Journal of Management*, 2001 (27): 625 – 641.

［131］ Benoit A. Aibert, Suzanne Rivard, Michael Patry. Transaction Cost Approach to Outsourcing Behavior: Some Empirical Evidence. *Information & Management*, 1996 (30): 50 – 61.

［132］ Berman, E. , and Machine, S. Skill Biased Technology Transfer around the World . *Oxford Review of Economic Policy*, 2000, 16 (3).

［133］ Besanko, David Dranove and Mark Shanley. *Economics of Strategy*, 1996: 690.

［134］ Blakely E J. Competitive Advantage for the 21st – century City: Can A Place-based Approach to Economic Development Survive in A Cyberspace Age? American Planning Association. *Journal of the American Planning Association*, Chicago, 2001, 67 (2): 133 – 141.

［135］ Bourgeois, L. J. , Eisenhardt, K. M. Strategic Decision Processes in High Velocity Environments: Four Cases in the Microcomputer Industry. *Management Science*, 1988 (34): 816 – 835.

［136］ Bradbury J. H. International Movements and Crises in Resource-oriented Companies. *Economic Geography*, 1985, (61): 129 – 143.

［137］ Bradbury J. H. Living with Boom and Cycles: New Towns on the Resource Frontier in Canada. *Resource Communities*. CSIRO, Australia 1988: 3 – 19.

［138］ Bradbury J. H. The Impact of Industrial Cycles in the Mining Setter. *International Journal of Urban and Regional Research*, 1984, 8 (3): 311 – 331.

［139］ Bradbury J. H. Towards an Alternative Theory of Resource-based

Town Development, *Economic Geography*, 1981, 55 (2): 147 – 166.

[140] Christina Costa. Information Technology Outsourcing in Australia: a Literature Review. *Information Management and Computer Security*, 2001 (5): 213 – 224.

[141] Collados C, Duane T P. Natural Capital and Quality of Life: A Model for Evaluating the Sustainability of Alternative Regional Development Paths. *Ecological Economics*, 1990, (30): 441 – 460.

[142] Collis, David J. Corporate Strategy: a Resource – Based Approach David J. Collis , Cynthia A. *Montgomery*, 2005: 58 – 63.

[143] Corbett, Michael. Dispelling the Myths about Outsourcing, *Fortune*, May 31, 2004: 1.

[144] Cronkshaw, Nick, Shah, Martin. How to Outsource Financial Services Axeffectively. *International Tax Review*; 2003 (11), Vol. 14 Issue 10: 12.

[145] D. C. Persons the Role of Ireland in the New International Division of Labor Apprised Homework for Regional Analysis. *Regional Studies*, 1982, Vol. 15.

[146] Dewatripont, M, Sapir, A, Sekkat, K. Trade and Jobs in Europe . In: Krugman, P. *Growing World Trade: Causes and Consequences* [C]. Oxford: Oxford Scholarship Online Monographs, 1995: 327 – 362.

[147] Diromualdo A & Gurbaxani V. Strategic Intenet for it Outsourcing. *Sloan Management Review*, 1988, 39 (4): 67 – 80.

[148] Donahoe, D. N. and Pecht, M: Are U. S. Jobs Moving to China? IEEE Transactions on [60] Components and Packaging Technologies, *September* (2003), 26 (3): 682 – 686.

[149] Donna Shelf, "The Outsourcing Offshore' Conundrum: An Intellectual Property Perspective", 2005: 65 – 68.

[150] E. Helpman, Trade, FDI, and the Organization of Firms, *Journal of Economic Literature* 2006, 44 (3): 589 – 630.

[151] Eisenhardt, K. M. & Martin, J. A. Dynamic capabilities: What are they? . *Strategic Management Journal*, 2000, 21 (10 ~ 11): 1105 – 1121.

[152] Feenstra, Spencer. Contractual versus Generic Outsourcing: the

Role of Proximity. *NBER Working Paper*, 2005.

[153] Filip R. Jozef K. Vendor Selection and Evaluation Anactivity Based Costing Approach. *European Journal of Operational Research*, 1996 (96): 97 – 102.

[154] Francis Hutchinson. Globalization and the International Division of Labor. *Labor and Management in Development Journal*, 2004 (4): 6.

[155] Frobel F. , Hein Richs J. , and Reye O. *The New International Division of Labor: Structural Unemployment in Industrialized Countries and Industrialisation in Developing Countries Cambridge*: Cambridge University Press, 1980: 153.

[156] Gary, Giraffe. Commodity Chains and Regional Divisions of Labor in East Asia. In Eon Me Kim, San Deigned. *The Four Asian Tigers: Economic Development and the Global Political Economy* [C]. Calif. : Academic Press, 1998.

[157] Gary Giraffe, Raphael Kolinsky. The value of value chains . IDS Bulletin, 2001, 32 (3): 1 – 8.

[158] Gary Hamel, C. K. Prahalad. The Core Competence of the Corporation. *Harvard Business Review*. 1990, 68 (3): 79 – 91.

[159] Gereffi, G. , Hwnphrey, J. and Sturgeon, T. "The Governance of Global Valve Chains", *Review of International Political Economy*, 12 (1), 2005: 78 – 104.

[160] Giinther Zapfel, and Michael Bogl . Multi-period Vehicle Routing and Crew Scheduling with Outsourcing Options. *International Journal of Production Economics Volume* 113, Issue 2, June 2008, Pages 980 – 996.

[161] Gill A. M. Enhancing Social Interaction in New Resource Towns: Planning Perspective. *Journal of Economic and Geography*, 1990, 81 (5): 125.

[162] Gilley, M. and Rasheed, A. (2000) Making More by doing Less: an Analysis of Outsourcing and its Effects on Firm Performance, *Journal of Management*.

[163] Gordon L, McCann P. Industrial Clusters: Complexes, Agglomeration and/or Social Networks? *Urban Studies*, 2000, 37 (3): 513 – 532.

[164] Grant, R. The resource-based theory of competitive advantage: Im-

plication for strategy formulation . California Management Review, 1991, 33 (3): 114 – 135.

[165] Grossman, G. and Helpman, E. Outsourcing in a Global Economy, *NBER Working paper No. January* 2002: 82 – 78.

[166] Grossman Gene M, Helpman Elhanan. Integration vs. Outsourcing in Industry Equilibriumv. *Journal of the European Economic Association.* 2003 (2): 317 – 327.

[167] Grossman G. M. Helpman E. Integration Versus Outsourcing in Industry Equilibium. *The Quarterly Journal of Economy*, 2002, 117 (1): 85 – 120.

[168] Hsien Che Lai, Joseph A. Shyu. A comparison of innovation capacity at science parks across the Taiwan Strait: the cast of Zhangjiang High – Tech Park and Hinchey Science based Industrial Park. *Technovation*, 2005, (25): 805 – 813.

[169] Jacob Funk Kirkegaard, *Offshoring, Outsourcing, and Production Relocation – Labor – Market Effects in the DECD Countries and Developing Asia*, 2007: 56 – 60.

[170] Jansen, Marion and H. Nordas. 2004. "Institutions, Trade Policy and Trade Flows", Economic Research and Statistics Division, *To Staff Working Paper ERSD*: 2004 – 2.

[171] Jing Yua, Zhongjun, Zhangb, Yifan, Zhoub. The Sustainability of China's Major Mining Cities. *Resources Policy*, 2008, (33): 12 – 22.

[172] Justin Longnecker. Carlos Moore. William Petty: *Small Business Management*, Puhlished by South – Western College, 2002: 32 – 50.

[173] Karpak K, Kasuganti R. An Application of Visual Interactive Goal Programming: a Case in Supplier Selection Decisions. *Journal of Multi-criterion Decision Making*, 1999 (8): 93 – 105.

[174] Knout, B. Designing Global Strategies: Comparative and Competitive Value-added Chains. *Sloan Management Review*, 1985, 26 (4): 15 – 28.

[175] Kristine L. Kelly. A Systems Approach to Identifying Decisive Information for Sustainable Development, *European Journal of Operational Research*, 1998, 109 (1): 452 – 464.

[176] Krunrnan P. Increasing Returns and Economic Contrary. *Journal of*

Political Economy, 1999: 183 – 199.

[177] Loh Lawrence & Venkatraman. Determinants of Information Technology Outsourcing: A Cross-sectional Analysis . *Journal of Management Information Systems*, 1992 (9): 7 – 24.

[178] Luthje Boy. Electronics Contract Manufacturing: Global Production and the International Division of Labor in the Age of Internet. *Industry and Innovation*, 2002, Vol (13): 65 – 69.

[179] Lynn Mytelka, Fulvia Farinelli. Local Clusters, Innovation Systems and Sustained Competitiveness. *Discussion Papers from United Nations University*, *Institute For New Technologies*, the Netherlands, 2000: 69 – 89.

[180] Maggie C. Y. *An Application of the AHP in Vendor Selection of a Telecommunications System.* Omega, 2001 (29): 171 – 182.

[181] Marsh. B. Continuity and Decline in the Anthracite Towns of Pennsylvania. *Annals of the Association of American Geographers*, 1987, 77 (3): 337 – 352.

[182] Mary C. Lacity, Leslie P. Willcocks. *Global Outsourcing of Back Office Services: Lessons, Trends, and Enduring Challenges.* Emerald Group Publishing Limited, 2008: 15 – 18.

[183] Mcivor. Practical Framework for Understanding the Outsourcing Process. *Supply China Management*, 2000 (5): 22 – 36.

[184] M Lacity, R HirschheiL Willcocks. Realizing Outsourcing Expectations Incredible Expectations, Credible Outcomes. *Information Systems Management*, 1994 (11): 7 – 18.

[185] Pang, M. The Resource-based View and International Business. *Journal of Management*, 2001 (6): 803 – 829.

[186] Qiu Larry, D. Spencer, Barbara J. Keiretsu and Relationship-specific Investment Implications for Market-opening Trade Policy *Journal of International Economics*, 2002, 58 (1): 49 – 79.

[187] Ramy Elitzur, Anthony Wensley. *Game Theory as a Tool for Understanding Information Services Outsourcing.* http://www. palgrave ~ journals com/ cgi ~ taf/Dyanpage. Taf? File =/jit/ journal/ v12/ n1/full/ a9900226a. html & filetype = pdf, 1997.

[188] Ronald Cease. *The Nature of the Firm. Economical*, 1937 (4):

386 – 405.

［189］Sankappanavar, Geeta. Financial Services Outsourcing: Not If, But When. *Bank Technology News*; 2012（7）, Vol. 20 Issue 7, 33 – 38.

［190］Stefan Gilju, Arno Behrens, Friedrich Hinterberger, Christian Lutz, Bernd Meyer. Modeling Scenarios Towards A Sustainable Use of Natural Resources in Europe. *Environmental Science & Policy* 2008, 11（3）: 204 – 216.

［191］Stevens Brandt, Adam Rose. An Economic Analysis of Flexible Permit Trading in the Kyoto Protocol . International Environmental Agreements: Politics, *Law and Economics*, 2001（1）: 219 – 242.

［192］The Costs and Benefits of Ownership: A Theory of Vertical and Lateral Integration. *Journal of Political Economy*, 1986, 94（4）: 691 – 719.

［193］Thomas Kern, Jeroen Willcoks. Exploring Asp as Sourcing Strategy: Theoretical Perspective, Propositions for Practice. *Journal of Strategic Information System*, 2002（11）: 153 – 175.

［194］Towards An Alternative Theory of Resource-based Town Development in Canada. *Economic Geography*, 1987.

［195］United Nations Industrial Development Organization. *Competing through Innovation and Learning the Focus of UNIDO's Industrial Development* 2002/2003［R］. Vienna, 2002: 107 – 116.

［196］Veiling. Research Approach to Support the Industrial Transformation Science Plan. *IHDP Report*, 1999（19）: 49.

［197］Venkatesan R. Strategic Sourcing to Make or not to Make. *Harvard Business Review*, 1992, 70（6）: 97 – 118.

［198］Vining A. , Globerman S. A Conceptual Framewoek for Understanding the Outsourcing Decision. *European Management Journa*l, 1999, 17（6）: 645 – 654.

［199］Warren R L. *The Community in America. Chicago*: RandMcnally College Publishing 1963, 133 – 142.

［200］Weber C. Current J. R, Desai. Non-cooperative Negotiation Strategies for Vendor Selection. *European Journal of Operational Research*, 1998（108）: 208.

［201］Wendell Jones. Offshore Outsourcing: Trends, Pitfalls, and Practices [R]. *Executive Report*, Vol. 4. No. 4, from www. Cutter. com. 2003.

[202] Williamson. Transactioncost Economics: the Governance of Contractual Relations. *Journal of Law and Economics*, 1975 (22): 230 –256.

[203] Wullenweber. K. Jahner, S. , Krcmar, H .. Relational risk mitigation: the relationship approach to mitigating risks in business process outsourcing 2008 41st Annual Hawaii International Conference on System Sciences, 7 – 10 Jan. 2008 . Waikoloa, HI, USA.

[204] Wullenweber, K. Weitzel. T. *An Empirical Exploration of How Process Standardization Reduces Outsourcing Risks Proceedings of the 40th Annual Hawaii International Conference on System Sciences*. 2007.

[205] Young A. , Increasing Returns in Economic Progress, *Economic Journal*, 1928, Vol. 38 (4): 527 –542.

附录

国际服务外包产业发展"十三五"规划

商务部、发展改革委、教育部、科技部、工业和信息化部
商服贸发〔2017〕170 号　2017 年 4 月 28 日

一、发展现状与发展趋势

"十二五"期间，面对错综复杂的国际环境和艰巨繁重的国内改革发展稳定任务，各地区各部门在党中央、国务院的坚强领导下，抓住全球服务外包较快发展的机遇，顽强拼搏，开拓创新，推动我国服务外包产业快速发展，承接离岸服务外包规模稳居世界第二位，对稳增长、调结构、促就业的作用不断增强。

（一）发展基础

总量快速增长。2011～2015 年，我国服务外包合同金额从 447 亿美元增至 1309 亿美元，年均增长 31%；执行金额从 324 亿美元增至 967 亿美元，年均增长 31%；离岸执行金额从 238 亿美元增至 646 亿美元，年均增长 28%。离岸服务外包占服务出口总额的比重从 13% 提升到 23%，成为促进外贸发展的新动力。

结构不断优化。大数据、物联网、移动互联、云计算等技术的创新和应用，推动我国服务外包产业向价值链高端延伸，业务结构不断优化，以知识和研发为主要特征的知识流程外包比重稳步提升，信息技术外包、业务流程外包、知识流程外包协调发展的局面初步形成。2011～2015 年，我国信息技术外包、业务流程外包、知识流程外包的离岸执行金额比例从 58∶16∶26 发展到 49∶14∶37。

国际市场稳步拓展。离岸服务外包的发包市场更加多元化，逐渐拓展至东南亚、大洋洲、中东、拉美和非洲等近 200 个国家。2011～2015 年，我国承接美欧港日的服务外包执行金额由 166 亿美元增长到 398 亿美元，

占比由 70% 降至 62% ；承接"一带一路"相关国家服务外包执行金额由 43 亿美元增长到 122 亿美元，占比由 17% 增至 19% 。

市场主体逐步壮大。2011~2015 年，全国累计新增服务外包企业 1.7 万家。其中，2015 年全年服务外包执行金额超过 1 亿美元的企业有 126 家，离岸执行金额超 1 亿美元的企业有 86 家。9 家企业入选 2014 年全球服务外包 100 强。

产业集聚初步显现。服务外包示范城市建设加快，主要发展指标增幅均超过全国平均水平，产业集聚、发展引领作用增强。2015 年，服务外包示范城市承接离岸服务外包合同金额达 765 亿美元，执行金额达 561 亿美元，在全国的占比分别为 88% 和 87% 。

大学生就业增多。2011~2015 年，我国服务外包吸纳大学生就业从 223 万人增至 472 万人，平均每年新增大学生就业 62 万人，全行业大学生从业人员占比高达 64% 。

同时，我国服务外包产业国际竞争力不强、高端服务供给能力不足、价值链地位不高、区域发展不均衡、体制机制创新不够等问题依然比较突出，转型升级的任务艰巨紧迫。

（二）发展趋势

"十三五"期间，我国服务外包产业总体上仍将面临好的发展机遇。从国际看，和平与发展的时代主题没有变，世界多极化、经济全球化、文化多样化、社会信息化深入发展，新一轮科技革命和产业变革蓄势待发。在新一代信息技术带动下，服务外包作为企业整合利用全球资源的重要方式，正在成为推动产业链全球布局的新动力。但国际金融危机冲击和深层次影响在相当长时期依然存在，世界经济在深度调整中曲折复苏，增长乏力，全球贸易持续低迷，贸易保护主义抬头，外部环境不稳定不确定因素明显增多。从国内看，经济发展进入新常态，向形态更高级、分工更优化、结构更合理阶段演化的趋势更加明显。供给侧结构性改革继续深入推进，将加快推动各类资源要素向现代服务业聚集，为服务外包产业发展营造更加有利的环境。但我国经济发展方式粗放，传统比较优势减弱，创新能力不强等问题依然突出。同时，服务外包产业本身也出现了新的趋势和特点。

一是发展空间更加广阔。世界经济进入服务经济时代，服务业跨国转移成为经济全球化新特征，服务外包日渐成为各国参与全球产业分工、调整经济结构的重要途径。据国际权威机构预测,到 2020 年全球服务外包市场规模有望达到 1.65 万亿美元至 1.8 万亿美元,其中离岸服务外包规模约为 4500 亿美元。"中国制造 2025""互联网+"将释放服务外包新需求,国内在岸市场规模将进一步扩大,为服务外包产业离岸在岸协调发展提供了有力支撑。

二是跨界融合日益明显。信息技术发展成为服务外包产业的技术基础,数字交付成为服务外包交付的重要方式。信息技术外包(ITO)已由软件编码和测试等拓展到软件平台开发和数据中心运维服务。业务流程外包(BPO)和知识流程外包(KPO)也正在为更多的行业提供专业服务,ITO、BPO 和 KPO 的边界不断被打破,逐步互相融合,服务外包向技术更智能、领域更广泛、价值链更高端的趋势发展。

三是创新成为核心驱动力。大数据、物联网、移动互联、云计算等信息技术的应用,既创造着广泛的服务需求,又带来技术模式和交付模式的新变革。传统的以人力资源为关键要素的人工服务时代逐步进入智能服务时代,服务效率不断提升。发包企业主要关注点从降低成本向获取专业服务拓展,对接包企业信息技术和专业服务能力的要求越来越高。劳动密集型的外包将平稳增长,高技术、高附加值的综合性服务外包将快速增长。

四是市场竞争日趋激烈。美欧日等发达经济体服务发包规模仍将继续增长。为争取更多市场份额,并抢占全球价值链高端环节,全球 70 多个国家(地区)均将承接国际服务外包确立为战略重点,并不断加大对企业能力建设的政策支持力度。印度、爱尔兰等国仍将努力维持服务外包竞争优势地位,马来西亚、墨西哥、越南、菲律宾等国的承接能力正快速提升。

综合判断,虽然我国服务外包产业面临的国际市场环境严峻复杂,但发展基础和条件依然坚实,空间广阔,仍将处于大有作为的重要战略机遇期。

二、指导思想和发展目标

"十三五"时期是我国全面提升服务外包产业竞争力的关键阶段。要增强机遇意识、忧患意识、责任意识,强化底线思维,积极适应和引领经济发展新常态,推进创新发展、协调发展、绿色发展、开放发展、共享发展;统筹谋划,完善政策体系,扩大规模,提质增效,开创服务外包产业发展新局面，全面提升我国服务外包产业竞争力。

（一）指导思想

全面贯彻党的十八大和十八届三中、四中、五中、六中全会精神，以马克思列宁主义、毛泽东思想、邓小平理论、"三个代表"重要思想、科学发展观为指导，深入贯彻习近平总书记系列重要讲话精神，牢固树立和贯彻落实新发展理念，以推进服务外包供给侧结构性改革为主线，以服务外包标准化、数字化、智能化、融合化为主攻方向，不断完善服务外包体制机制，继续扩大服务外包规模，加快推进服务外包向价值链高端延伸，推动结构优化调整，促进离岸业务和在岸业务协调发展，充分发挥服务外包在现代服务业中的引领和驱动作用，为建设贸易强国作出更大贡献。

（二）发展目标

到 2020 年，我国企业承接离岸服务外包合同执行金额超过 1000 亿美元，年均增长 10% 以上。产业结构更加优化，数字化、智能化的高技术含量、高附加值服务外包比重明显提升。提高服务外包标准化程度，打造一批众创平台，培育一批具有国际先进水平的骨干企业和知名品牌。以服务外包示范城市为中心，扶持一批主导产业突出、创新能力强、体制机制完善的重点园区，形成区域特色鲜明、功能完善、差异发展的服务外包产业新布局。结合"一带一路"战略，培育服务发包市场，推广和传播中国的技术和标准。鼓励政府和企业发包，壮大在岸外包市场，促进离岸和在岸业务协调发展。

三、重点任务

（一）推进创新驱动

营造创新环境，加快推动技术创新、模式创新、业态创新和制度创新，形成包容性强的创新氛围。激发全社会的创新活力和潜力，建立以市场为导向、企业为主体、产学研相结合的技术创新环境。加强创新平台建设，推进服务外包孵化平台、孵化基地建设。适应服务外包的社会化和专业化发展要求，支持地方搭建众创平台，鼓励企业突出核心业务、优化生产流程、创新组织结构、提高质量和效率，促进服务外包的专业化与多元化、线上与线下相结合,推进服务外包与相关产业融合发展。拓展发展新空间,鼓励有条件的地区利用云计算、大数据等现代信息技术,通过众包众筹模式开展创业创新,提供培训、投资、咨询、孵化转化等创业一体化服务。鼓励企业增强集成创新能力,形成单项外包与综合外包的集成创新优势,努力实现重点领域的整体突破。支持企业延伸拓展产业链条,开拓更多的外包领域,形成技术引领、跨界融合、创新驱动的服务外包发展新格局。

(二)优化产业结构

积极推进服务外包产业供给侧结构性改革,有序扩大服务外包产业规模,突出优势领域、关键领域和新兴领域,提升劳动密集型服务外包业务竞争力,着力发展高技术、高附加值的综合性服务外包,向产业价值链高端延伸。在继续大力发展信息技术外包、业务流程外包、知识流程外包的基础上,鼓励不同领域融合发展,提升信息化智能化水平。以产业转型升级和市场需求为导向,不断巩固云计算服务、软件研发及开发服务、集成电路和电子电路设计服务等信息技术外包;着力拓展供应链管理服务、电子商务平台服务等业务流程外包;积极发展大数据分析服务、工业设计服务、工程技术服务、管理咨询服务、医药和生物技术研发服务等知识流程外包;大力推进信息技术解决方案服务、文化创意服务等综合性服务外包。

(三)推进区域协同发展

构建以中国服务外包示范城市为主体,结构合理、各具特色、优势互补的区域发展格局。东部地区要继续巩固原有优势,积极发展高技术、高附加值的综合性服务外包,加快形成服务外包产业核心区,在更高层次参与国际合作的同时,带动人力资源密集型的服务外包有序向西部地区转移。中部和东北地区老工业基地要利用科教资源密集、产业体系完整等优势,通过合理分工、专业化生产引导工业企业加快服务环节外包,提升发展活力、内生动力和整体竞争力。西部地区要加快推进服务外包产业发展,利用区位和人力资源成本优势,进一步改善产业基础设施条件,增强本地区产业承接能力,积极承接东部地区产业转移,扩大服务外包规模。加强各地区接发包企业、园区之间的对接联系,畅通产业转移渠道,开展承接转移促进活动。

（四）优化国际市场布局

以国际市场需求为导向，深入实施"一带一路"战略，积极推进市场多元化，实现全方位、宽领域、多层次的互利合作格局。巩固与发达国家和地区合作，提高软件和信息技术、设计、研发、医疗、互联网等高端业务领域服务外包业务比重。不断开拓新兴市场，积极开展新业务，大力扩展营销网络。深化"一带一路"相关国家合作，推动"装备＋服务""工程＋服务"和中国服务标准的国际化进程，开展工业、能源、软件和信息技术、文化创意、金融、交通物流等领域的跟随服务。支持国内企业向境外中资企业发包，带动中国标准、文化、品牌"走出去"。鼓励服务外包企业参与我国相关境外经贸合作区建设，开展国际服务外包合作，全面提升合作的质量和水平。

（五）培育壮大市场主体

支持企业从事服务外包业务，鼓励服务外包企业专业化、规模化、品牌化发展。推动服务外包企业提升研发创新水平，通过国家科技计划（专项、基金等），引导和支持企业开展集成设计、综合服务解决方案及相关技术项目研发。鼓励服务外包企业加强商业模式和管理模式创新，积极发展承接长期合约形式的服务外包业务。积极壮大市场主体，培育一批影响力大、国际竞争力强的龙头企业，一批规模显著、优势突出的大型企业，一批富有活力、特色鲜明的中小型企业。引导企业通过兼并重组、技术入股、创新同盟等形式，优化资金、技术、人才等资源要素配置，实现优势互补。鼓励企业特别是工业企业打破"大而全""小而全"的一体化生产格局，购买专业服务。

（六）强化复合型人才培养

着眼于突破我国服务外包产业转型升级和创新发展的人才瓶颈，构建完善的服务外包人才发展体系，创新体制机制，为服务外包人才的引进、培养、流动创造良好的氛围与环境，夯实我国服务外包产业加快发展的人才基础。采用引进和培养相结合的方式，大力培养技术能力和垂直领域管理。

经验兼备的中高级复合型人才。支持高校、职业院校以人才需求为导向优化服务外包专业设置，对接服务外包行业标准，修（制）定相关专业教学质量标准，优化课程设置。鼓励高校加强与区域内服务外包骨干企业、产业化基地和地方政府等方面的合作，共建高水平的学生实习实践基地，搭建产学研创协同育人平台，建立产学合作协同育人的长效机制，服务大学生创新创业。支持培训机构开展技术与管理人才继续教育，支持符合条件的服务外包企业通过开展校企合作录用高校毕业生，建立和完善内部培训体系，鼓励企业建设人才实训基地。组建人才培养产学合作联盟。

（七）提高标准化水平

建立健全服务外包标准体系、提高中国服务标准的国际化水平。制定一批具有国际领先水平的标准并应用推广，建立和完善服务外包能力、质量和流程的标准体系。支持行业协会制定相关的发包规范和服务供应商提供服务的技术标准。建设推广信息技术服务标准 ITSS 品牌。积极倡导建立服务外包国际标准体系，参与制定全球数字贸易规则，增强全球标准话语权。

四、保障措施

（一）完善财税政策

加大合规的财政支持力度，优化资金使用方向和支持方式，推动对重大项目、重点园区、重大平台开展专项扶持，加强对企业自主研发、商务模式创新、企业境外并购等的扶持力度，加大对"专、精、特、新"创新型、中小型优势企业的定向支持；引导社会资金加大对承接国际服务外包业务企业的投入，在服务贸易创新发展引导基金中设立支持服务外包发展的子基金。

（二）创新金融服务

拓宽服务外包企业投融资渠道。鼓励金融机构按照风险可控、商业可持续原则，创新符合监管政策、适应服务外包产业特点的金融产品和服务，推动开展应收账款质押、专利及版权等知识产权质押。支持政策性金融机构在有关部门和监管机构的指导下依法合规创新发展，加大对服务外包重点项目建设和企业开拓国际市场、开展境外并购等业务的支持力度。鼓励保险机构创新保险产品，提升保险服务，扩大出口信用保险规模和覆盖面，提高承保和理赔效率。引导融资担保机构加强对服务外包中小企业的融资担保服务。支持符合条件的服务外包企业进入中小企业板、创业板、中小企业股份转让系统融资。支持符合条件的服务外包企业通过发行企业债券、公司债券、非金融企业债务融资工具等方式扩大融资，实现融资渠道多元化。

（三）提升便利化水平

研究国际服务外包业务进口货物保税监管模式扩大实施范围，推动实施离岸服务外包全程保税监管措施。创新服务外包检验检疫监管模式，实施分类管理，提供通关便利。引导企业在开展国际服务外包业务时使用人民币进行计价结算，有效管理汇率风险。为从事国际服务外包业务的外籍中高端管理和技术人员提供出入境和居留便利。简化外资经营离岸呼叫中心业务试点审批程序。

（四）发挥示范城市作用

充分发挥服务外包示范城市带动引领作用，开展体制机制创新，形成制度创新和政策创新的高地。示范城市要加快建设法治化、国际化、便利化的营商环境，加快实现服务外包发展由"要素驱动"向"创新驱动"的转变，加快实现国际合作向更高层次、更广范围、更宽领域的转变。做好示范城市建设的阶段性总结、经验复制和政策推广。出台示范城市动态调整办法，建立良性竞争、激发活力的产业发展促进机制。

（五）提高公共服务能力

建设法治化国际化营商环境，营造有利于服务外包产业发展的氛围。加大服务外包领域版权、专利、商标等知识产权的执法监管力度。建立服务外包企业信用记录和信用评价体系。鼓励市场主体、研究机构、行业协会、非营利性社会组织、第三方服务平台等建立行业自律体系。加强中国服务外包研究中心等智库建设。加强服务外包统计监测工作，优化统计指标体系，完善统计口径、统计标准和统计方法，提高统计数据的及时性和准确性。完善在岸业务统计，做到应统尽统。加强服务外包管理信息系统与其他部门相关统计系统的衔接。

（六）强化组织实施

将促进服务外包产业发展列入国务院服务贸易发展部际联席会议重要

议题，着力破除制约产业发展的体制机制性障碍，协调解决工作推进中遇到的重大问题。国家有关部门要相互配合、统筹推进，加强本规划和政策措施的衔接协调，形成促进服务外包产业加快发展的政策合力。各地区要根据本地实际，精心谋划，周密部署，研究制定本地区服务外包产业发展规划，明确工作责任，创新性开展工作，切实把规划目标任务落到实处。

　　各地商务主管部门要会同发展改革、教育、科技、工业和信息化等有关部门加强规划的组织实施，扎实推进规划各项任务的落实。制订年度工作计划要与本规划保持衔接和协调。建立健全规划实施监测评估机制，实行年度监督、中期评估和终期评估制度。在本规划执行期间，统筹评估结果和国内外形势变化，在深入调研的基础上，及时调整本规划的预期目标。

国际服务外包产业发展
"十三五"重点领域

一、云 计 算 服 务

按照国家关于促进云计算创新发展的总体要求，开展大型云计算服务平台底层架构开发，推动云计算基础设施的优化布局。提升公有云的资源整合和协同管理能力、专有云的整体解决方案和定制化服务能力，发展安全云服务，推进国际区域性云计算服务标准构建和平台合作建设。发展软件即服务、平台即服务和基础设施即服务等新业态，大力发展面向海外市场的企业经营管理、研发设计、市场推广等在线应用服务，积极培育以在线应用服务为主要业务的云计算服务商。

二、软 件 研 发 及 开 发 服 务

结合新一代信息技术，发展定制软件研发、嵌入式软件研发和系统软件研发等业态，重点是面向制造业、电力、软件和信息技术服务业、金融业、交通运输业、教育、文化、体育和娱乐业等行业的软件研发及开发服务。加快系统软件及基础软件的开发能力提升，面向国际市场发展高端软件研发业务，对接工业升级需求，发展嵌入式软件研发服务，不断创新服务模式。

三、集 成 电 路 和 电 子 电 路 设 计 服 务

紧密结合《中国制造 2025》战略和《国家集成电路产业发展推进纲要》，发展集成电路产品设计及相关技术支持服务和电子电路产品及相关技术支持服务业态，重点是面向制造业与软件和信息技术服务业等行业的

集成电路和电子电路设计服务。加快支撑两化融合的集成电路设计发展。着力突破芯片设计、布局布线工艺等关键核心技术,加快自动化设计工具的开发创新,强化协同创新服务能力,在低能耗、安全性、整体解决方案等方面培育领先优势。加速发展移动终端和智能终端的集成电路设计服务,推动集成电路和电子电路设计服务在智慧城市、智慧金融、智慧制造等方面的应用发展。

四、供应链管理服务

以大数据、物联网、移动互联、云计算等新兴技术的融合应用为核心,推动供应链管理服务向综合设计协调、物流采购解决方案设计等高端业务方向发展,重点是面向制造业、批发和零售业、交通业等行业的供应链管理服务。围绕工业产品的进出口和跨境电子商务,提升跨境综合协调服务能力和国际服务交付水平。引导企业打造智能化管理平台,稳步开展供应链金融业务,创新智慧供应链应用。

五、电子商务平台服务

加快促进工业从生产型制造向服务型制造转变以及传统商贸流通业的转型升级,发展电子商务平台开发运维业态,重点是面向农业、制造业、批发和零售业、租赁和商务服务业、居民生活服务业等行业电子商务平台服务。积极发展线上线下标准化、移动电子商务平台服务等,围绕跨境电子商务的有序推进,发展大型综合化、特色专业化国际电子商务平台服务。

六、大数据分析服务

加快基于大数据技术的研发及关键领域技术攻关,加强大数据技术、人机智能交互技术、社会化媒体技术、物联网技术等的综合研发和集成应用服务,形成一批具有国际先进水平的数据分析技术。发展数据分析和数据挖掘业态,重点围绕面向金融业、农业、制造业、批发和零售业、能源、交通运输业等行业的数据分析服务,积极扩展国际市场业务。

七、工业设计服务

立足提升"中国制造"价值水平，发展外观设计、结构设计、工艺流程设计、系统设计、服务设计等业态，重点围绕面向制造业、交通运输业、建筑业等行业大型工业装备产品的工业设计服务，发展高端制造产品的工业设计服务，促进工业设计服务与工业产品融合发展，向高端综合设计服务转变。加快先进工业设计工具和智能设计技术的开发，承接国际先进制造业企业的工业设计业务，打造"中国设计"的特色品牌。

八、工程技术服务

着力提升工程项目设计方案的水平，发展工程咨询和规划设计业态，重点围绕面向建筑业、房地产业、交通运输业、电力、热力等行业的服务，不断提高工程技术创新能力，扩大市场范围和业务规模。加快推进技术革新与工程设计服务的融合发展，提高全链条、一站式技术服务能力。积极发展"一带一路"沿线国家和地区的工程项目跟随服务。

九、管理咨询服务

运用现代化的手段和科学方法，以提升企业管理能力为目标，发展战略咨询服务、业务咨询服务和综合服务解决方案业态，重点是面向制造业、公共管理、软件和信息技术服务业等行业的管理咨询服务。着力发展具有较高知识含量和技术含量的管理咨询综合解决方案服务，培养一批具有影响力的服务外包管理咨询企业，逐步开拓国际市场。

十、医药和生物技术研发服务

着力提升新药研发全程服务水平和创新能力，完善医药研发服务链，提升符合国际规范的综合性、多样化的医药研发水平。优化医药和生物技术研发服务结构，发展药物产品开发、临床前试验及临床试验、国际认证及产品上市辅导服务等业态，重点是面向科学研究和技术服务业、卫生和社会工作等行业的医药和生物技术研发服务。

十一、信息技术解决方案服务

紧密契合"互联网+"行动计划，整合信息技术外包企业的基础资源和技术能力，发展信息化和智能化综合解决方案业态，重点是面向软件和信息技术服务业、制造业、金融业、节能环保、批发和零售业、公共管理、社会保障和社会组织等行业的信息技术综合解决方案服务。

十二、文化创意服务

着力提升中华文化软实力，发展文化软件服务、建筑设计服务、广告设计服务和专业设计服务等业态，加强国际文化产业链布局。鼓励依托信息技术平台众包模式的探索和应用，加快培育专业化的文化创意服务市场，重点发展面向制造业、影视动漫、体育和娱乐业、批发和零售业等行业的文化创意，提升中华文化软实力。

发展服务外包项目的影响因素调查问卷

尊敬的专家，您好：

经济转型是关系我国国民经济的重大问题，解决问题的关键在于产业如何转变发展方式，企业如何实现自然资源日益枯竭背景下的可持续发展。本课题受国家社会科学基金资助，对影响企业发展服务外包项目的因素展开调查，从而构建企业服务外包项目成熟度评价指标体系。我们的调查对象包括熟知服务外包业务的科研院所、咨询机构、政府部门、行业协会、服务外包企业等领域的专家。您的宝贵意见对我们的研究非常重要，我们将与您一起分享研究成果。感谢您的支持与合作！

通信地址：

邮政编码：

联系人：　　　　　　　　　电子邮箱：

电话号码：

1. 您所在单位的名称：＿＿＿＿＿＿

2. 您所在单位的类型：□科研院所　□咨询机构　□政府部门

　　　　　　　　　　　□行业协会　□国内接包企业　□其他

3. 您所在单位的职位/职务：□高层/高级　□中层/中级　□一般职员

请在表格相应栏目中选择一个数字，并在对应的位置上打钩，这些数字表示含义如下：

9：两指标相比，前个一指标比后一个指标极端重要；

7：两指标相比，前一个指标比后一个指标非常重要；

5：两指标相比，前一个指标比后一个指标明显重要；

3：两指标相比，前一个指标比后一个指标稍微重要；

1：两指标相比，同样重要；

1/3 两指标相比，前一个指标比后一个指标稍微不重要；

1/5 两指标相比，前一个指标比后一个指标明显不重要；

1/7 两指标相比，前一个指标比后一个指标非常不重要；

1/9 两指标相比，前一个指标比后一个指标极端不重要。

例如：A，B 表示影响资源型企业发展服务外包项目的两个指标。若 A/B＝9，则表示与 B 相比，A 对资源型企业服务外包项目的影响极端重要；A/B＝7，表示与 B 相比，A 对资源型企业服务外包项目的影响非常重要；以此类推。

一、运行环境成熟度

1. 政策法规：国家和地方政府服务外包产业的相关政策法规
2. 产业规模：服务外包企业在当地的发展水平与数量
3. 市场需求：国内外市场对特定服务外包业务的需求量

表 1

指标	9	7	5	3	1	1/3	1/5	1/7	1/9
政策法规/产业规模									
政策法规/市场需求									
产业规模/市场需求									

（一）政策法规

1. 鼓励扶持政策：地方政府对服务外包的鼓励、支持政策的力度
2. 配套资金：地方配套资金的比例，已经到位的情况
3. 知识产权保护：当地知识产权的保护状况

表 2

指标	9	7	5	3	1	1/3	1/5	1/7	1/9
鼓励扶持政策/配套资金									
鼓励扶持政策/知识产权保护									
配套资金/知识产权保护									

（二）产业规模

1. 企业集聚度：经营同类服务外包业务的企业数量和集聚程度

2. 专业化园区：当地政府认定的专业服务外包园区发展水平
3. 教育与培训：当地服务外包教育与培训机构的发展情况

表3

指标	9	7	5	3	1	1/3	1/5	1/7	1/9
企业集聚度/专业化园区									
企业集聚度/教育与培训									
专业化园区/教育与培训									

（三）市场需求

1. 业务量：当年企业承接服务外包业务的合同执行金额
2. 业务增长空间：企业从事该业务的增长趋势预测

表4

指标	9	7	5	3	1	1/3	1/5	1/7	1/9
业务量/业务增长空间									

二、经营管理成熟度

1. 企业经验：企业行业领域专长与客户资源
2. 沟通能力：项目接包过程中的客户关系处理能力
3. 人力资源：企业可用的服务外包业务人才

表5

指标	9	7	5	3	1	1/3	1/5	1/7	1/9
企业经验/沟通能力									
企业经验/人力资源									
沟通能力/人力资源									

（一）企业经验

1. 品牌知名度：企业品牌的知名度和美誉度
2. 国际化战略：以全球化经营为目标配置企业资源
3. 领域专长：主营业务的核心竞争力和市场份额

表6

指标	9	7	5	3	1	1/3	1/5	1/7	1/9
品牌知名度/国际化战略									
品牌知名度/领域专长									
国际化战略/领域专长									

（二）沟通能力

1. 文化适应性：接包企业对发包国文化的适应能力
2. 业务处理能力：企业业务谈判与争议处理能力

表7

指标	9	7	5	3	1	1/3	1/5	1/7	1/9
文化适应性/业务处理能力									

（三）人力资源

1. 技术人员的可得性：技术人员的可得性与稳定性
2. 外语人员的可得性：外语人才招聘的便利性

表8

指标	9	7	5	3	1	1/3	1/5	1/7	1/9
技术人员的可得性/ 外语人员的可得性									

三、服务产品成熟度

1. 业务流程：服务流程清晰，具有完整的运营模式
2. 技术应用：业务流程中 IT 技术和高新技术应用
3. 生产管理：服务流程生产质量管理和成本控制
4. 风险控制：服务项目开发、运营、交付风险防范

表 9

指标	9	7	5	3	1	1/3	1/5	1/7	1/9
业务流程/技术应用									
业务流程/生产管理									
业务流程/风险控制									
技术应用/生产管理									
技术应用/风险控制									
生产管理/风险控制									

（一）业务流程

1. 规范与规划：工作制度覆盖业务全流程，业务规划完整
2. 流程清晰度：业务环节清晰完整，信息化程度高
3. 业务协同度：服务项目开发与企业资源整合程度

表 10

指标	9	7	5	3	1	1/3	1/5	1/7	1/9
规范与规划/流程清晰度									
规范与规划/业务协同度									
流程清晰度/业务协同度									

（二）技术应用

1. 信息化：业务操作流程的数字化与信息的采集度

2. 高新技术使用：高新技术与 IT 技术应用
3. 技术创新：企业技术创新能力与创新系统建设

表 11

指标	9	7	5	3	1	1/3	1/5	1/7	1/9
信息化/高新技术使用									
信息化/技术创新									
高新技术使用/技术创新									

（三）生产管理

1. 国际标准化认证：产品的质量管理和质量认证
2. 质量控制：服务产品的质量管理与控制
3. 成本控制：企业服务产品的成本控制能力

表 12

指标	9	7	5	3	1	1/3	1/5	1/7	1/9
国际标准化认证/质量控制									
国际标准化认证/成本控制									
质量控制/成本控制									

（四）风险控制

1. 信息风险控制：保密数据的传输、保管、共享与处理
2. 经营风险控制：经营风险防范与控制
3. 财务风险控制：财务风险防范与控制

表 13

指标	9	7	5	3	1	1/3	1/5	1/7	1/9
信息风险控制/经营风险控制									
信息风险控制/财务风险控制									
经营风险控制/财务风险控制									

四、一级指标比较

1. 运行环境成熟度：企业承接服务项目的外部环境
2. 经营管理成熟度：企业运营项目的经营管理能力
3. 服务产品成熟度：服务产品进行市场运营的水平

表 14

指标	9	7	5	3	1	1/3	1/5	1/7	1/9
运行环境成熟度/经营管理成熟度									
运行环境成熟度/服务产品成熟度									
经营管理成熟度/服务产品成熟度									

问卷调查结果分析

表1　　　　　　　　　　　　C₂ 层的判断矩阵（D₄/D₅/D₆）

编号	判断矩阵	λ_{max}	CI	正规化 W	一致性比率 CR
1	$\begin{bmatrix} 1 & \frac{1}{5} & \frac{1}{7} \\ 5 & 1 & \frac{1}{3} \\ 7 & 3 & 1 \end{bmatrix}$	3.0655	0.033	（0.074，0.283，0.643）	0.056
2	$\begin{bmatrix} 1 & \frac{1}{5} & \frac{1}{3} \\ 5 & 1 & 3 \\ 3 & \frac{1}{3} & 1 \end{bmatrix}$	3.0387	0.019	（0.106，0.633，0.261）	0.033
3	$\begin{bmatrix} 1 & 7 & 5 \\ \frac{1}{7} & 1 & \frac{1}{5} \\ \frac{1}{5} & 5 & 1 \end{bmatrix}$	3.189	0.094	（0.697，0.072，0.232）	0.163
4	$\begin{bmatrix} 1 & 1 & \frac{1}{3} \\ 1 & 1 & \frac{1}{3} \\ 3 & 3 & 1 \end{bmatrix}$	3	0.000	（0.2，0.2，0.6）	0.000
5	$\begin{bmatrix} 1 & 5 & 7 \\ \frac{1}{5} & 1 & 3 \\ \frac{1}{7} & \frac{1}{3} & 1 \end{bmatrix}$	3.0658	0.033	（0.724，0.193，0.083）	0.057

编号	判断矩阵	$\lambda_{\max}$	CI	正规化 W	一致性比率 CR
6	$\begin{bmatrix} 1 & 7 & \frac{1}{3} \\ \frac{1}{7} & 1 & \frac{1}{5} \\ 3 & 5 & 1 \end{bmatrix}$	3.239	0.120	(0.3324, 0.081, 0.587)	<u>0.206</u>
7	$\begin{bmatrix} 1 & 7 & \frac{1}{5} \\ \frac{1}{7} & 1 & \frac{1}{7} \\ 5 & 7 & 1 \end{bmatrix}$	3.3087	0.154	(0.260, 0.065, 0.675)	<u>0.266</u>
8	$\begin{bmatrix} 1 & 5 & \frac{1}{5} \\ \frac{1}{5} & 1 & \frac{1}{7} \\ 5 & 7 & 1 \end{bmatrix}$	3.189	0.094	(0.232, 0.072, 0.697)	<u>0.163</u>
9	$\begin{bmatrix} 1 & 5 & 3 \\ \frac{1}{5} & 1 & \frac{1}{3} \\ \frac{1}{3} & 3 & 1 \end{bmatrix}$	3.0387	0.019	(0.633, 0.106, 0.261)	0.033
10	$\begin{bmatrix} 1 & \frac{1}{5} & \frac{1}{3} \\ 5 & 1 & 3 \\ 3 & \frac{1}{3} & 1 \end{bmatrix}$	3.0387	0.019	(0.106, 0.633, 0.261)	0.033

表 2　　　　　　　　　　C_3 层的判断矩阵（D_7/D_8）

编号	判断矩阵	$\lambda_{\max}$	CI	正规化 W
1	$\begin{bmatrix} 1 & 3 \\ \frac{1}{3} & 1 \end{bmatrix}$	2	0	(0.75, 0.25)
2	$\begin{bmatrix} 1 & \frac{1}{3} \\ 3 & 1 \end{bmatrix}$	2	0	(0.25, 0.75)

续表

编号	判断矩阵	λ_{max}	CI	正规化 W
3	$\begin{bmatrix} 1 & 3 \\ \frac{1}{3} & 1 \end{bmatrix}$	2	0	(0.75, 0.25)
4	$\begin{bmatrix} 1 & 1 \\ 1 & 1 \end{bmatrix}$	2	0	(0.5, 0.5)
5	$\begin{bmatrix} 1 & 5 \\ \frac{1}{5} & 1 \end{bmatrix}$	2	0	(0.833, 0.167)
6	$\begin{bmatrix} 1 & \frac{1}{3} \\ 3 & 1 \end{bmatrix}$	2	0	(0.25, 0.75)
7	$\begin{bmatrix} 1 & \frac{1}{3} \\ 3 & 1 \end{bmatrix}$	2	0	(0.25, 0.75)
8	$\begin{bmatrix} 1 & 3 \\ \frac{1}{3} & 1 \end{bmatrix}$	2	0	(0.75, 0.25)
9	$\begin{bmatrix} 1 & 1 \\ 1 & 1 \end{bmatrix}$	2	0	(0.5, 0.5)
10	$\begin{bmatrix} 1 & \frac{1}{3} \\ 3 & 1 \end{bmatrix}$	2	0	(0.25, 0.75)

表3　　　　　　　　　C_5层的判断矩阵（D_{12}/D_{13}）

编号	判断矩阵	λ_{max}	CI	正规化 W
1	$\begin{bmatrix} 1 & 5 \\ \frac{1}{5} & 1 \end{bmatrix}$	2	0	(0.833, 0.167)
2	$\begin{bmatrix} 1 & 7 \\ \frac{1}{7} & 1 \end{bmatrix}$	2	0	(0.875, 0.125)

编号	判断矩阵	λ_{max}	CI	正规化 W
3	$\begin{bmatrix} 1 & \frac{1}{3} \\ 3 & 1 \end{bmatrix}$	2	0	(0.25, 0.75)
4	$\begin{bmatrix} 1 & 1 \\ 1 & 1 \end{bmatrix}$	2	0	(0.5, 0.5)
5	$\begin{bmatrix} 1 & 3 \\ \frac{1}{3} & 1 \end{bmatrix}$	2	0	(0.75, 0.25)
6	$\begin{bmatrix} 1 & 3 \\ \frac{1}{3} & 1 \end{bmatrix}$	2	0	(0.75, 0.25)
7	$\begin{bmatrix} 1 & 1 \\ 1 & 1 \end{bmatrix}$	2	0	(0.5, 0.5)
8	$\begin{bmatrix} 1 & 1 \\ 1 & 1 \end{bmatrix}$	2	0	(0.5, 0.5)
9	$\begin{bmatrix} 1 & 1 \\ 1 & 1 \end{bmatrix}$	2	0	(0.5, 0.5)
10	$\begin{bmatrix} 1 & 1 \\ 1 & 1 \end{bmatrix}$	2	0	(0.5, 0.5)

表 4　　　　　　　　　　C_6 层的判断矩阵（D_{14}/D_{15}）

编号	判断矩阵	λ_{max}	CI	正规化 W
1	$\begin{bmatrix} 1 & 1 \\ 1 & 1 \end{bmatrix}$	2	0	(0.5, 0.5)
2	$\begin{bmatrix} 1 & 3 \\ \frac{1}{3} & 1 \end{bmatrix}$	2	0	(0.75, 0.25)

续表

编号	判断矩阵	λ_{max}	CI	正规化 W
3	$\begin{bmatrix} 1 & 5 \\ \frac{1}{5} & 1 \end{bmatrix}$	2	0	(0833, 0.167)
4	$\begin{bmatrix} 1 & 1 \\ 1 & 1 \end{bmatrix}$	2	0	(0.5, 0.5)
5	$\begin{bmatrix} 1 & 1 \\ 1 & 1 \end{bmatrix}$	2	0	(0.5, 0.5)
6	$\begin{bmatrix} 1 & \frac{1}{3} \\ 3 & 1 \end{bmatrix}$	2	0	(0.25, 0.75)
7	$\begin{bmatrix} 1 & 1 \\ 1 & 1 \end{bmatrix}$	2	0	(0.5, 0.5)
8	$\begin{bmatrix} 1 & 1 \\ 1 & 1 \end{bmatrix}$	2	0	(0.5, 0.5)
9	$\begin{bmatrix} 1 & 1 \\ 1 & 1 \end{bmatrix}$	2	0	(0.5, 0.5)
10	$\begin{bmatrix} 1 & 1 \\ 1 & 1 \end{bmatrix}$	2	0	(0.5, 0.5)

表5 　　　　　　　C_8 层的判断矩阵（$D_{19}/D_{20}/D_{21}$）

编号	判断矩阵	λ_{max}	CI	正规化 W	一致性比率 CR
1	$\begin{bmatrix} 1 & \frac{1}{5} & 3 \\ 5 & 1 & 5 \\ \frac{1}{3} & \frac{1}{5} & 1 \end{bmatrix}$	3.1389	0.069	(0.211, 0.687, 0.102)	<u>0.120</u>

续表

编号	判断矩阵	λ_{max}	CI	正规化 W	一致性比率 CR
2	$\begin{bmatrix} 1 & 3 & 5 \\ \frac{1}{3} & 1 & 3 \\ \frac{1}{5} & \frac{1}{3} & 1 \end{bmatrix}$	3.0387	0.019	(0.633, 0.261, 0.106)	0.033
3	$\begin{bmatrix} 1 & 3 & 5 \\ \frac{1}{3} & 1 & 3 \\ \frac{1}{5} & \frac{1}{3} & 1 \end{bmatrix}$	3.0387	0.019	(0.633, 0.261, 0.106)	0.033
4	$\begin{bmatrix} 1 & 3 & 5 \\ \frac{1}{3} & 1 & 3 \\ \frac{1}{5} & \frac{1}{3} & 1 \end{bmatrix}$	3.0387	0.019	(0.633, 0.261, 0.106)	0.033
5	$\begin{bmatrix} 1 & 5 & 7 \\ \frac{1}{5} & 1 & 3 \\ \frac{1}{7} & \frac{1}{3} & 1 \end{bmatrix}$	3.0658	0.033	(0.724, 0.193, 0.083)	0.057
6	$\begin{bmatrix} 1 & 5 & 7 \\ \frac{1}{5} & 1 & 3 \\ \frac{1}{7} & \frac{1}{3} & 1 \end{bmatrix}$	3.0658	0.033	(0.724, 0.193, 0.083)	0.057
7	$\begin{bmatrix} 1 & 7 & 7 \\ \frac{1}{7} & 1 & 1 \\ \frac{1}{7} & 1 & 1 \end{bmatrix}$	3	0	(0.778, 0.111, 0.111)	0
8	$\begin{bmatrix} 1 & 7 & 5 \\ \frac{1}{7} & 1 & \frac{1}{5} \\ \frac{1}{5} & 5 & 1 \end{bmatrix}$	3.189	0.094	(0.697, 0.072, 0.232)	0.163

续表

编号	判断矩阵	λ_{max}	CI	正规化 W	一致性比率 CR
9	$\begin{bmatrix} 1 & 3 & 5 \\ \frac{1}{3} & 1 & 3 \\ \frac{1}{5} & \frac{1}{3} & 1 \end{bmatrix}$	3.0387	0.019	(0.633, 0.261, 0.106)	0.033
10	$\begin{bmatrix} 1 & 5 & 7 \\ \frac{1}{5} & 1 & 3 \\ \frac{1}{7} & \frac{1}{3} & 1 \end{bmatrix}$	3.0658	0.033	(0.724, 0.193, 0.083)	0.057

表 6 　　　　　　　　C_9 层的判断矩阵 （$D_{22}/D_{23}/D_{24}$）

编号	判断矩阵	λ_{max}	CI	正规化 W	一致性比率 CR
1	$\begin{bmatrix} 1 & 9 & 7 \\ \frac{1}{9} & 1 & 1 \\ \frac{1}{7} & 1 & 1 \end{bmatrix}$	3.0007	0.004	(0.7978, 0.100, 0.105)	0.006
2	$\begin{bmatrix} 1 & 5 & 7 \\ \frac{1}{5} & 1 & 3 \\ \frac{1}{7} & \frac{1}{3} & 1 \end{bmatrix}$	3.0658	0.033	(0.724, 0.193, 0.083)	0.057
3	$\begin{bmatrix} 1 & 5 & 7 \\ \frac{1}{5} & 1 & 3 \\ \frac{1}{7} & \frac{1}{3} & 1 \end{bmatrix}$	3.0658	0.033	(0.724, 0.193, 0.083)	0.057
4	$\begin{bmatrix} 1 & 7 & 7 \\ \frac{1}{7} & 1 & 3 \\ \frac{1}{7} & \frac{1}{3} & 1 \end{bmatrix}$	3	0	(0.778, 0.111, 0.111)	0

续表

编号	判断矩阵	λ_{max}	CI	正规化 W	一致性比率 CR
5	$\begin{bmatrix} 1 & 5 & 5 \\ \frac{1}{5} & 1 & 1 \\ \frac{1}{5} & 1 & 1 \end{bmatrix}$	3	0	(0.714, 0.143, 0.143)	0
6	$\begin{bmatrix} 1 & 5 & 5 \\ \frac{1}{5} & 1 & 1 \\ \frac{1}{5} & 1 & 1 \end{bmatrix}$	3	0	(0.714, 0.143, 0.143)	0
7	$\begin{bmatrix} 1 & 7 & 7 \\ \frac{1}{7} & 1 & 3 \\ \frac{1}{7} & \frac{1}{3} & 1 \end{bmatrix}$	3	0	(0.778, 0.111, 0.111)	0
8	$\begin{bmatrix} 1 & 5 & 5 \\ \frac{1}{5} & 1 & 1 \\ \frac{1}{5} & 1 & 1 \end{bmatrix}$	3	0	(0.714, 0.143, 0.143)	0
9	$\begin{bmatrix} 1 & 3 & 3 \\ \frac{1}{3} & 1 & 1 \\ \frac{1}{3} & 1 & 1 \end{bmatrix}$	3	0	(0.6, 0.2, 0.2)	0
10	$\begin{bmatrix} 1 & 3 & 3 \\ \frac{1}{3} & 1 & 1 \\ \frac{1}{3} & 1 & 1 \end{bmatrix}$	3	0	(0.6, 0.2, 0.2)	0

表7　　　　　　　　　　　　C_{10} 层的判断矩阵（$D_{25}/D_{26}/D_{27}$）

编号	判断矩阵	λ_{max}	CI	正规化 W	一致性比率 CR
1	$\begin{bmatrix} 1 & 7 & 5 \\ \frac{1}{7} & 1 & \frac{1}{3} \\ \frac{1}{5} & 3 & 1 \end{bmatrix}$	3.0658	0.033	(0.724, 0.084, 0.193)	0.057
2	$\begin{bmatrix} 1 & \frac{1}{3} & \frac{1}{3} \\ 3 & 1 & 1 \\ 3 & 1 & 1 \end{bmatrix}$	3	0	(0.143, 0.429, 0.429)	0
3	$\begin{bmatrix} 1 & \frac{1}{3} & 3 \\ 3 & 1 & 5 \\ \frac{1}{3} & \frac{1}{5} & 1 \end{bmatrix}$	3.0387	0.019	(0.261, 0.633, 0.106)	0.033
4	$\begin{bmatrix} 1 & 5 & 5 \\ \frac{1}{5} & 1 & 1 \\ \frac{1}{5} & 1 & 1 \end{bmatrix}$	3	0.000	(0.714, 0.143, 0.143)	0
5	$\begin{bmatrix} 1 & \frac{1}{3} & \frac{1}{3} \\ 3 & 1 & 1 \\ 3 & 1 & 1 \end{bmatrix}$	3	0	(0.143, 0.429, 0.429)	0
6	$\begin{bmatrix} 1 & \frac{1}{3} & \frac{1}{5} \\ 3 & 1 & \frac{1}{3} \\ 5 & 3 & 1 \end{bmatrix}$	3.0387	0.019	(0.106, 0.261, 0.633)	0.033
7	$\begin{bmatrix} 1 & 1 & 3 \\ 1 & 1 & 3 \\ \frac{1}{3} & \frac{1}{3} & 1 \end{bmatrix}$	3	0	(0.429, 0.429, 0.143)	0

编号	判断矩阵	λ_{max}	CI	正规化 W	一致性比率 CR
8	$\begin{bmatrix} 1 & 3 & 3 \\ \frac{1}{3} & 1 & 3 \\ \frac{1}{3} & \frac{1}{3} & 1 \end{bmatrix}$	3	0	(0.6, 0.2, 0.2)	0
9	$\begin{bmatrix} 1 & 3 & 3 \\ \frac{1}{3} & 1 & 3 \\ \frac{1}{3} & \frac{1}{3} & 1 \end{bmatrix}$	3	0	(0.6, 0.2, 0.2)	0
10	$\begin{bmatrix} 1 & 1 & 3 \\ 1 & 1 & 3 \\ \frac{1}{3} & \frac{1}{3} & 1 \end{bmatrix}$	3	0	(0.429, 0.429, 0.143)	0

后　记

中国经济受资源环境等客观因素的制约，物质投入、投资驱动型的增长模式不可为继，迫切需要转变经济发展方式。发展服务外包产业的战略构想是在国家转变经济发展方式，建立资源节约型社会的大背景下提出的，这是"以人为本"的科学发展观在经济转型和传统产业升级中的创新性应用，是从有形投入为主导到技术创新为主导的经济发展方式的重大变革。

要实现经济转型，就是要从追求数量转变到依靠质量的经济发展方式上；从资源型产业主导向现代产业体系协同增长的发展方式转型；从粗放式、高耗能、高污染的经济增长方式向节能型、集约型、低碳化的方向转型；从企业"独大"到产业"集聚"发展的方式转变；从城市"经济孤岛"到区域"经济中心"的功能转型。

中国经济转型面临重要的战略机遇期，IT、物联网、云计算等高技术行业对传统产业的冲击和改造将释放大量的生产性服务需求。我国坚持走中国特色新型工业化道路，正在不断推进"结构优化、技术先进、清洁安全、附加值高、吸纳就业能力强的现代产业体系"的建设。新时期世界经济环境已经发生了深刻变化，工业化、信息化、城镇化、市场化、国际化深入发展，后金融危机时代全球经济格局将发生重大调整，服务外包作为世界经济的新引擎，将引领全球新一轮产业的转移浪潮。中国经济必须依据科技进步的新趋势，在国内外经济环境的大背景中，寻找符合自身发展条件和比较优势的转型路径。

不可忽视的是，经济发展中长期积累的产业队伍、技术力量和管理经验等经济社会资源是城市转变发展方式的重要基础。城市应该把自然资源输出为主的发展模式，转变为社会资源如知识、技术、信息、管理、文化为主的输出模式。因此适应市场的需要，发挥资源型城市的比较优势，发展以工程技术服务外包为主，信息技术服务外包、业务流程服务外包并存的服务外包产业体系，既符合区域主导产业的发展方向，有助于提高优势支柱产业的核心竞争力，又能够推动区域产业结构升级，形成新的经济增长点。即从要素投入结构上，实现了人力资本积累的内生型增长；从产业组织方式上，加深了专业化分工程度，形成产业集群；从区域空间结构上，完善了城市功能，增强了集聚和辐射能力。

由于服务外包产业是新兴产业，尤其在资源型城市中刚刚起步，亟须政府进行机制体制的创新，制定配套的优惠政策，大力扶持产业的发展。另一方面资源型产业不能过分地依赖政府的扶持和外部力量的推动，应该自主地寻找产业发展空间，因此企业"走出去"就是非常重要的发展路径。企业"走出去"开发国外资源并不是工程作业的简单劳务输出，在全球能源、矿产开采市场日趋激烈的今天，能够应用行业领域最先进的技术、使用国际化标准进行管理、熟悉国际运作模式的企业才能够在世界市场立足。企业在"走出去"的过程中，通过世界市场需求的引导，派生出大量的垂直行业高端的生产性服务需求，这为企业总部所在城市的服务外包产业发展创造了广阔的市场空间。

本书的研究基础来源于国家社会科学基金一般项目"资源型城市经济转型与服务外包产业结构优化与创新研究"和本人的博士论文。本人在搜集了大量的第一手资料与现场专家咨询意见后，才形成了对中国经济转型中发展服务外包产业的基本认识。本书研究的成果对于实现资源型城市经济跨越式发展，推动我国能源及重工业城市转型、制定全国服务外包发展战略与政策都有重要的理论价值和现实意义。

感谢研究生温皓斐同学在研究过程中完成了大量的材料、数据搜集和图表制作工作，感谢本科生刘高平、张亚星、张明悦、王朋营、王诗雅同学对全书文字的校正工作。

衷心感谢我的父亲李红兵、母亲王瑾，他们的帮助使我从纷杂的家庭事务中解脱出来。特别感谢我的先生周峻岗，他不但从生活中帮助我，还直接参与到我的写作中，为本书的完成做了大量的基础工作。感谢我的女儿周洹伊，女儿的可爱与懂事使我能安心写作。

本书献给我的家人，以表达我对他们的深爱和感激。

感谢该领域内的专家和学者，正是基于他们前期的研究成果，我的著作才得以顺利完成。

李燕

2018 年 12 月